쉽게 이해되는

파이썬
프로그래밍

유석종 · 창병모 공저

저자 소개

유석종

약력

- 現 숙명여자대학교 소프트웨어학부 교수
- 연세대학교 컴퓨터과학과 공학박사
- 캐나다 Univ. of Ottawa, Postdoctoral Fellow

저서

- 파이썬으로 배우는 자료구조 프로그래밍(휴먼사이언스)
- 파이썬 프로그래밍의 이해(교보문고), 공저
- 자료구조 개념과 구현(휴먼사이언스)
- Small Basic 프로그래밍(교보문고), 공저

창병모

약력

- 現 숙명여자대학교 소프트웨어학부 교수
- KAIST 전산학과 공학박사

저서

- 파이썬 프로그래밍의 이해(교보문고), 공저
- 프로그래밍 언어론: 원리와 실제(인피니티북스)
- 리눅스 시스템: 원리와 실제(생능출판사)
- Playing with C(인피니티북스), 공저

쉽게 이해되는 **파이썬 프로그래밍**

인쇄 2022년 02월 21일 초판 1쇄
발행 2022년 02월 28일 초판 1쇄

저자 유석종, 창병모
발행인 성희령
발행처 INFINITYBOOKS | **주소** 경기도 고양시 일산동구 하늘마을로 158, 대방트리플라온 C동 209호
대표전화 02)302-8441 | **팩스** 02)6085-0777
출판기획 안성일, 한혜인, 임민정 | **영업마케팅** 채희만, 한석범, 유효진, 이호준 | **총무회계** 이승희

도서문의 및 A/S 지원
홈페이지 www.infinitybooks.co.kr | **이메일** helloworld@infinitybooks.co.kr

ISBN 979-11-85578-97-2
등록번호 제2021-000018호
판매정가 27,000원

머리말

최근 들어 처음 프로그래밍을 배우는 학생들을 위한 쉽고 간결하면서도 흥미를 유발할 수 있는 프로그래밍 언어로 국내외적으로 파이썬Python 언어가 많이 사용되고 있습니다. 파이썬은 1991년 귀도 반 로섬Guido van Rossum이 발표한 프로그래밍 언어로 간결하고 배우기 쉬운 언어 구조와 간단한 개발환경IDE을 제공하면서도 학생들의 흥미를 유발할 수 있는 다양한 그래픽 프로그래밍 기능까지 제공합니다. 최근 들어 파이썬 언어는 프로그래밍을 배우기 위한 목적뿐만 아니라 데이터과학 관련 분야에서 실제적으로 많이 활용되고 있습니다.

이 교재는 일차적으로 처음 프로그래밍을 배우는 학생들을 대상으로 소프트웨어 및 프로그래밍을 쉽게 이해하기 위한 교재로 집필하였습니다. 뿐만 아니라 데이터과학 관련 분야에 입문할 수 있도록 관련 내용을 포함하였습니다. 특히 이 교재는 대학에서 프로그래밍 입문 교재로 사용될 수 있으며, 대학 이외에서도 비전공자 대상으로 하는 프로그래밍 교육에 사용될 수 있습니다. 이 교재의 주요 특징은 다음과 같습니다.

- 파이썬 입문자를 대상으로 1학기 교육 과정에 적합하도록 구성하였습니다.
- 수준별 코딩 교육을 위하여 파이썬 초급 및 중급 주제를 적절한 예제와 함께 편성하고 최대한 쉽게 설명하고자 하였습니다.
- 주차별로 이론 강의와 실습 강의를 구성하여 프로그래밍 학습 효과를 높이고자 하였습니다.
- 애니메이션 및 게임을 포함하는 그래픽 응용 주제를 편성하여 학습 흥미도를 높이고자 하였습니다.
- 최근 산업적 수요를 반영하여 데이터과학 관련 프로그래밍을 다루는 장을 편성하였습니다.
- 컬러로 인쇄하여 프로그램 코드를 비롯한 전반적인 내용의 가독성을 향상하였습니다.

이 교재는 프로그래밍을 배우기 전에 소프트웨어의 기본 개념, 문제 해결, 순서도 등의 기초 지식을 먼저 소개하고 이를 바탕으로 프로그래밍의 기본 개념부터 그래픽 및 데이터과학 관련 프로그래밍까지 소개합니다. 총 13개의 장으로 구성하여 한 주에 한 장씩 한 학기 교재로 사용될 수 있도록 하였습니다. 또한 고급 주제로 표시된 일부 절들은 필요에 따라 포함하거나 생략할 수 있습니다.

아무쪼록 이 교재가 국내 프로그래밍 교육에 조금이나마 기여할 수 있기를 기대합니다.

2022년 2월
저자 일동

초급 과정

주차	주제	분량	수준	실습
1	1장 프로그래밍 시작	전체	초급	○
2	2장 변수와 수식	전체	초급	○
3	3장 판단과 선택	전체	초급	○
4	4장 반복	전체	초급	○
5	5장 터틀 그래픽	전체	초급	○
6	6장 리스트와 딕셔너리	전체	초급	○
7	7장 함수	7.1~7.4	초급/중급	○
8	중간고사			
9	8장 GUI와 파일처리	8.1~8.3	초급/중급	○
10	9장 오류와 예외처리	9.1~9.3	초급/중급	○
11	10장 객체	10.1~10.4	초급/중급	○
12	11장 그래픽스 응용	11.1~11.3	초급/중급	○
13	12장 애니메이션과 게임	12.1~12.2	초급/중급	○
14	13장 데이터과학 기초(1)	13.1	중급	○
15	13장 데이터과학 기초(2)	13.2	중급	○
16	기말고사			

일반 과정

주차	주제	분량	수준	실습
1	1장 프로그래밍 시작	전체	초급	○
2	2장 변수와 수식	전체	초급	○
3	3장 판단과 선택	전체	초급	○
4	4장 반복	전체	초급	○
5	5장 터틀 그래픽	전체	초급	○
6	6장 리스트와 딕셔너리	전체	초급	○
7	7장 함수*	전체	초급/중급	○
8	중간고사			
9	8장 GUI와 파일처리	전체	초급/중급	○
10	9장 오류와 예외처리*	전체	초급/중급	○
11	10장 객체*	전체	초급/중급	○
12	11장 그래픽스 응용*	전체	초급/중급	○
13	12장 애니메이션과 게임*	전체	초급/중급	○
14	13장 데이터과학 기초(1)	전체	중급	○
15	13장 데이터과학 기초(2)*	전체	중급	○
16	기말고사			

* 필요시 고급 주제를 제외할 수 있음

CHAPTER · 3

판단과 선택

CHAPTER · 5

터틀 그래픽

CHAPTER · 6

리스트와
딕셔너리

CHAPTER · 10

객체와 클래스

프로그래밍 시작

소프트웨어와 프로그래밍

현대 사회에서는 많은 일들이 소프트웨어에 의해서 이루어지고 있다. 이제는 컴퓨터에서 사용되는 전통적인 소프트웨어뿐만 아니라 거의 모든 산업 분야에서 소프트웨어가 많이 사용되고 있다. 예를 들어 항공기 운행, 원자력 발전소 운영, 자율 주행차, 스마트폰, 스마트 TV, 모바일 뱅킹, 주식 거래, 디지털 헬스케어, 스마트 팜 등 거의 모든 산업 분야에서 소프트웨어의 중요성이 증가하고 있으며 이제 소프트웨어는 산업 경쟁력의 핵심이 되고 있다.

특히 전 세계적으로 4차산업혁명이 진행됨에 따라 소프트웨어와 프로그래밍에 대한 교육이 일반화되고 있다. 이제 프로그래밍은 전문가만 하는 것이 아니라 누구나 배워야 하는 기본적인 소양이 되어가고 있다. 특히 대학생의 경우 전공 분야와 관계없이 기본적으로 배우고 익혀야 하는 기본 소양이라고 할 수 있다.

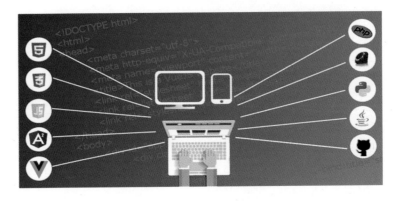

그림 1.1 소프트웨어와 프로그래밍

프로그래밍은 프로그램을 설계하고 작성하는 것으로 소프트웨어의 시작점이라고 할 수 있다. 프로그램은 컴퓨터에 명령하는 명령어(instruction)들의 리스트라고 할 수 있다. 명령어는 다음과 같이 세 가지로 구분할 수 있다.

- 사칙 연산, 관계 연산 명령어
- 조건에 따라 명령어를 실행하는 명령어
- 어떤 일을 반복하는 명령어

아무리 복잡하고 정교한 프로그램이라도 결국은 이러한 명령어들로 구성된다. 컴퓨터는 프로그램을 구성하는 이 명령어들을 해석해서 실행하는 기계라고 볼 수 있다.

그림 1.2　명령어로 구성된 프로그램

프로그래밍 언어의 시작

먼저 프로그래밍 언어의 역사적 발전 과정에 대해서 알아보자. 프로그래밍 언어는 최초의 컴퓨터 에니악(ENIAC)이 만들어지면서 개발되기 시작했다. 그때 컴퓨터는 프로그램 저장(stored program) 방식의 폰 노이만(Von Neumann) 모델 컴퓨터였다. 이 컴퓨터는 메모리에 어떤 프로그램을 저장하느냐에 따라 다양한 일을 수행할 수 있으며 이는 컴퓨터의 다양한 활용의 근원이 된다. 초창기 프로그램은 컴퓨터에 명령하는 기계어(machine language) 명령어들의 리스트였을 것이다. 기계어는 2진수로 표현되어 있으므로 사람이 읽고 이해하기 매우 어렵다.

프로그래밍 언어란 무엇일까? 프로그래밍 언어는 프로그램을 작성하기 위한 언어로 이를 해석해 보면 "사람이 컴퓨터에게 시키고 싶은 내용을 표현하기 위한 표기법"이라고 할 수 있다. 프로그래밍 언어는 그 발전 단계에 따라 다음의 세 가지 그룹으로 분류할 수 있다. 이들 사이의 관계는 그림 1.3과 같이 표현할 수 있다.

- 기계어
- 어셈블리어
- 고급 언어

그림 1.3   저급 언어와 고급 언어

기계어

프로그램이 컴퓨터에서 수행되기 위해서는 보통 그 컴퓨터의 기계어로 번역되어야 한다. CPU는 종류에 따라 고유의 기계어를 가지고 있으므로 어떤 프로세서를 위해 작성된 기계어 프로그램은 다른 프로세서상에서 수행될 수 없다. 예를 들어, 인텔 펜티엄 프로세서를 위하여 작성된 기계어 프로그램은 ARM 프로세서가 장착된 모바일 기기상에서 실행될 수 없다. 기계어 명령어는 연산 코드(operation code)와 피연산자(operand)로 구성되며 연산 코드는 메모리나 레지스터에 데이터를 저장하거나 값을 계산하는 등의 작업을 할 수 있다.

핵심 개념

프로그램이 컴퓨터에서 수행되기 위해서는 보통 그 컴퓨터의 기계어로 번역되어야 한다.

어셈블리어

기계어 코드는 2진수로 표현되어 있으므로 사람이 읽고 이해하기 매우 어렵다. 이러한 문제점을 해결하기 위해 어셈블리어(assembly language)가 개발되었다. 어셈블리어는 기계어의 2진수 코드를 기호화 코드(mnemonics)로 대치한 것이다. 기호화 코드란 간단한 영어 단어 같은 명령어나 데이터를 나타내는 것으로써 사람이 이해하기에 더 편하다. 비록 프로그래머 입장에서 어셈블리어가 기계어보다는 사용하기 편리하지만 여전히 사용하기 불편하다. 어셈블리어와 기계어는 모두 저급 언어(low-level language)로 간주된다.

고급 언어

이러한 프로그래밍의 불편을 해소하기 위해 고급 언어(high-level language)들이 개발되었다. 고급 언어는 영어와 비슷한 구문으로 표현되며, 따라서 프로그래머가 읽고 쓰기가 더 쉽다. C, C++, Java, Python 등이 대표적인 고급 언어이다. 하나의 고급 언어 문장은 여러 개의 기계어 명령어에 해당하는 일을 수행할 수 있다. 고급이란 말은 그 프로그래밍 문장이 실행되는 기계와는 멀리 떨어진 수준에서 표현된다는 사실을 나타낸다. 고급 언어는 프로그래머로 하여금 자신들이 작업하고 있는 프로세서의 기계어를 알 필요가 없도록 해준다.

> **핵심 개념**
>
> 고급 언어는 프로그래머가 기계의 세부 사항을 알 필요가 없게 해준다.

오늘날 대부분의 프로그래머들은 C, C++, C#, Java, PHP, Python 등의 고급 언어를 사용하여 프로그램을 작성한다. 시스템 관련 프로그래밍에서는 C 언어가 그런 목적으로 만들어져서 압도적으로 많이 사용되고 있으며, 인터넷 관련 프로그래밍에서는 Java 언어가 많이 사용되고 있다. 최근 들어 프로그래밍 교육 및 데이터과학용 언어로 파이썬이 많이 사용되고 있다.

프로그래밍 언어의 종류

주요 프로그래밍 언어의 최근 사용 현황은 그림 1.4와 같으며 C, Java, Python 순으로 많이 사용되고 있다. 주요 프로그래밍 언어에 대해 간단히 알아보자.

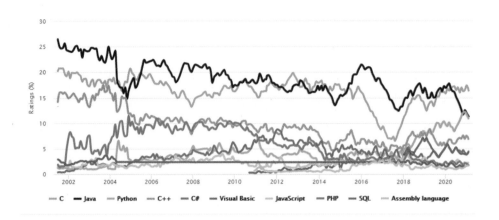

그림 1.4 프로그래밍 언어 사용 현황

C 언어

C 언어는 미국 AT&T사의 벨(BELL) 연구소에서 1970년대부터 시작한 UNIX라는 운영체제 개발을 위하여 데니스 리치(Dennis Ritchie)가 개발한 시스템 프로그래밍 언어이다. C 언어는 고급 프로그래밍 언어이면서도 저급 프로그래밍 언어(하드웨어에 가까운 언어)의 특성을 가지고 있다. 이런 C 언어의 특성 때문에 C 언어를 중급 언어라고 부르기도 한다.

Dennis Ritchie
1941-2011

그림 1.5 C 언어 개발자 데니스 리치와 C++ 언어 개발자 비야네 스트롭스트룹

C++ 언어

C++ 언어는 AT&T 벨 연구소의 비야네 스트롭스트룹(Bjarne Stroustrup)에 의해 개

발된 언어로 C 언어에 객체지향 기능을 확장하여 만든 프로그래밍 언어로서 C 언어 사양을 완전히 만족한 확장 버전으로 설계되었다. C++ 언어는 C 언어를 기반으로 개발되었기 때문에 효율성과 같은 C 언어의 장점을 어느 정도 유지할 수 있었으며 기존 C 언어 사용자들이 비교적 쉽게 객체지향 프로그래밍을 할 수 있도록 지원하였다.

자바(Java)

Java는 1990년대에 선마이크로시스템의 제임스 고슬링(James Gosling)이 인터넷 환경을 위해 개발한 객체지향 프로그래밍 언어이다. Java 프로그램은 한번 작성되면 어느 플랫폼에서나 실행될 수 있으며 인터넷 상에서 이동된 코드의 실행 등을 지원하고 있다. 일반적인 응용 프로그래밍뿐만 아니라 웹 프로그래밍과 모바일 프로그래밍 등의 분야에서도 많이 사용되고 있다.

파이썬(Python)

Python은 1991년 프로그래머인 귀도 반 로섬(Guido van Rossum)이 개발한 프로그래밍 언어로, 플랫폼 독립적이며 객체지향, 동적 타입(dynamic type) 특징을 갖는 대화형 인터프리터 방식의 언어이다. 이 언어는 최근에 대학을 비롯한 여러 교육 기관 및 산업계에서 이용이 증가하고 있다. 이에 따라 국내외에서 처음 프로그래밍을 시작하는 언어로 많이 배우고 있으며 초보자부터 전문가까지 사용자층을 보유하고 있다.

그림 1.6 Java 개발자 제임스 고슬링과 Python 개발자 귀도 반 로섬

컴파일러 및 인터프리터

개발된 프로그램을 실행하기 위해서 컴파일러 또는 인터프리터 두 가지 방식을 사용할
수 있다.

컴파일러

컴파일러(compiler)는 그림 1.7과 같이 고급 언어로 작성된 소스 코드를 동등한 의미의
저급 언어(보통 기계어) 코드로 번역하는 소프트웨어이다. 컴파일러가 소스 코드를 곧장
특정 기계어 코드로 번역하면 이 코드는 실행 가능한 코드가 된다. 예를 들어 C, C++
등과 같은 고급 언어들은 컴파일러를 이용하여 소스 코드를 기계어 코드로 번역하여 저
장한 후 실행시킨다.

그림 1.7 컴파일러 역할

핵심 개념

컴파일러는 고급 언어로 작성된 소스 코드를 동등한 의미의 저급 언어(기계어) 코드로 번역하는 소프트
웨어이다.

인터프리터

인터프리터(interpreter)는 별개의 컴파일 단계 없이 소스 프로그램을 한 번에 한 문장씩 해석하여 실행하는 소프트웨어이다. 인터프리터의 장점은 별개의 컴파일 단계가 필요 없다는 점이다. 그러나 해석 과정이 매번 발생하므로 일반적으로 프로그램 수행 속도가 컴파일러 사용 방식보다 느릴 수 있다는 단점이 있다. Python, BASIC, ML 등과 같은 고급 언어는 그림 1.8처럼 컴파일러를 이용하지 않고 인터프리터를 이용하여 프로그램을 바로 해석하여 실행한다.

그림 1.8 인터프리터 역할

그림 1.9는 컴파일러와 인터프리터의 차이점을 비교하여 보여주고 있다. 컴파일러의 실행 결과는 소스 코드를 기계어 코드로 번역한 실행파일인 반면 인터프리터의 실행 결과는 2×3의 계산 결과인 6이 된다.

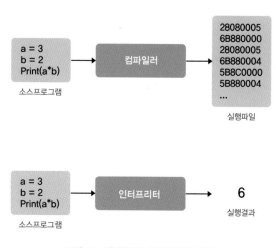

그림 1.9 컴파일러와 인터프리터의 차이

인터프리터는 별개의 컴파일 단계 없이 한 번에 한 명령문씩 해석하여 실행한다.

QnA 컴파일러와 인터프리터를 모두 사용하는 언어도 있습니까?

컴파일러와 인터프리터를 모두 사용하는 언어도 있습니다. Java가 이 방식을 채택하고 있습니다. Java는 한번 컴파일되면 어떤 컴퓨터 플랫폼에서도 바로 실행될 수 있도록 컴파일러와 인터프리터를 모두 사용하는 절충안을 채택하였습니다. 즉 자바 가상 기계(Java Virtual Machine) 코드(바이트코드라고 함)를 설계하고 Java 컴파일러는 일단 바이트코드를 생성하고 이를 바이트코드 인터프리터가 해석해서 실행하는 방식입니다.

1.2 | 프로그램 개발

문제 해결과 프로그램 개발

컴퓨터에게 어떤 일을 지시하기 위해서는 프로그램을 작성해야 한다. 프로그램 개발은 일반적으로 다음의 4단계로 진행된다. 먼저 해결해야 할 문제(problem)를 명확히 이해하고 정의해야 한다. 그 문제를 해결(problem solving)하여 원하는 결과를 출력하는 효율적인 방법을 찾아내어 알고리즘을 설계하고 설계한 알고리즘을 프로그래밍 언어로 구현한 후에 테스트하게 된다.

표 1.1 프로그램 개발 단계

단계 1	문제의 이해 및 분석	문제를 분석하여 주어진 조건과 요구되는 결과를 정확하게 파악하는 단계
단계 2	알고리즘 설계	주어진 조건과 입력으로부터 요구하는 출력 결과를 계산해 낼 효율적인 방법을 찾아내어 알고리즘으로 설계하는 단계
단계 3	프로그램 구현	설계한 알고리즘을 프로그래밍 언어로 구현하여 컴퓨터가 실행 가능한 프로그램을 작성하는 단계
단계 4	프로그램 테스트	프로그램의 실행 결과가 모든 경우에 정확한 값을 출력하고 있는지 검증하는 단계

문제의 이해 및 분석

프로그램 개발의 첫 번째 단계는 문제를 이해하고 분석하여 주어진 조건과 요구되는 결과를 정확하게 파악하는 단계이다. 문제를 이해한다는 것은 쉽게 들릴지 모르겠으나, 문제에 따라 매우 어려울 수 있으며 이 단계에 주의를 소홀히 하면 엉뚱한 노력을 하게 되고, 문제를 잘못 풀거나 혹은 부적합한 결과를 내게 될 것이다. 따라서 프로그램 개발은 그 솔루션을 사용할 사람들이 필요로 하는 것을 정확히 이해하는 것으로부터 시작해야 한다.

알고리즘 설계

문제를 철저하게 이해한 후에, 그것을 다루기 쉬운 부분들로 나누고 문제에 대한 솔루션인 알고리즘을 설계(design)할 수 있다. 이 단계는 주어진 조건과 입력으로부터 요구하는 출력 결과를 계산해 낼 효율적인 방법을 찾아내어 알고리즘으로 설계하는 단계이다.

알고리즘은 어떠한 문제를 해결하기 위해 정해진 일련의 절차나 방법을 공식화한 형태로 표현한 것으로 문제를 해결하기 위한 단계적 절차를 의미한다.

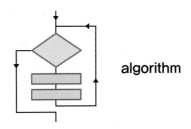

컴퓨터의 문제해결 방법의 설계가 알고리즘이다.

어떤 문제이든지 그 솔루션이 한 덩어리의 큰 작업인 경우는 드물다. 보통 큰 작업을 수행하기 위해 상호 작용하고 협동하는 일련의 작은 작업들이 있다. 따라서 소프트웨어를 개발할 때 큰 프로그램 하나를 통으로 작성하기 보다는 솔루션의 일부분을 담당하는 작은 부분들을 설계하고 이를 통합하여 완성한다.

프로그램 구현

어떤 문제에 대한 소프트웨어 솔루션인 프로그램을 개발할 때 구현(implementation) 단계란 실제로 프로그램을 작성하는 과정으로 코딩(coding)이라고도 한다. 보통 사람들은 이 단계를 프로그램 개발 자체로 여긴다. 그러나, 이 구현은 프로그램 개발 단계들 중 하나일 뿐이다. 이 책 전체에 걸쳐서 문제에 대한 솔루션을 훌륭하게 설계하고 구현할 수 있도록 하는 프로그래밍 기법을 살펴본다.

프로그램 테스트

마지막 단계는 프로그램 테스트(test) 단계로 프로그램의 실행 결과가 모든 경우에 정확한 값을 출력하고 있는지 검사하는 단계이다. 또한 프로그램의 오류를 최대한 찾아내어 이를 수정함으로써 프로그램의 완성도를 높이는 단계이다. 보통 테스트는 프로그램의 각 모듈별로 테스트하는 단위 테스트와 이를 통합하여 테스트하는 통합 테스트로 진행한다.

알고리즘과 순서도

순서도(flowchart)는 기호와 도형을 사용하여 컴퓨터의 단계별 처리 흐름을 프로그래머가 쉽게 파악할 수 있도록 한 **알고리즘(algorithm)**의 도식적 표현 방법으로 초보 프로그래머가 알고리즘을 표현하고 이해하는 데 유용한 도구가 된다. 순서도는 표 1.2의 도형이나 기호를 사용하여 컴퓨터의 처리, 판단, 입출력, 처리 흐름 등을 알아보기 쉽게 해준다.

순서도는 도식적 표현방식을 사용하여 알고리즘의 논리 진행(어떤 연산이나 처리가 진행되는 순서)을 효과적으로 표현할 수 있어 초보자가 프로그램을 설계하거나 분석하는 데 유용한 도구가 될 수 있다. 순서도에서 사용되는 기호는 표 1.2에 정리하였다.

핵심 개념

순서도는 기호(symbol)를 사용하여 알고리즘을 표현한다.

표 1.2 순서도의 기호

기호	뜻	기능
	처리	연산, 데이터 처리
	단자	순서도의 시작과 끝
	판단	조건 비교, 하나를 결정
	입출력	데이터의 입출력
	출력	결과 출력
	연결자	다른 곳으로 연결
	흐름선	처리흐름의 연결

뵘과 야코피니(Böhm & Jacopini)는 어떤 계산 함수든 그림 1.10의 순차, 선택, 반복의 3가지 형태의 제어 구조로 표현할 수 있다는 것을 보였다.

- 순차(sequence)는 문장들을 순서대로 수행하는 것이다.
- 선택(selection)은 프로그램의 상태에 따라서 여러 문장들 중에서 하나를 선택해서 수행하는 것이다. 주로 if와 같은 키워드로 표현한다.
- 반복(iteration)은 프로그램이 특정 상태에 도달할 때까지 문장을 반복하여 수행하거나, 집합체의 각각의 원소들에 대해 어떤 문장을 반복 수행하는 것이다. 보통 while이나 for 같은 키워드로 표현한다.

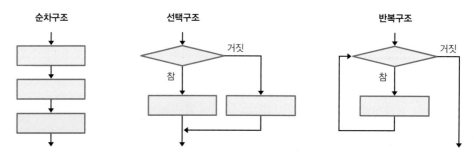

그림 1.10   순차구조, 선택구조, 반복구조를 나타내는 순서도

모든 프로그램(알고리즘)은 순차(sequence), 선택(selection), 반복(iteration) 세 가지 실행 구조만으로 작성 가능하다.

예제   1부터 10까지 합을 구하는 알고리즘

간단한 예로 1부터 10까지 더하는 알고리즘을 순서도로 표현해 보자. 이 순서도에서는 합을 위한 변수 sum과 1부터 증가를 위한 변수 k를 사용한다. sum은 1부터 k까지의 합을 저장하기 위한 변수로 0으로 초기화한다. 변수 k의 값은 1부터 시작하여 1씩 증가하면서 이 값을 반복적으로 변수 sum에 더하게 된다. k값이 11이 되면 조건(k≤10)이 거짓이 되어 반복이 끝나게 된다.

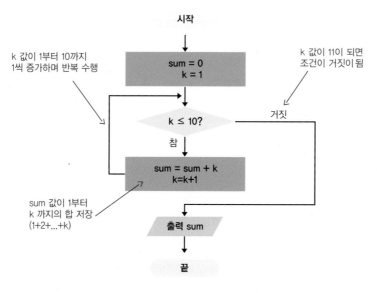

그림 1.11   1부터 10까지의 합

대입문

sum = sum + k의 연산이 컴퓨터에서 어떻게 처리되는지 좀 더 자세히 알아보기로 하자. 이 연산은 수학에서의 양변의 값이 같음(equal)을 나타내는 기호가 아니다. 이는 컴퓨터의 연산 중 대입문(assignment statement)에 해당된다. 대입문의 기본적인 형식은 다음과 같다.

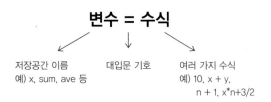

sum = sum + k 연산(초기에 sum 에 10, k 에 5 가 저장되어 있다고 가정)

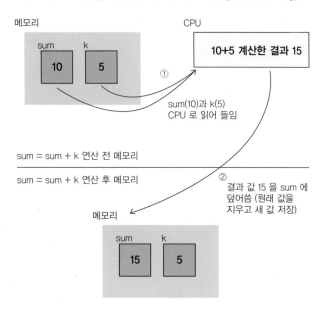

1부터 10까지 더하는 알고리즘의 처리 순서대로 변수값의 변화를 살펴보면 그림 1.12와 같다. 이 그림에서 k 값이 9일 때 sum 값은 45가 되고 k 값은 1 증가되어 10이 된다는 것을 알 수 있다.

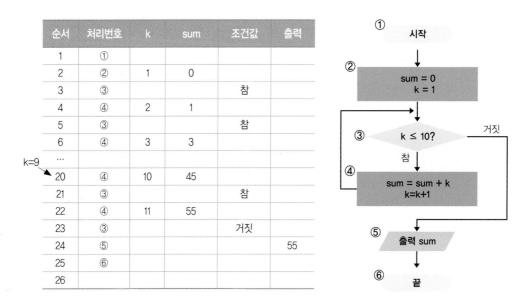

순서	처리번호	k	sum	조건값	출력
1	①				
2	②	1	0		
3	③			참	
4	④	2	1		
5	③			참	
6	④	3	3		
…					
20	④	10	45		
21	③			참	
22	④	11	55		
23	③			거짓	
24	⑤				55
25	⑥				
26					

그림 1.12 1부터 10까지의 합을 구하는 알고리즘의 변수값 변화

만약 이 문제에서 1부터 10까지의 합이 아닌 1에서부터 임의의 정수 n까지의 합을 구하는 문제로 확장하려면 그림 1.13과 같이 먼저 n의 값을 입력받는 것으로 이 알고리즘을 수정하여 해결할 수 있다.

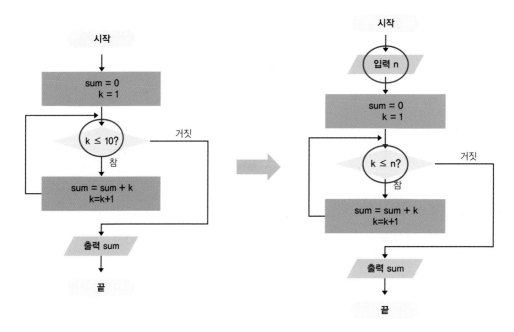

그림 1.13 1부터 n까지의 합

1.3 | 파이썬 설치

파이썬 소개

파이썬은 1980년대 말에 고안되어 네덜란드 국립연구기관인 CWI(Centrum Wiskunde & Informatica)의 프로그래머 귀도 반 로섬(Guido van Rossum)이 1989년 12월부터 구현하기 시작하여 1991년 발표한 객체지향 고급 프로그래밍 언어이다. 파이썬(Python)이란 이름은 귀도 반 로섬이 좋아했던 1970년대 영국 코미디 프로그램인 'Monty Python's Flying Circus'에서 따온 것이다. 이름은 코미디 이름에서 따왔으나 파이썬의 로고는 파이썬의 사전적 의미인 뱀을 사용하고 있다.

파이썬은 실행시간에 자료형을 검사하는 동적 타입(dynamic type)을 지원하는 인터프리터 방식의 객체지향 언어이다. 파이썬은 비영리단체인 파이썬 소프트웨어 재단이 관리하는 C언어로 구현된 CPython을 사실상 표준으로 하며 개방형 공동체 기반 개발 모델을 가지고 있다. 2000년 10월 16일 파이썬 2.0이 발표되면서 유니코드(Unicode)를 사용한 다국어 지원, 강화된 쓰레기처리기(garbage collector)가 탑재되었고 공동체 지원을 받는 개발 절차의 형태를 가지게 되었다. 2008년 10월 2.6 버전이 발표된 후 이전 버전과 호환되지 않는 파이썬 3.0이 2008년 12월 발표되었다. 현재 파이썬 소프트웨어 재단은 2.x 버전과 3.x 버전 둘 다 제공하고 있다. 두 가지의 파이썬 중 각각의 가장 최근 버전을 다운받아 사용하면 되는데 이 책에서는 현 시점에 가장 최근 발표된 3.9.1 버전으로 예제 프로그램들이 작성되어 있다.

파이썬은 구글, 나사(NASA) 등 여러 회사에서 사용하고 있으며 Pandas, Numpy등의 라이브러리 모듈을 활용한 쉬운 산술 계산을 지원하여 전통적인 과학, 공학 분야는 물론 최근 많은 관심을 받고 있는 데이터 사이언스 분야 등 그 활용이 점점 확산되고 있는 프로그래밍 언어이다. 또한, 많은 컴퓨터과학과(computer science)의 가장 처음 프로그래밍을 배우는 교과목에서 사용하는 첫 프로그래밍 언어로 파이썬을 채택하는 대학이 점점 늘고 있는 추세이다. 최근 한 통계에 따르면 미국의 상위 39개 컴퓨터과학과에서 처음 프로그래밍을 소개하는 수업에서 사용하는 언어로 파이썬의 사용이 가장 많은 것으로 조사되었다. 그림 1.14의 그래프를 보면 컴퓨터과학과에서 전통적으로 프로그래밍 교육에 활용되었던 Java나 C, C++ 언어보다도 첫 프로그래밍 언어로 파이썬을 더 많이 사용하고 있음을 볼 수 있다.

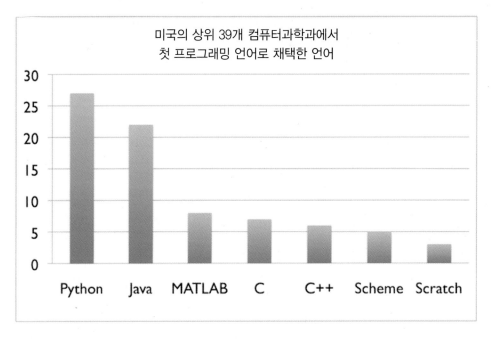

그림 1.14 프로그래밍 언어

컴퓨터와 소프트웨어가 복잡해짐에 따라 프로그래밍 언어도 점점 더 복잡해지고 있다. 파이썬이 처음 배우기에 적합한 언어로 인기를 얻고 있는 것은 C나 Java 등 다른 언어에 비해 훨씬 간단하고 쉽게 프로그래밍할 수 있기 때문이다. 프로그램 1.1은 프로그래밍할 때 항상 제일 먼저 만들어 보는 코드인 "Hello World!" 문장을 출력하는 Java 프로그램이다.

JAVA

프로그램 1.1　Java hello world

```
01  public class main {
02    public static void main(String[] args) {
03      System.out.println("Hello World!");
04    }
05  }
```

다섯 줄에 걸쳐 쓰여진 이 프로그램에서 실제 "Hello World!"를 출력하는 명령문은 다음 한 줄이다.

```
System.out.println("Hello World!");
```

그런데 public, static, void, main, String[], args 등 복잡한 단어와 구조를 위 명령문과 함께 사용하고 있어 처음 프로그램을 배우는 사람을 필요 이상으로 겁을 먹게 만들기 쉽다. C 언어도 Java와 사정이 비슷하다. 하지만 파이썬에서는 똑같은 일을 컴퓨터에게 시키는 코드는 프로그램 1.2와 같이 단 한 줄이면 충분하다.

PYTHON

프로그램 1.2　파이썬 hello world

```
01    print("Hello World!")
```

위의 명령문과 같이 파이썬에서 "Hello World!" 문장을 출력하기 위한 print 명령어와 출력 문장만 있으면 된다. 처음 공부하는 프로그래밍 언어로 파이썬은 많은 장점을 가지고 있다. 파이썬은 개발 단계부터 교육용 목적과 간단한 코드로 구현한다는 개발 철학을 담고 있었기 때문에 가독성이 뛰어나고 초보자 코딩 교육에 적합하다. 또한 풍부한 응용 라이브러리를 제공하여 고급 소프트웨어 개발 영역에서도 널리 활용되고 있다.

파이썬(Python)은 대화식으로 쉽고 간편하게 코딩할 수 있고, 다양한 응용 라이브러리들이 제공되어 교육용뿐만 아니라 전문가용 프로그래밍 언어로 많이 사용되고 있다.

파이썬 설치

파이썬은 자유 소프트웨어(free software)로 무료로 이용할 수 있으며 공식 홈페이지는 http://www.python.org 이다. 그림 1.15는 파이썬의 공식 홈페이지 시작화면이다.

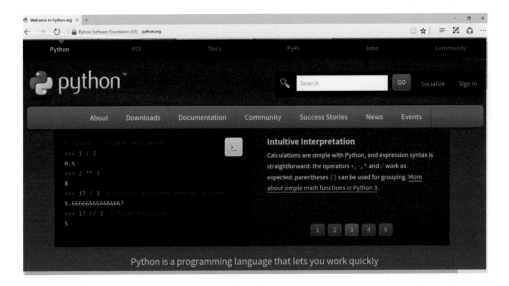

그림 1.15   파이썬 홈페이지

윈도우 10에 파이썬 설치

이 홈페이지 중앙의 메뉴들 중 두 번째에 있는 'Downloads' 버튼을 클릭하여 사용하는 운영체제에 맞는 파이썬 프로그램을 다운받아 설치한다. 그림 1.16은 윈도우용 파이썬 다운로드 화면이다.

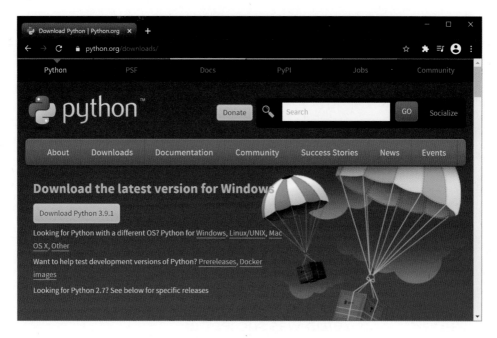

그림 1.16　윈도우 버전 다운로드

버전의 숫자는 다운로드 시점에 따라 다를 수 있다. 이전 버전을 사용하려면 download 탭에서 'View the full list of downloads'를 선택하면 된다. 최신 파이썬 버전이 아니더라도 이 책에 소개된 대부분의 프로그램을 실행하는 데는 문제가 없다.

그림 1.17　설치 화면

그림 1.17과 같이 자동으로 설치해 주는 'Install Now'를 클릭하면 설치가 시작된다. 이 때 'Install Now' 바로 밑에 있는 파이썬 설치 경로를 기억해 두면 좋다. 이 경로가 파이썬 파일이 설치되는 장소이다. 두 번째 설치 방법으로 'Customize installation'을 선택하면 원하는 경로에 파이썬을 설치할 수 있다. 예를 들어 'C:\Python'으로 설치 경로를 지정하면 첫 번째 방식보다 파이썬 폴더에 빠르게 접근할 수 있어서 보다 편리하다. 파이썬 라이브러리를 설치하거나 폴더를 자주 방문하는 경우라면 두 번째 방법을 추천한다.

화면 가장 밑의 'Add Python 3.9 to PATH' 옵션을 체크하면 설치 후 명령 프롬프트로 윈도우 디스크 폴더의 어느 위치에서나 파이썬을 실행할 수 있다.

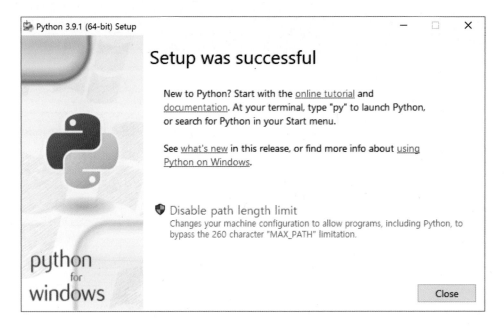

그림 1.18 설치 완료 화면

그림 1.18과 같이 설치 완료 메시지가 나오면, 'Close' 버튼을 클릭하여 창을 닫는다. 그림 1.19와 같이 윈도우의 '시작' 메뉴에서 '모든 앱'을 클릭하면 파이썬 항목이 추가된 것을 확인할 수 있다. 프로그램을 실행하기 위해서는 'IDLE(Python 3.9 64-bit)'을 클릭하면 된다.

그림 1.19　시작 메뉴에서 앱 탐색

1.4 | 파이썬 IDLE 소개

파이썬 쉘 IDLE

파이썬은 인터프리터식 언어로 통합개발환경인 IDLE을 사용하여 프로그램을 작성하고 실행시킬 수 있다. 그림 1.20은 파이썬 3.9.1의 IDLE(Integrated DeveLopment Environment)을 보여 주고 있다.

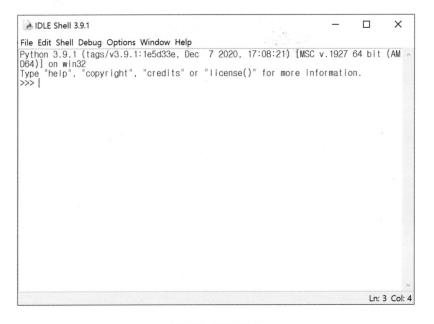

그림 1.20　파이썬 IDLE

IDLE은 파이썬 쉘(shell)로 텍스트 명령문을 입력해 프로그램과 상호작용하게 되는데 파이썬 명령 한 줄을 입력하면 바로 그 실행 결과를 반환해 주는 인터프리터 방식을 사용하고 있다. 윈도우의 타이틀 바에 'Python 3.9.1 Shell'이라 써있는 것을 볼 수 있다. IDLE 윈도우의 마지막 라인에 세 개의 화살 괄호(〉〉〉)가 보이는데, 이것을 프롬프트(prompt)라고 부르며 다음 명령문을 읽어 들일 준비가 되었다는 의미이다. 프롬프트 다음에 커서를 두고 다음의 명령문을 입력하고, 엔터키(enter)를 눌러서 어떤 결과가 나오는지 살펴보자.

```
>>> print("Hello World!")
```

그림 1.21은 위의 명령문을 IDLE에서 실행한 결과이다. 보통, 프로그래머들이 새로운 언어를 배울 때 첫 번째 프로그램으로 'Hello OOO'을 출력해 본다.

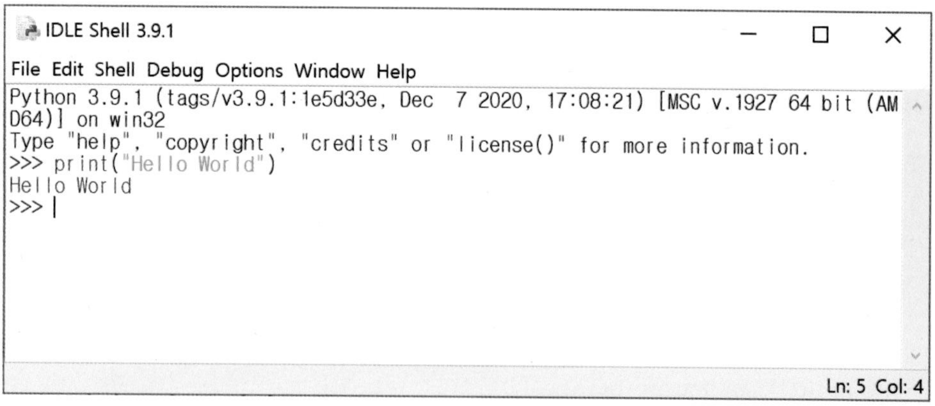

```
IDLE Shell 3.9.1                                    —    □    ×
File Edit Shell Debug Options Window Help
Python 3.9.1 (tags/v3.9.1:1e5d33e, Dec  7 2020, 17:08:21) [MSC v.1927 64 bit (AM
D64)] on win32
Type "help", "copyright", "credits" or "license()" for more information.
>>> print("Hello World")
Hello World
>>> |
                                                         Ln: 5 Col: 4
```

그림 1.21   첫 번째 파이썬 프로그램

오류 메시지

IDLE은 입력하는 파이썬 명령문을 바로 실행시켜 주는 것 외에 입력한 명령문이 규칙에 맞지 않게 입력된 경우 적정한 오류 메시지를 제공해 주는 역할도 한다. 만약 위의 프로그램에서 다음과 같이 Hello World!를 둘러싼 두 개의 큰따옴표 중 첫 번째 큰따옴표를 잊고 실행을 시키면 다음과 같은 오류 메시지가 출력될 것이다.

```
>>> print(Hello World!")
SyntaxError: invalid syntax
>>>
```

오류가 발생된 곳을 붉은색으로 표시하여 주는데 정확하게 그 자리에서 오류가 발생하지 않았을 수도 있다. 그러나 그 주변을 살펴보면 오류를 발견할 수 있을 것이다. 단순하게 구문 오류가 있다 정도의 메시지가 아니라 보다 정확하게 오류 내용을 알려주기도 한다. 어떤 종류의 오류인지에 따라 메시지는 달라지게 된다. 만약 앞의 예에서 괄호를 하지 않았다면 다음과 같은 오류 메시지가 나타날 것이다.

```
>>> print "Hello World!"
SyntaxError: Missing parentheses in call to 'print'
>>>
```

위의 오류 메시지에서는 'print' (함수)를 호출하는데 괄호(parentheses)가 빠져 있다고 알려 주고 있다. 문법적으로 정해진 규칙에 맞지 않게 작성된 경우 이를 **구문 오류(syntax error)**라고 한다. 반면 실행 단계에서야 알 수 있는 오류들이 있는데 이를 **실행시간 오류(runtime error)**라고 한다. 다음은 실행시간 오류의 한 예이다.

```
>>> print("Hello" + " World!")
Hello World!                          문자열과 숫자 동시 출력 불가
>>> print("See you at " + 5)
Traceback (most recent call last):
  File "<pyshell#8>", line 1, in <module>
    print("See you at "+ 5)
TypeError: Can't convert 'int' object to str implicitly
>>>
```

첫 번째 줄의 'print("See you at " + 5)'에서 오류가 발생했는데 int(정수: integer) 객체를 str(문자열: string) 객체로 변환시킬 수 없다는 메시지이다. 지금은 이 내용이 이해가 되지 않겠지만 걱정할 필요 없다. 앞으로 알아야 할 내용들이 많으므로 하나씩 배우면 된다.

이와 같이 오류 메시지는 어떤 종류의 오류가 어느 지점에서 발생했는지 중요한 정보를 알려준다. 빨간색 오류 메시지가 출력되었을 때는 당황하지 말고 메시지 내용을 통해 오류의 원인을 발견하려는 자세가 필요하다.

예제 자기소개 출력 프로그램

IDLE 대화형 셸에서 사용하였던 프로그램 명령문은 셸 안에서 계속해서 유효하다. 이해를 돕기 위해 프로그램 1.3 예제를 보자. 사용자의 이름과 나이를 저장하였다가 인사와 함께 출력해 주는 프로그램이다.

프로그램 첫줄의 # 기호는 주석문(comment)이라고 하며, 프로그램의 이해를 돕기 위한 목적으로 사용된다. 프로그램의 목적, 사용된 함수와 변수에 대한 설명을 하는 데 사용하며 실제로 실행되는 명령문은 아니다.

프로그램 1.3　　**자기소개 출력**

```
>>> # 이름과 나이 소개와 함께 인사를 출력해 주는 프로그램
>>> name = "홍길동"
>>> age = 21
>>> print ("안녕하세요?", "저는", age, "살", name, "입니다.")
안녕하세요? 저는 21 살 홍길동 입니다.
>>> print(age)
21
>>>
```

---

age라는 이름의 저장공간에 21을 저장시키도록 한 명령문의 효과는 그 이후로 계속 유효한 것을 볼 수 있다. 첫 번째 print 문 안에서 age를 사용할 때도 저장 값인 21을 읽어 올수 있었고 두 번째 print 문안에서 age를 출력하고자 할 때도 계속해서 age는 21을 저장하였다가 반환해 주는 것을 확인할 수 있다. 이렇듯 연속되는 명령문을 입력하여 보다 다양한 프로그램을 만들어 볼 수 있다. 파이썬 언어에 대한 자세한 구문과 사용은 이 후의 장에서 자세히 설명할 것이다.

SECTION

1.5 | 파이썬 프로그램 실행

이전 절에서 IDLE의 대화형 쉘을 사용하여 명령문을 입력하고 실행하는 예를 살펴보았다. 만약 이미 실행한 명령문을 다시 실행하고 싶을 때는 어떻게 해야 할까? 간단한 몇 줄의 코드라면 몰라도 수백줄이 넘는 프로그램을 다시 입력하는 것은 매우 비효율적인 일일 것이다. 작성하는 프로그램을 재사용할 필요가 있다면 명령문을 파이썬 파일로 저장하였다가 필요할 때 다시 불러서 실행시키는 방식이 더 현명하다. 이를 위하여 파이썬에서 제공하는 'IDLE 편집 쉘'을 사용해야 한다.

그림 1.22와 같이 파이썬 쉘(IDLE)의 'File' 메뉴에서 'New file' 메뉴를 선택하여 'IDLE 편집 쉘'을 열 수 있다.

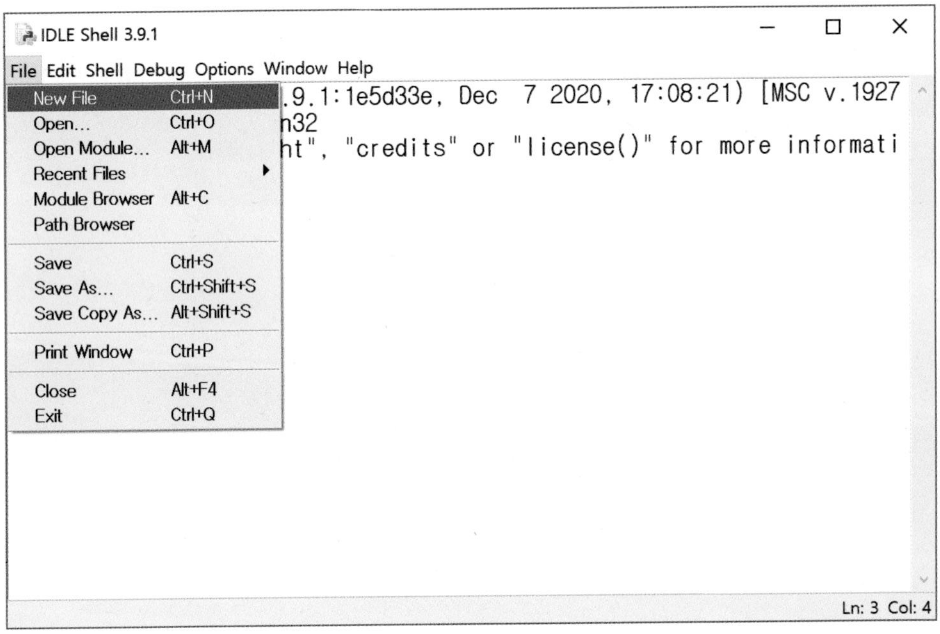

그림 1.22 New File 생성

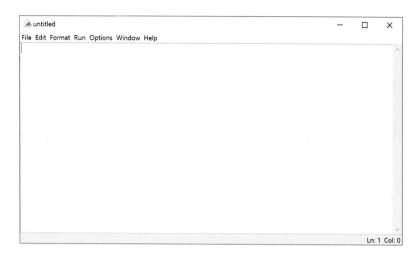

그림 1.23　IDLE 편집 쉘(Editor Shell)

편집 쉘은 대화형 쉘과 달리 명령문마다 실행하지 않고, 여러 줄의 명령문들을 하나의 프로그램으로 작성하여 한번에 실행할 수 있도록 해 준다.

다음 3줄의 명령문을 편집 쉘에서 입력해 보자.

```
name = "파이썬"
print("안녕하세요?")
print("저는 요즘 인기있는 프로그래밍 언어인", name, "입니다.")
```

작성을 마친 후, 'Run' 메뉴에서 'Run Module'을 선택하여 실행한다.

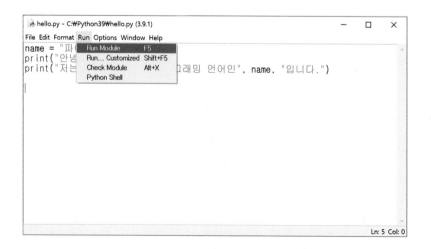

그림 1.24　편집 쉘에서 프로그램 작성

최초로 작성한 파이썬 파일은 실행 전에 파일로 저장해야 한다. 저장할 이름을 'hello.py'로 입력한다.

실행 전에 'File' 메뉴를 열어 'Save'를 선택해서 원하는 폴더 위치에 원하는 이름으로 저장할 수도 있다. 파일 탐색기로 해당 폴더로 가서 저장한 파일이 있는지 확인해 보자. 파이썬 설치 폴더에 파이썬 소스 프로그램을 저장할 경우, 파이썬 내장 프로그램과 충돌이 날 수가 있으니 가능하면 파이썬 설치 폴더가 아닌 별도의 폴더를 만들어서 저장할 것을 추천한다. 아래 그림은 파이썬 설치 폴더를 보여주고 있다.

그림 1.25   저장 파일 확인

모든 파이썬 소스 프로그램에는 파일 확장자로 '.py'가 자동으로 붙게 된다. 이 파일을 더블 클릭하면 보통 그대로 프로그램이 실행된다. 만약, 이 파일을 열어서 편집하기를 원한다면 더블 클릭하지 말고 IDLE의 'File'-'Open' 메뉴를 통해 파일을 열도록 한다.

편집 쉘에서 바로 실행시키려면 그림 1.26과 같이 메뉴의 'Run' 항목을 선택한 후 'Run Module'을 다시 선택하거나, 키보드 단축키로 'F5'를 누르면 실행이 된다. 파이썬 프로그램을 실행하면 편집 쉘이 아닌 IDLE 대화형 쉘에서 실행 결과가 나타나게 된다.

'Check Module'을 실행시키면 IDLE 대화형 쉘에 실행 없이 문법적인 구문 오류만을 확인해 준다. 오류가 있을경우 오류 메시지를 IDLE 편집 쉘에서 알려준다.

```
IDLE Shell 3.9.1                                              —  □  ×
File Edit Shell Debug Options Window Help
Python 3.9.1 (tags/v3.9.1:1e5d33e, Dec  7 2020, 17:08:21) [MSC v.1927 64 bit (
AMD64)] on win32
Type "help", "copyright", "credits" or "license()" for more information.
>>>
======================= RESTART: C:\Python39\hello.py =====================
==
안녕하세요.
저는 요즘 인기있는 프로그래밍 언어인 파이썬 입니다.
>>> |

                                                          Ln: 7 Col: 4
```

그림 1.26 프로그램 실행

파이썬을 설치할 때 'Add Python 3.9 to PATH'에 체크했다면, 컴퓨터의 어느 폴더에서도 파이썬 인터프리터를 이용하여 파이썬 프로그램을 직접 실행시킬 수 있다. 먼저, 명령 프롬프트상에서 실행하려는 파이썬 프로그램이 저장된 폴더로 이동한다. dir/w 명령어를 입력하면 그림 1.27과 같이 모든 파일이 출력되고 hello.py을 찾을 수 있다.

```
관리자: 명령 프롬프트                                          —  □  ×
C:\Python39>dir/w
 C 드라이브의 볼륨에는 이름이 없습니다.
 볼륨 일련 번호: 764B-C3EE

 C:\Python39 디렉터리

[.]                 [..]              arrange.py        asset_dept.py     [DLLs]
[Doc]               even_odd.py       hello.py          [include]         [Lib]
[libs]              LICENSE.txt       NEWS.txt          population.csv    python.exe
python3.dll         python39.dll      pythonw.exe       [Scripts]         [tcl]
[Tools]             turtle.py         vcruntime140.dll  vcruntime140_1.dll [__pycache__]
              14개 파일         5,914,924 바이트
              11개 디렉터리  319,579,471,872 바이트 남음

C:\Python39>_
```

그림 1.27 hello.py 파일 확인

명령 프롬프트 창에서 파이썬 프로그램을 실행하기 위해서는 다음과 같이 명령문을 입력한다. 여기서 python은 파이썬 인터프리터를 의미하고, hello.py은 파이썬 소스 프로그램이다.

```
C:\Python39>python hello.py
```

```
관리자: 명령 프롬프트                                                              —  □  ×

C:\Python39>dir/w
 C 드라이브의 볼륨에는 이름이 없습니다.
 볼륨 일련 번호: 764B-C3EE

 C:\Python39 디렉터리

[.]                 [..]            arrange.py      asset_dept.py    [DLLs]
[Doc]               even_odd.py     hello.py        [include]        [Lib]
[libs]              LICENSE.txt     NEWS.txt        population.csv   python.exe
python3.dll         python39.dll    pythonw.exe     [Scripts]        [tcl]
[Tools]             turtle.py       vcruntime140.dll vcruntime140_1.dll [__pycache__]
              14개 파일          5,914,924 바이트
              11개 디렉터리  319,581,708,288 바이트 남음

C:\Python39>python hello.py
안녕하세요.
저는 요즘 인기있는 프로그래밍 언어인 파이썬 입니다.

C:\Python39>_
```

그림 1.28 hello.py 실행

그림 1.28과 같이 프로그램이 IDLE 대화형 쉘을 따로 열지 않고 명령 프롬프트 창에서
실행되는 것을 확인할 수 있다. IDLE이 아닌 다른 일반 편집기로 프로그램을 작성하고
'.py' 확장자를 붙여 파이썬 파일로 저장한 후 실행하는 것도 가능하다. 그러나 파이썬을
지원하지 않는 일반 편집기보다 IDLE 쉘을 사용하면 자동 들여쓰기나 괄호 매치 자동
확인 등 다양한 코드 편집 기능을 제공받을 수 있다.

응용 터틀 그래픽 연습하기

 파이썬 언어는 터틀(거북) 그래픽 모듈을 기본으로 지원하고 있으며 초보자도 손쉽게 간
단한 그래픽 프로그램을 작성할 수 있다. 자세한 내용은 '6장. 그래픽스 기초'에서 자세
히 소개하고 여기서는 Turtle 그래픽 모듈을 이용한 예제를 경험해 보자. 새로운 편집기
쉘을 열어 프로그램 1.4와 같이 입력해 보자.

프로그램 1.4 정사각형 그리기

```python
01  # 터틀그래픽을 사용하여 정사각형 그리기
02  import turtle
03  t = turtle.Turtle()
04  t.shape("turtle")
05  t.forward(100)
06  t.left(90)
07  t.forward(100)
08  t.left(90)
09  t.forward(100)
10  t.left(90)
11  t.forward(100)
12  t.left(90)
```

위의 프로그램을 저장하고 'F5'를 눌러 실행하면 그림 1.29과 같이 새로운 그래픽 창이 나오고 거북 아이콘이 이동하면서 사각형을 그리는 것을 확인할 수 있다.

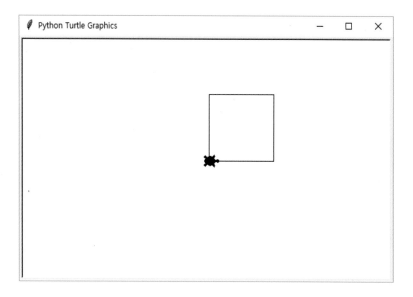

그림 1.29 터틀 그래픽 정사각형 그리기

프로그램 1.5와 같이 가로 방향 이동 거리를 100이 아닌 200으로 바꾼다면, 그림 1.30과 같이 직사각형이 그려진다.

```
01  t.forward(200)
02  t.left(90)
03  t.forward(100)
04  t.left(90)
05  t.forward(200)
06  t.left(90)
07  t.forward(100)
08  t.left(90)
```

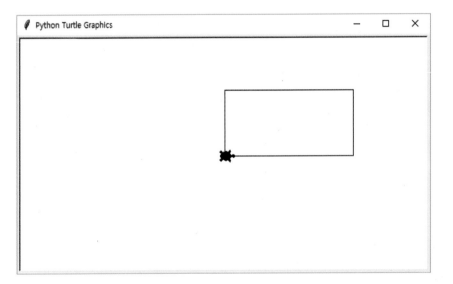

그림 1.30　터틀 그래픽 직사각형 그리기

프로그램 1.6은 오각형을 그리는 프로그램이다. 선분의 수를 5개로 늘려주고, 꺾는 각도를 72도(=360/5)로 바꾸면 오각형을 그릴 수 있다.

```
01  # 오각형 그리기
02  import turtle
03  t = turtle.Turtle()
04  t.shape("turtle")
05  t.forward(100)
06  t.left(72)
07  t.forward(100)
```

```
08  t.left(72)
09  t.forward(100)
10  t.left(72)
11  t.forward(100)
12  t.left(72)
13  t.forward(100)
14  t.left(72)
```

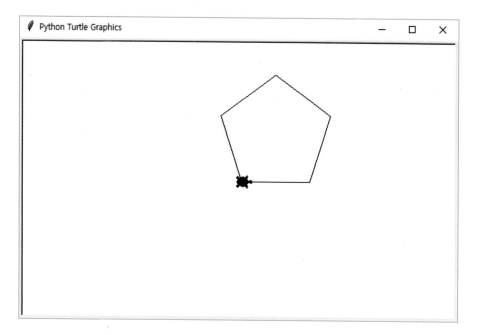

그림 1.31 터틀 그래픽 오각형 그리기

이 밖에 다양한 흥미로운 주제들은 앞으로 소개되는 장에서 다루도록 하겠다.

● 요약

- 프로그램이 컴퓨터에서 수행되기 위해서는 보통 그 컴퓨터의 기계어로 번역되어야 한다.

- 고급 언어는 프로그래머가 기계의 세부 사항을 알 필요가 없게 해준다.

- 컴파일러는 고급 언어로 작성된 소스 코드를 동등한 의미의 저급 언어(기계어) 코드로 번역하는 소프트웨어이다.

- 인터프리터는 별개의 컴파일 단계 없이 한 번에 한 명령문씩 해석하여 실행한다.

- 컴퓨터의 문제해결 방법의 설계가 알고리즘이다.

- 순서도는 기호(symbol)를 사용하여 알고리즘을 표현한다.

- 모든 프로그램(알고리즘)은 순차(sequence), 선택(selection), 반복(iteration) 세 가지 실행 구조만으로 작성 가능하다.

- 파이썬(Python)은 대화식으로 쉽고 간편하게 코딩할 수 있고, 다양한 응용 라이브러리들이 제공되어 교육용뿐만 아니라 전문가용 프로그래밍 언어로 많이 사용되고 있다.

실습 문제

01 학생들의 Pass/Fail 성적을 주는 알고리즘을 순서도를 사용하여 설계해 보시오.

    A. 4번의 중간고사 성적을 평균하여 50점이 넘으면 Pass, 못 넘으면 Fail을 출력하는 알고리즘을 설계하시오.

    B. 중간고사의 횟수와 Pass/Fail 기준 점수를 사용자로부터 입력받아 성적을 결정하도록 알고리즘을 확장해 보시오.

02 길이단위를 변환하는 알고리즘을 순서도를 사용하여 설계해 보시오.

    A. 킬로미터로 표시되는 길이를 읽어 들여 마일로 변환하는 알고리즘을 설계하시오.

    B. 사용자가 킬로미터 → 마일, 마일 → 킬로미터 변환 중 하나를 먼저 선택하고, 입력 값을 사용자의 선택에 따라 변환하도록 알고리즘을 확장해 보시오.

    C. 사용자가 길이 변환을 여러 개의 길이에 대해 반복하여 수행할 수 있도록 알고리즘을 확장해 보시오.
       (힌트: 마지막에 재변환 여부 문의 후 결과에 따른 반복)

03 print를 이용해서 다음과 같은 큰 하트 무늬를 출력하는 프로그램을 작성하여 실행해 보시오

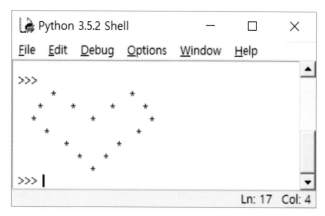

04 터틀 그래픽을 이용하여 정삼각형과 정팔각형을 그려 보시오.

연습 문제

01 컴파일러와 인터프리터의 차이점은 무엇인가?

02 파이썬 홈페이지(http://www.python.org)를 방문하여 사용하는 컴퓨터의 운영체제에 맞는 최신버전의 3.x 파이썬 통합개발환경(IDLE)을 다운로드 받아 설치해 보시오.

03 Hello World! 출력 프로그램을 참고하여 본인이 원하는 메시지를 출력하는 프로그램을 작성하고 실행해 보시오.

04 입력을 받아 내용을 출력하는 프로그램을 참고하여 입력과 출력 내용을 본인이 원하는 내용으로 변경하여 보시오. 프로그램을 IDLE 편집 쉘에서 작성하여 파일로 저장하고 명령 프롬프트 창에서 실행해 보시오.

05 두 수 n과 m을 입력받아 n^m을 출력하는 알고리즘을 작성하시오.

06 정수 k ($2 \leq k \leq 9$)를 입력받아 구구단 중 k단을 출력하는 알고리즘을 작성하시오.

07 이차방정식 ax^2+bx+c의 a, b, c 값을 읽어 들여 근(x)을 구하는 알고리즘을 작성하시오.

08 중간, 기말, 과제 점수의 총점으로 A ~ F의 성적을 주는 알고리즘을 작성하시오.

 MEMO

변수 및 수식

2.1 | 수식

수식의 사용

파이썬를 가장 쉽게 사용하는 방법은 마치 수식 계산기처럼 사용하는 것이다. 파이썬 인터프리터는 우리가 익숙한 어떠한 수식이든 입력하면 그 값을 계산하여 바로 출력해 준다. 정수 또는 실수에 대해서 사칙연산(+, −, *, /), 나머지(%) 및 거듭제곱(**) 연산을 사용할 수 있다.

먼저 다음과 같은 간단한 예를 살펴보자. 첫 번째 수식은 간단한 정수 덧셈이다. 두 번째 수식은 괄호를 이용한 수식으로 괄호 수식의 값을 계산하여 3으로 나눈다. 세 번째는 간단한 실수 수식으로 그 결과 값도 실수이다. 네 번째는 거듭제곱 연산으로 2의 5제곱을 나타낸다.

```
>>> 19 + 3
22
>>> (15 - 2 * 3) / 3
3
>>> 2.3 * 12.1
27.83
>>> 2 ** 5
32
```

다만 나눗셈 연산은 정수 나눗셈(//)과 실수 나눗셈(/)이 따로 있으며 정수 나눗셈의 결과값은 몫을 나타내는 정수이고 실수 나눗셈의 결과값은 실수이다. 예를 들어 13 // 4는 정수 나눗셈이므로 결과값이 몫인 3이다. 13 / 4는 실수 나눗셈이므로 결과값이 3.25이다. 또한 나머지(%) 연산을 할 수 있는데, 예를 들어 13 % 4는 결과값이 나머지인 1이다.

정수 나눗셈
```
>>> 13 // 4
3
>>> 13 / 4
```
실수 나눗셈

```
3.25    ( 나머지 연산 )
>>> 13 % 4
1
```

뿐만 아니라 13.0 / 4.0과 같이 실수 나눗셈을 할 수 있고 13.0 / 4와 같이 정수와 실수를 함께 사용하는 경우에도 실수 나눗셈을 한다.

```
>>> 13.0 / 4.0
3.25
>>> 13.0 / 4
3.25
```

산술 연산과 우선순위

파이썬에서 사용할 수 있는 산술 연산을 표 2.1과 같이 정리할 수 있다. 산술 연산으로 정수 및 실수에 대해서 사칙연산(+, −, *, /), 나머지(%) 및 거듭제곱(**) 연산을 할 수 있다. 이 표에서 정수 연산의 결과는 정수이고 실수 연산의 결과는 실수임을 확인할 수 있다. 다만 나눗셈 연산은 정수 나눗셈(//)과 실수 나눗셈(/)이 따로 있으며 정수 나눗셈은 결과값이 몫을 나타내는 정수이고 실수 나눗셈은 결과값이 실수이다.

표 2.1 산술 연산

연산	연산자	정수 연산 예	실수 연산 예
덧셈	A + B	19 + 3 = 22	3.5 + 12.6 = 16.1
뺄셈	A − B	12 − 4 = 8	11.5 − 7.3 = 2.2
곱셈	A * B	18 * 4 = 72	2.3 * 12.1 = 27.83
나눗셈	A // B A / B	13 // 4 = 3	13 / 4 = 3.25 13.0 / 2.0 = 3.25
나머지	A % B	13 % 4 = 1	13.0 % 2.0 = 1.0 13.1 % 2.1 = 0.8000000
거듭제곱	A ** B	2 ** 5 = 32	2.5 ** 5 = 97.65625

만약 다음과 같이 수식이 2개 이상의 연산자를 가지고 있으면 어떤 연산자를 먼저 수행할까? 우리가 익히 알고 있는 것처럼 곱셈과 나눗셈이 덧셈과 뺄셈보다 우선해서 수행된다. 이를 연산자 **우선순위**(precedence)라고 한다.

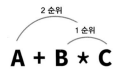

따라서 이 수식은 다음과 같은 구조로 실행된다.

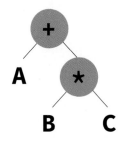

파이썬의 산술 연산자의 경우 다음과 같은 순서로 우선순위를 가진다.

① 거듭제곱(**)
② 곱셈(*), 나눗셈(/), 나머지(%)
③ 덧셈(+), 뺄셈(-)

예를 들어 다음과 같이 수식이 2개 이상의 연산자를 가지고 있으면 어떤 연산자를 먼저 수행할까?

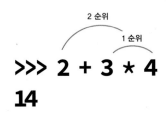

만약 이 수식에서 덧셈을 먼저 계산하면 결과값이 20이 되고 곱셈을 먼저 계산하면 결과 값이 14가 될 것이다.

이 수식에서 덧셈을 먼저하려면 어떻게 해야 할까? 여러분이 생각하는 것처럼 다음과 같이 괄호를 이용하면 된다.

```
>>> (2 + 3) * 4
20
```

또한 다음 예와 같이 같은 우선순위 연산자가 두 개 이상 오는 경우에는 거듭제곱 연산자를 제외하고는 왼쪽에서 오른쪽 순으로 수행된다. 이를 **결합순서**(associativity)라고 한다. 거듭제곱 연산자는 오른쪽 연산자를 먼저 수행한다.

```
>>> 2 - 3 - 4          ⟸ ( (2 - 3) - 4 )
-5
>>> 2 ** 3 ** 2        ⟸ ( 2 ** (3 ** 2) )
512
```

파이썬은 산술 연산으로 정수 및 실수에 대해서 사칙연산, 나머지, 거듭제곱 등의 연산을 할 수 있다.

문자열

파이썬에서 숫자와 더불어 기본적으로 많이 사용하는 것이 문자열(string)이다. 문자열은 작은따옴표(')혹은 큰따옴표(")로 표시한다. 다음 예를 살펴보자. 'Merry Christmas'와 "Merry Christmas"는 같은 문자열이다. 물론 "메리 크리스마스"와 같은 한글 문자열도 가능하다. 그러나 큰따옴표와 작은따옴표를 혼용해서 사용하면 안된다. "Merry Christmas'처럼 사용한 경우에는 큰따옴표가 다시 나올 때까지 찾게 됨으로 문자열을 읽는 중에 줄의 끝(EOL, End Of Line)에 도달했다는 오류 메시지를 출력한다.

```
>>> 'Merry Christmas'
'Merry Christmas'
>>> "Merry Christmas"
'Merry Christmas'
>>> "메리 크리스마스"
'메리 크리스마스'
>>> "Merry Christmas'
SyntaxError: EOL while scanning string literal
```

"Today's date"와 같이 문자열 중간에 아포스트로피(apostrophe)를 사용하는 경우에는 이를 구별하기 위해 큰따옴표를 사용해야 한다. 이 경우에 작은따옴표를 사용하면 아포스트로피를 문자열의 끝으로 인식하기 때문에 그 뒤에 나오는 문자열은 제대로 인식하지 못해서 구문 오류(Syntax Error)가 발생한다. 이를 방지하기 위해서는 \'와 같이 백슬래시를 사용해서 구분하면 백슬래시 다음에 오는 문자는 특별한 의미를 부여하지 않고 단지 문자로 간주한다.

```
>>> "Today's date"
"Today's date"
>>> 'Today's date'
```

```
SyntaxError: invalid syntax
>>> 'Today\'s date'
"Today's date"
```

print 문을 사용하여 출력

print 문을 사용하여 문자열을 출력할 수 있다. 예를 들어 다음과 같이 "Hello World!" 문자열을 모니터에 출력할 수 있다.

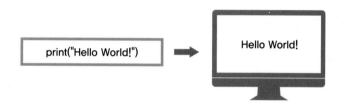

문자열뿐만 아니라 지금까지 살펴본 어떠한 수식의 값도 다음과 같이 print 문을 이용하여 출력할 수 있다.

```
사용법
변수 = print(수식 또는 문자열)
의미
수식의 값 또는 문자열을 출력한다.
```

수식을 print 하면 수식의 값을 계산하여 그 값을 출력한다. 또한 여러 개의 값을 출력할 때는 콤마(,)로 구분하고 이 경우에 각각은 빈칸으로 구분되어 출력된다. 또한 다음과 같이 한글 문자열도 출력할 수도 있다.

```
>>> print(19 + 2)
21
>>> print((15 - 2 * 3) / 3)
3
>>> print(10, 20, 30)
10 20 30
>>> print('Merry Christmas', 'Happy New Year!')
Merry Christmas Happy New Year!
>>> print("메리 크리스마스")
```

메리 크리스마스

문자열 접합 및 반복

문자열에 대해 적용할 수 있는 연산으로는 문자열 접합(+) 연산과 문자열 반복(*) 연산이 있다. 문자열 접합 연산은 '+' 기호를 사용하며 두 문자열을 접합(concatenation), 즉 붙여서 새로운 문자열을 만들어 준다.

사용법   문자열 접합
문자열 + 문자열
의미
두 문자열을 접합, 즉 붙여서 새로운 문자열을 만들어 준다.

예를 들어 'Merry Christmas '와 'and Happy New Year!'를 접합해서 다음과 같이 하나의 문자열을 만들 수 있으며 이를 출력할 수 있다.

'Merry Christmas ' + 'and Happy New Year!' = 'Merry Christmas and Happy New Year!'

문자열 접합

```
>>> print('Merry Christmas ' + 'and Happy New Year!')
'Merry Christmas and Happy New Year!'
```

만약 다음과 같이 정수와 문자열을 접합하여 출력하려고 시도하면 어떻게 될까? 문자열 접합은 문자열 사이에만 가능하다. 따라서 이 문장은 다음과 같이 오류를 발생시킨다.

```
>>> print(2022 + ' Happy New Year!')
Traceback (most recent call last):
  File "<pyshell#10>", line 1, in <module>
    print(2022 + 'Happy New Year!')
TypeError: unsupported operand type(s) for +: 'int' and 'str'
```

이제 다음과 같이 문자열을 접합해서 출력해 보자.

```
>>> print('2022' + ' Happy New Year!')
2022 Happy New Year!
```

파이썬에서는 문자열에 정수를 곱하면 해당 문자열을 정수 횟수만큼 반복 출력할 수 있다. 문자열 반복 연산은 '*' 기호를 사용하여 대상 문자열을 수식의 값만큼 반복한 새로운 문자열을 만들어 준다.

사용법 　　　　　　　　(문자열 반복)

문자열 * 수식 또는 수식 * 문자열

의미

문자열을 수식의 값만큼 반복한 새로운 문자열을 만들어 준다.

정수를 곱하는 순서는 앞이든 뒤든 상관없으며, 특히 공백 ' ' 에 숫자를 곱하면 원하는 만큼의 빈칸을 입력할 수 있어서 문자열 사이의 간격을 조절할 때 유용하다.

(문자열 반복)

```
>>> print(5 * 'b')
bbbbb
>>> print(10 * 'abc')
abcabcabcabcabcabcabcabcabcabc
>>> print('b' * 10)
bbbbbbbbbb
>>> print('5' * 10)
5555555555
>>> print(' ' * 10)

>>> print(' ' * 10, 'abc')
           abc
>>> print('a', ' ' * 10, 'b')
a            b
>>> print('Hello Python!'*2)
Hello Python!Hello Python!
```

특수 문자

문자열을 출력하는 데 필요한 특수 문자가 있다. 대표적인 특수 문자로 새줄 문자 \n과 탭 문자 \t를 살펴보자.

- 새줄 문자(newline) \n : 텍스트의 한 줄이 끝나고 다음 줄로 넘기는 역할을 하는 특수 문자로 개행 문자 또는 줄바꿈 문자라고도 한다.
- 탭 문자(tab) \t : 탭 키를 나타내는 특수 문자로 커서를 한꺼번에 여러 칸씩 움직일 수 있도록 만든 것으로, 이 키를 한 번 누를 때마다 다음 탭 구역으로 커서가 움직인다.

```
>>> print("파이썬 세계에 \t 오신 것을 \t 환영합니다")
파이썬 세계에        오신 것을        환영합니다
>>> print("파이썬 세계에 \n오신 것을 \n환영합니다")
파이썬 세계에
오신 것을
환영합니다
>>> print("\t파이썬 세계에 \n\t오신 것을 \n\t환영합니다")
        파이썬 세계에
        오신 것을
        환영합니다
```

여러 줄 문자열

여러 줄에 걸친 문자열을 간단하게 만드는 방법이 있다. 문자열을 '''또는 """와 같이 따옴표를 세 개 이어 붙여 사용하는 것이다. 리턴 키를 누를 때마다 새줄 문자를 자동으로 삽입한다.

```
>>> '''파이썬 세계에
오신 것을
환영합니다. '''
'파이썬 세계에 \n오신 것을 \n환영합니다. '
>>> print('''파이썬 세계에
오신 것을
환영합니다. ''')
파이썬 세계에
오신 것을
환영합니다
```

2.3 | 변수

변수의 필요성

프로그램을 작성하는 데 변수가 왜 필요할까? 대부분의 프로그램은 데이터나 값을 조작하여 어떤 일을 수행한다. 이 데이터는 사용자로부터 입력받을 수도 있고, 수식을 계산하여 생성할 수도 있다. 이러한 데이터나 수식의 계산된 값을 나중에 사용하기 위해서는 어딘가에 저장해야 한다.

> **핵심 개념**
>
> 변수는 정수, 실수, 문자열 또는 리스트 등의 값을 저장하기 위한 기억장소이다.

변수는 실수, 정수, 문자열 또는 리스트 등의 값을 저장하기 위한 기억장소라고 할 수 있다. 파이썬에서 변수는 자료형(data type)을 선언할 필요가 없으며 어떤 타입(자료형)의 값이든지 저장할 수 있다.

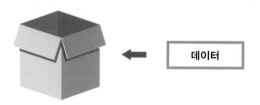

변수를 사용하는 예를 들어 보자. 예를 들어 다음과 같이 점수를 나타내는 변수 score에 정수값 70을 저장할 수 있다. 저장된 변수의 값을 print 문을 이용하여 출력할 수 있다.

```
>>> score = 70
>>> print("첫 번째 점수: ", score)
첫 번째 점수: 70
```

대입문

변수에 값을 저장할 때는 일반적으로 **대입문(assignment statement)**을 사용한다. 대입문을 먼저 오른쪽의 수식의 값을 계산하고 그림 2.1과 같이 그 결과값을 왼쪽의 변수에 저장한다. 또한 변수에 처음으로 값을 대입할 때 그 변수는 자동으로 생성된다. 수식은 앞의 예와 같이 70과 같은 상수 하나로 구성할 수도 있지만 변수와 연산을 사용하여 구성할 수도 있다.

사용법
변수 = 수식
의미
수식을 계산하여 계산된 값을 변수에 대입한다.
변수에 처음으로 값을 대입할 때 그 변수는 자동으로 생성된다.

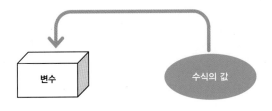

그림 2.1 변수에 수식의 값 대입

score = 70 대입문을 실행하면 다음 그림과 같이 정수값 70이 변수에 저장된다.

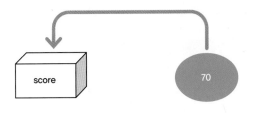

그림 2.2 변수에 정수값 대입

변수는 값을 저장하는 기억장소이므로 하나의 변수에 새로운 값을 저장할 수 있다. 이 변수(score)에 다시 새로운 정수 값 80을 저장하여 출력해 보자. 이제 이 변수에는 70 대신에 80이 저장되어 있다. 또한 이 변수에 45 + 50과 같은 수식의 값을 저장할 수도 있으며 결과적으로 계산된 값 95가 저장된다.

점수 출력

```
>>> score = 70
>>> print("첫 번째 점수: ", score)
첫 번째 점수: 70
>>> score = 80
>>> print("두 번째 점수: ", score)
두 번째 점수: 80
>>> score = 45 + 50
>>> print("세 번째 점수: ", score)
세 번째 점수: 95
```

프로그램 2.1을 실행하여 변수에 새로운 값을 저장하면 그림 2.3처럼 변수의 기존 값은 새로운 값으로 변경된다.

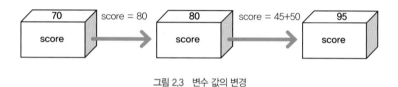

그림 2.3 변수 값의 변경

핵심 개념

대입문을 사용하여 변수에 값을 저장한다. 변수에 처음으로 값을 대입할 때 그 변수는 자동으로 생성된다.

변수의 이름

변수 이름은 어떻게 지어야 할까? 변수 이름은 문자(character)와 숫자(digit)로 이루어지며 반드시 문자로 시작하여야 한다. 문자로는 알파벳 문자와 _ 문자(underscore)를 사용할 수 있으나, $, %, @, & 등의 특수문자는 사용할 수 없다. 다음은 사용 가능한 변수 이름들이다.

```
sum                 score1
_count              _count1
bank_account        bankAccount, …
```

하지만 다음과 같은 변수 이름들은 숫자로 시작하거나 특수문자를 포함하고 있으므로 오류가 발생한다.

```
1score            #count            bank$account
```

변수 이름은 문자와 숫자로 이루어지며 반드시 문자로 시작하여야 한다.

변수의 활용

지금까지는 변수에 값을 저장하는 예제들만 살펴보았다. 이번에는 변수에 저장된 값을 사용하는 예를 살펴보자. 이제 점수의 합을 계산하는 문제를 생각해 보자. 이를 위해 먼저 합을 저장할 변수 sum에 0을 저장하고 이 변수 값에 70을 더해 보자. 다음 문장은 그림 2.4와 같이 변수 sum의 값에 70을 더해서 이 값을 다시 변수 sum에 저장한다.

```
sum = 0
sum = sum + 70
```

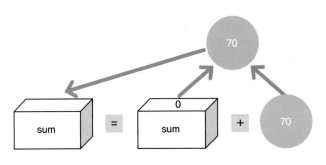

그림 2.4 sum = sum + 70 실행 과정

프로그램 2.2에서는 0으로 초기화된 변수 sum에 70을 더해서 그 결과값을 출력한다. 이어서 이 변수 sum에 다시 90을 더해서 출력한다. 그림 2.5를 통해 변수 sum에 값이 더해져 변화하는 과정을 확인할 수 있다.

프로그램 2.2   두 점수의 합 계산 1

```
>>> sum = 0
>>> sum = sum + 70
>>> print("첫 번째 합: ", sum)
```

```
첫 번째 합: 70
>>> sum = sum + 90
>>> print("두 번째 합: ", sum)
두 번째 합: 160
```

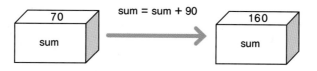

그림 2.5 변수 값의 변화

이제 이 프로그램을 score 변수를 이용하여 합을 계산하는 프로그램으로 작성해 보자. score 변수는 값을 저장한다. 프로그램 2.3은 두 번에 걸쳐서 변수 sum에 score 값을 더함으로써 합을 계산하고 그 결과값을 출력한다. 이 대입문의 실행 과정은 그림 2.6과 같다.

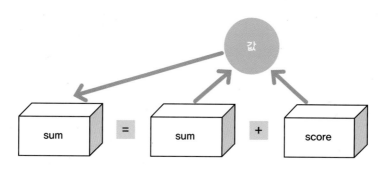

그림 2.6 sum = sum + score 실행

프로그램 2.3   **두 점수의 합 계산 2**

```
>>> sum = 0
>>> score = 70
>>> sum = sum + score
>>> print("첫 번째 합: ", sum)
첫 번째 합: 70
>>> score = 90
>>> sum = sum + score
>>> print("두 번째 합: ", sum)
두 번째 합: 160
```

복합 대입 연산자

앞의 예에서 사용했던 아래의 대입문들은 변수의 값에 어떤 연산을 수행하여 다시 그 변수에 대입함으로써 변수의 값을 수정한다.

```
sum = sum + 70
sum = sum + score
```

위와 같은 대입문은 변수 이름이 두 번 반복되는데 이러한 변수의 반복 사용은 뜻은 분명하지만 코드는 좀 복잡하다. 이러한 반복을 해결하기 위한 연산자가 복합 대입 연산자로, 각각 다음과 같이 간단하게 작성할 수 있다.

```
sum += 70
sum += score
```

일반적으로 표 2.2와 같이 복합 대입 연산자들을 사용할 수 있다.

표 2.2 복합 대입 연산자

복합 대입 연산자	자료형	설명
A += B	정수, 실수, 문자열	덧셈 후 대입 A = A + B
A -= B	정수, 실수	뺄셈 후 대입 A = A − B
A *= B	정수, 실수, 문자열	곱셈 후 대입 A = A * B
A /= B A //= B	실수 정수	실수 나눗셈 후 대입 A = A / B 정수 나눗셈 후 대입 A = A // B
A %=B	정수, 실수	나머지 계산 후 대입 A = A % B
A **= B	정수, 실수	거듭제곱 계산 후 대입 A = A ** B

정수와 실수뿐만 아니라 문자열에 대해서도 +와 * 연산이 가능하므로 문자열에 대해 +=와 *= 복합 대입 연산자를 적용할 수 있다. 예를 들어 다음과 같이 문자열에 복합 대입 연산자를 적용하여 확인해 보자.

```
>>> s = "Hello"
>>> s += " ! "
>>> print(s)
Hello !
```

```
>>> s *= 2
>>> print(s)
Hello ! Hello !
```

복합 대입 연산자를 사용하기 전에 먼저 해당 변수에 값을 대입해야 한다는 점을 주의해야 한다. 이는 변수에 처음 값을 대입할 때 변수가 생성되기 때문이다. 만약에 다음과 같이 변수에 값을 대입하지 않고 바로 복합 대입 연산자를 사용하면 변수 x는 정의되지 않았다고 오류가 난다. 대입문 x = x +1를 사용해도 같은 이유로 오류이다.

```
>>> x += 1
Traceback (most recent call last):
  File "<pyshell#6>", line 1, in <module>
    x += 1
NameError: name 'x' is not defined
>>> x = x + 1
Traceback (most recent call last):
  File "<pyshell#5>", line 1, in <module>
    x = x + 1
NameError: name 's' is not defined
```

변수와 사용자 입력

대부분의 프로그램은 그림 2.7과 같이 사용자로부터 받은 입력을 처리하여 결과를 출력한다.

그림 2.7 프로그램의 입력과 출력

지금까지는 입력을 사용하지 않았는데 이제 사용자로부터 입력받는 것을 생각해 보자. 파이썬에서는 내장 함수인 input 함수를 이용하여 사용자의 입력을 받을 수 있다. input 함수는 사용자가 키보드로 값을 입력하고 엔터키(Enter)를 누르면 입력된 한 줄의 문자열을 읽어서 반환한다.

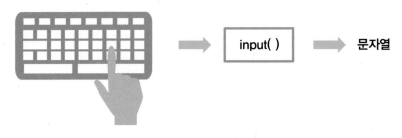

그림 2.8 input 함수를 이용한 사용자 입력

예를 들어 다음과 같이 한 줄의 문자열을 입력받아 이를 변수에 저장한 후에 출력해 보자.

```
>>> c = input()
a
>>> print(c)
a
>>> s = input()
Hello Python!
>>> print(s)
Hello Python!
>>> s = input()
안녕하세요
>>> print(s)
안녕하세요.
```

핵심 개념

input 함수는 사용자가 입력한 문자열을 읽어서 반환한다.

입력을 받기 전에 간단한 안내 문자열을 출력할 수 있는데 다음 예제처럼 input 함수에 출력할 안내 문자열을 인수로 줄 수 있다. 이 예제에서 input("이름 입력: ") 함수를 사용하여 먼저 "이름 입력: "을 출력하고 사용자로부터 이름을 나타내는 문자열을 입력받아 변수 name에 저장한다. 이후에 이를 이용하여 "OOO 님 안녕하세요"와 같이 출력한다.

```
>>> name = input("이름 입력: ")
이름 입력: 홍길동
>>> print(name, "님 안녕하세요")
홍길동 님 안녕하세요
```

정수 또는 실수 값을 입력받기 위해서는 어떻게 해야 할까? 다음 예제에서는 input 함수를 통해 50을 입력받고 그 값을 그대로 더해서 출력하였다. 그러나 우리의 예상과는 달리 덧셈한 결과 100이 아니라 문자열 "5050"이 출력되었다. 그 이유는 input 함수는 항상 문자열을 반환하기 때문에 반환값을 그대로 더해서 출력할 경우 접합된 문자열 "5050"이 출력된다.

```
>>> a = input()
50
>>> print(a + a)
5050
```

그렇다면 어떻게 해야 할까? 주의해야 할 사항은 input 함수는 사용자가 입력한 것을 항상 문자열로 반환한다는 점이다. 따라서 정수 또는 실수로 입력받기 위해서는 input 함수가 반환하는 문자열을 정수 또는 실수로 형변환(type casting) 해 주어야 한다. 자료형과 형변환에 대해서는 다음 절에서 자세히 설명한다.

2.4 | 변수와 자료형

변수와 자료형

파이썬에서 변수는 따로 자료형을 선언할 필요가 없으며 어떤 타입의 값이든지 대입하여 저장할 수 있다. 예를 들어 다음과 같이 변수 x에 정수값 10을 저장할 수도 있고 이후에 이 변수에 문자열 "Hello"를 저장할 수도 있다. print 문을 이용해 이를 확인할 수 있다.

```
>>>  x = 10
>>> print(x)
10
>>> x = "Hello"
>>> print(x)
Hello
>>> y = x
>>> print(y)
Hello
```

지금까지 변수는 값을 저장하는 기억장소라고 쉽게 설명하였지만, 실제로 파이썬에서 변수는 직접 값을 저장하지 않고 값이 저장된 기억장소(혹은 객체)를 **참조**(reference), 즉 가리키는 것이다. 파이썬에는 수와 문자열뿐만 아니라 여러 종류의 값들이 있으며 모든 값은 일종의 객체(object)이다. 변수에 이러한 객체를 대입하면 변수는 해당 객체를 참조, 즉 가리키게 된다.

예를 들어 그림 2.9와 같이 변수 x에 숫자 10을 대입하면 이 변수는 숫자 10을 가리킨다. 다시 변수 x에 "Hello" 문자열을 대입하면 x는 이 문자열을 가리키게 된다. 또한 새로운 변수 y에 x를 대입하면 x의 참조가 y에 대입되므로 변수 y는 x가 가리키는 문자열을 함께 가리키게 된다.

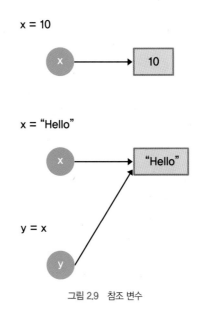

x = 10

x = "Hello"

y = x

그림 2.9　참조 변수

자료형

지금까지 소개한 데이터나 값들은 타입이 있다. 이를 **데이터 타입** 혹은 **자료형**(data type)이라고 하는데 자료형은 데이터의 유형이라고 볼 수 있다. 파이썬의 기본 자료형은 표 2.3과 같이 수치를 나타내는 정수형, 실수형 등이 있고, 논리값을 나타내는 논리형, 문자열을 나타내는 문자열형 등이 있다. 실수형은 부동소수점 자료형(floating point type)이라고도 하고 논리형은 부울형(Boolean type)이라고도 한다.

표 2.3　기본 자료형

기본 자료형			설명	예
수치 자료형	정수형	int	정수	2, 10, −9534
	실수형	float	소수점이 포함된 실수	3.14, 10.0, −9.3,
문자열형		str	따옴표에 둘러싸인 문자열	"abc", "hello"
논리형		bool	참 또는 거짓	True, False

값이 어떤 자료형인지 다음과 같이 type 함수로 확인할 수 있다. 출력 결과의 int, float, str, bool 등은 각각 정수형, 실수형, 문자열형, 논리형을 나타내는 이름이다.

```
>>> type(10)
<class 'int'>
>>> type(3.14)
```

```
<class 'float'>
>>> type("Hello")
<class 'str'>
>>> type(True)
<class 'bool'>
```

형변환

필요에 따라 데이터의 자료형을 변환할 수 있는데 이를 **형변환**(type casting)이라고 한다. 예를 들어 숫자 문자열을 읽어서 이 문자열을 실제 정수로 변환하여 사용하는 경우에 형변환이 필요하다. 이러한 형변환을 위한 함수는 표 2.4와 같다. int 함수는 숫자 문자열을 해당하는 정수로 변환한다. float 함수는 숫자 문자열을 해당하는 실수로 변환한다.

표 2.4 형변환 함수

형변환 함수	기능
int(x)	문자열 또는 실수 x를 정수로 변환하여 준다.
float(x)	문자열 또는 정수 x를 실수로 변환하여 준다.
str(x)	정수 또는 실수 x를 문자열로 변환하여 준다.

예를 들어 int 함수는 문자열 "88"을 정수 88로 변환한다. 또한 실수 3.14는 소수점 이하를 버리고 정수 3으로 변환한다. float 함수는 문자열 "3.14"를 실수 3.14로 변환하며, 정수 3을 실수 3.0으로 변환한다. 반대로 str 함수는 정수 또는 실수를 해당하는 문자열로 변환한다.

```
>>> int("88")        ⟸ 문자열을 정수로 변환
88
>>> int(3.14)        ⟸ 실수를 정수로 변환
3
>>> float("3.14")    ⟸ 문자열을 실수로 변환
3.14
>>> float(3)         ⟸ 정수를 실수로 변환
3.0
>>> str(3.14)        ⟸ 실수를 문자열로 변환
'3.14'
```

그러나 다음과 같이 실수를 나타내는 문자열을 정수로 변환하면 형변환 오류인 ValueError가 발생한다는 점을 주의해야 한다.

```
형변환 오류
>>> int("3.14")
Traceback (most recent call last):
  File "<pyshell#1>", line 1, in <module>
    int("3.14")
ValueError: invalid literal for int() with base 10: '3.14'
```

입력된 문자열을 정수로 형변환하기 위해서는 int 함수를, 실수로 형변환하기 위해서는 float 함수를 사용한다. 이번에는 문자열 '30'을 입력받아 int 함수를 이용해 정수로 형변환을 해 보자. 변환된 값 30을 더하여 출력하면 정수 60이 출력되는 것을 확인할 수 있다. 또한 입력 문자열 '4.0'을 float 함수를 사용하여 실수 4.0으로 변환하여 사용해 보자.

```
>>> a = int(input())       ← 입력 문자열을 정수로 변환
30
>>> print(a + a)
60
>>> b = float(input())     ← 입력 문자열을 실수로 변환
4.0
>>> print(b * 3.14)
12.56
```

예제 1

사용자가 입력한 점수를 더하는 프로그램을 생각해 보자. input 함수는 사용자 입력을 문자열로 반환하므로, 사용자 입력을 정수로 사용하려면 입력된 문자열을 정수로 변환하여야 한다. 다음 문장은 먼저 "첫 번째 점수: " 메시지를 출력하고 사용자 입력을 받아서 이를 정수로 변환하여 변수 score에 저장한다.

```
score = int(input("첫 번째 점수: "))
```

이제 사용자로부터 점수를 두 번 입력받아 이를 더하는 프로그램을 작성해 보자. 프로그램 2.4의 실행 과정은 다음과 같다.

❶ 사용자로부터 입력된 점수를 정수로 변환하여 변수 score에 저장한다.

❷ 이를 변수 sum에 더함으로써 입력된 점수의 합을 계산하여 출력한다.

③ 이 과정을 한 번 더 반복한다.

프로그램 2.4　　**두 점수의 합 계산 3**

```
>>> sum = 0        ┌─ 입력 문자열을 정수로 변환 ─┐
>>> score = int(input("첫 번째 점수: "))
첫 번째 점수: 88
>>> sum = sum + score
>>> score = int(input("두 번째 점수: "))
두 번째 점수: 92
>>> sum = sum + score
>>> print("두 점수의 합: ", sum)
두 점수의 합: 180
```

예제 2

사용자 입력을 사용하는 예로 마일(mile)을 킬로미터(km)로 변환하는 예를 살펴보자.
프로그램 2.5의 실행 과정은 다음과 같다.

❶ input 함수로 마일 수를 입력받아 이를 float 함수를 이용하여 실수로 변환한 후 변수 mile에 저장
한다.
❷ mile에 1.6를 곱하여 킬로미터로 환산한다.
❸ 계산된 결과값을 출력한다.

실행 결과를 통하여 61.5 마일이 910.40 킬로미터라는 것을 확인할 수 있다.

프로그램 2.5　　**마일 킬로미터 변환**

```
01  # 마일을 킬로미터로 변환하는 프로그램
02                 ┌─ 입력 문자열을 실수로 변환 ─┐
03  mile = float(input("마일 입력: "))
04  km = 1.6 * mile
05  print(mile, " 마일은", km, " 킬로미터입니다.")
```

실행 결과

```
마일 입력: 61.5
61.5 마일은 910.40 킬로미터입니다
```

2.5 | 수식 사용 예제

은행 계좌 입금 예제

변수, 수식 및 입출력을 사용하는 실생활의 예로 은행계좌 입금 프로그램을 작성해 보자. 프로그램 2.6은 은행 계좌를 개설하고 입금하는 프로그램으로 먼저 계좌 소유자 이름을 입력받고, 입금액을 입력받아 이를 잔액에 더한다. 이 프로그램에서는 이를 위해 다음과 같이 3개의 변수를 사용한다.

- name: 계좌 소유자의 이름을 위한 변수
- balance: 현재 잔액을 위한 변수
- amount: 입금액을 위한 변수

이 프로그램의 실행 과정은 다음과 같다.

❶ 현재 잔액이 0원이라고 가정하고 잔액을 나타내는 변수 balance에 0을 대입한다.

❷ 입금액을 입력받아 변수 amount에 저장한 후에 이를 잔액을 나타내는 변수 balance에 다음과 같이 더함으로써 입금된 금액만큼 잔액을 증가시킨다.

```
balance = balance + amount
```

❸ 마지막으로 증가된 잔액을 출력한다.

이 예제 프로그램과 실행 결과는 다음과 같다. 실행 결과를 보면 50,000원을 입금하면 계좌 소유자의 현재 잔액이 50,000원이 되는 것을 확인할 수 있다.

프로그램 2.6 　은행 계좌 입금

```
>>> balance = 0
>>> name = input("계좌 소유자 이름: ")
계좌 소유자 이름: 홍길동
>>> amount = int(input("입금액 입력: "))
입금액 입력: 50000
>>> balance = balance + amount
```

```
>>> print(name, " 님의 현재 잔액: ", balance)
홍길동 님의 현재 잔액: 50000
```

온도 변환 예제

프로그램 2.7은 변수에 뺄셈, 곱셈, 나눗셈을 모두 사용하여 화씨 온도를 섭씨 온도로 변환한다. 이 프로그램은 화씨 온도를 입력받아 이를 섭씨 온도로 변환하여 출력한다. 화씨 온도($℉$)를 $℃=5/9(℉-32)$ 공식을 사용하여 섭씨 온도($℃$)로 변환한다.

이 프로그램의 실행 과정은 다음과 같다.

❶ input 함수로 화씨 온도를 입력받아서 이를 float 함수를 이용하여 실수로 변환한 후 변수 fahr에 저장한다.

```
fahr = float(input("화씨 온도 입력: "))
```

❷ 변수(fahr)에 저장된 화씨 온도를 다음과 같이 섭씨 온도(celsius)로 변환할 수 있다.

```
celsius = (fahr - 32) * 5 / 9
```

❸ 마지막으로 변환된 화씨 온도를 출력한다.

이 예제 프로그램과 실행 결과는 다음과 같다. 실행 결과를 보면 화씨 온도 100도가 섭씨 온도로는 37.7777777778도임을 알 수 있다.

프로그램 2.7   화씨 온도-섭씨 온도 변환

```
01  # 화씨 온도를 섭씨 온도로 계산하는 프로그램
02
03  fahr = float(input("화씨 온도 입력: "))
04  celsius = (fahr - 32) * 5 / 9
05  print("섭씨 온도: ", celsius)
```

실행 결과

```
화씨 온도 입력: 100
섭씨 온도: 37.7777777778
```

이 프로그램의 출력은 소수점 이하 10째 자리까지 출력하고 있다. 필요에 따라 출력할 소수점 이하 자리수를 다음과 같이 지정하여 출력할 수 있다. 다음 문장은 v의 값을 총 n자리로 출력하고 소숫점 이하는 m자리까지 출력하라는 의미이다.

```
print("%n.mf" %v)
```

예를 들어 이 프로그램을 다음과 같이 출력하면 섭씨 온도를 총 6자리로 출력하고 소수점 이하 둘째 자리까지 출력하라는 의미이다.

```
print("섭씨 온도: %6.2f" %celsius)
```

이렇게 했을 때 이 프로그램의 실행 결과는 다음과 같다.

```
화씨 온도 입력: 100
섭씨 온도: 37.78
```

응용 시-분-초 계산 예제

초 단위의 시간을 입력받아 몇 시간, 몇 분, 몇 초인지 계산하는 프로그램을 작성해 보자. 이 프로그램은 정수 나눗셈 연산(//)과 나머지 연산(%)이 필요하다. 프로그램 2.8의 실행 과정은 다음과 같다.

① 입력 값으로 초 단위의 시간을 받아 이를 변수 sec에 저장한다.
② 이 값(sec)을 60으로 나누면 몫이 분이 되고 나머지가 초가 된다.
  이 몫은 변수 minute에 대입하고 나머지는 변수 second에 대입한다.
③ minute 값을 60으로 나누면 몫이 시간이 되고 나머지는 분이 된다.
  이 몫은 변수 hour에 대입하고 나머지는 minute에 대입한다.
④ 마지막 문장은 계산 결과를 이용하여 입력된 시간(초)이 몇 시간, 몇 분, 몇 초인지 출력한다. 예를 들어 6585초는 1시간 49분 45초이다.

프로그램 2.8   시간-분-초 계산

```
01   # 초를 입력받아 시간, 분, 초로 계산하는 프로그램
02
```

```
03  sec = int(input("시간을 초 단위로 입력하세요: "))
04  minute = sec // 60
05  second = sec % 60
06  hour = minute // 60
07  minute = minute % 60
08  print(sec, "초는 ", hour, "시간 ", minute, "분 ", second, "초입니다")
```

실행 결과

```
시간을 초 단위로 입력하세요: : 6585
6585 초는  1 시간 49 분  45초입니다
```

출력

print 문의 괄호 안에는 변수, 수식, 문자열 등이 올 수 있다. 다음 예는 변수 a와 b의 값을 출력하고 수식 a+b의 값을 출력한다. 또한 하나의 print 문에서 콤마 ',' 를 사용하여 여러 개의 값을 출력할 수 있는데 이때 두 출력 사이에는 한 칸의 공백이 들어간다.

```
>>> a = 3
>>> print(a)
3
>>> b = 4.5
>>> print(b)
4.5
>>> print(a+b)
7.5
>>> print(a,b)
3 4.5
```

여러 개의 명령문을 한 줄에 작성할 경우 세미콜론(';')을 사용한다. 다음과 같이 print 문이 연속적으로 이어지는 경우에는 새로운 줄에 분리하여 출력한다.

```
>>> print(a); print(b)
3
4.5
```

print 문이 연속적으로 이어지는 경우의 출력 옵션에 대해서 알아보자. 가장 많이 사용하는 기능은 붙여서 출력하기와 새로운 줄에 분리하여 출력하는 기능이다. print 문 안에서 end 옵션을 이용하여 출력 포맷을 지정할 수 있다. end 값은 두 출력 사이에 들어갈 내용이다. end 값이 '\n'일 때는 이어지는 print 문의 출력은 다음 줄에 나타나는 반면, end=' ' 또는 end=""로 지정될 경우 두 문장의 출력 결과가 다음과 같이 연결되어서 한줄에 나타난다.

```
>>> a = 3
>>> b = 4.5
>>> print(a, end = ''); print(b)
34.5
>>> print(a, end = ' '); print(b)
3 4.5
>>> print(a, end = '\n'); print(b)
3
4.5
```

또한 출력문에서 ','를 사용하여 두 개의 문자열을 출력하는 경우 공백이 한 칸 들어 가지만 '+'를 사용하면 문자열 접합되어 두 문자열 사이에 공백이 없다.

```
>>> s = 'abc'
>>> print(s)
abc
>>> t = 'def'
>>> print(s, t)
abc def          문자열 접합
>>> print(s + t)
abcdef
```

문자열 포맷팅

문자열 포맷팅이란 문자열 내의 지정한 위치에 어떤 값을 삽입하는 방법이다. 이를 위해서 문자열 내에 서식 지정자(%s, %f 또는 %d)를 포함할 수 있으며 이러한 문자열을 **포맷 문자열(format string)**이라고 한다. 이러한 포맷 문자열 다음에 어떤 값을 인자로 전달하여 지정한 위치에 그 값을 삽입할 수 있다. 예를 들어 포맷 문자열 str1 안에 있는 서식 지정자 %s는 외부에서 전달되는 문자열로 대체될 부분이다. str1 % str2 식은 문자열 str1의 %s 위치에 str2 문자열이 삽입된 문자열을 나타낸다. print(str1 % str2)는 이 문자열을 출력한다.

```
>>> str1 = "Python is easier than %s"
>>> str2 = "C++"
>>> str1 % str2
```

```
Python is easier than C++
>>> print(str1 % str2)
Python is easier than C++
```

하나의 포맷 문자열에 여러 개의 인자를 전달할 때는 ( )안에 ','로 구분하여 전달한다. 다음 예에서 포맷 문자열 str3는 정수(%d)와 문자열(%s)을 인자로 받는다. str3 % (str4, str2) 표현은 포맷 문자열 str3 내의 %d 위치에 정수 str4가, %s 위치에 문자열 str2가 삽입된 문자열을 나타낸다. 또한 포맷 문자열 "%d %s %d"에 정수, 문자열, 정수로 이루어진 세 개의 인자를 전달하여 출력할 수 있다.

```
>>> str3 = "Python is %d times easier than %s"
>>> str4 = 10
>>> print(str3 % (str4, str2))
Python is 10 times easier than C++

>>> print("%d %s %d" % (10, 'a', 5))
10 a 5
```

자료 형식이 맞지 않을 경우 다음과 같이 오류 메시지가 출력된다. 다음 예에서 문자 '5'를 문자열에 %d 포맷으로 전달할 때 자료형 부적합 오류가 발생하는 것을 볼 수 있다.

```
>>> print("%d %s %d" % (10, 'a', '5'))
Traceback (most recent call last):
  File "<pyshell#58>", line 1, in <module>
    print ("%d %s %d" % (10,'a','5'))
TypeError: %d format: a number is required, not str
```

핵심 개념

문자열 포맷팅이란 문자열 내의 지정한 위치에 어떤 값을 삽입하는 방법이다.

실습 문제

01 A나라에는 식당의 음식 가격에 세금이 포함되어 있지 않으며 음식 가격 외에 팁을 지불하는 독특한 문화가 있다. 지불해야 할 세금은 음식 가격의 10.5%이며 팁은 음식 가격의 15%이다. 이 나라의 식당에서 사용할 음식의 지불 총액을 계산하는 프로그램을 작성해 하시오.

이 프로그램은 음식 가격을 입력받아 세금과 팁을 포함한 지불 총액을 계산하여 출력한다.
- **입력**: 음식 가격
- **출력**: 세금, 팁 금액, 지불 총액

이 프로그램의 실행 결과는 예를 들면 다음과 같다.

```
실행 결과

음식 가격을 입력 : 250
세금 : 26.25
팁 금액 : 37.50
지불 총액 : 313.75
```

02 S텔레콤 표준요금제는 다음과 같이 월 이용 요금을 계산한다. 이 요금제의 월 이용 요금을 계산하는 프로그램을 작성하시오.

- 기본요금: 12,100원
- 음성 통화: 1.98원/초
- 데이터 사용: 55원/MB

이 프로그램은 다음과 같이 음성 통화 시간과 데이터 사용량을 입력받아 이용 요금을 계산하여 출력한다.
- **입력**: 음성 통화 시간(초)과 데이터 사용량(MB)을 입력받는다.
- **출력**: 이용 요금을 계산하여 출력한다.

이 프로그램의 실행 결과는 예를 들면 다음과 같다.

```
실행 결과

음성 통화 시간(초) : 12000
데이터 사용량(MB) : 250
기본 요금 : 12,100 원
음성 통화 요금 : 23,760 원
데이터 사용 요금 : 13,750 원
총 이용 요금 : 49,610 원
```

천 단위마다 콤마를 출력하는 방법은 예를 들면 다음과 같다.

```
>>> n = 123456
>>> n = format(n, ',')
>>> print(n)
123,456
```

01 다음 연산의 결과는 무엇인가?

(1) 12 + 3.14
(2) 15 / 4
(3) 15 // 4
(4) 15 % 4
(5) 2 + 3 * 4
(6) 3 − 4 − 5

02 다음 실행의 결과는 무엇인가? 오류이면 그 이유를 설명하시오.

(1) "Happy New Year! " + 2022
(2) "How are you?" + "Kim"
(3) "Hi !" * 5
(4) 'I'm fine'

03 다음 코드의 실행의 결과는 무엇인가? 오류이면 그 이유를 설명하시오.

```
>>> int(2022)
>>> int("2022")
>>> int(3.14)
>>> int("3.14")
>>> float("3.14")
>>> float(3)
```

04 다음 코드의 실행 결과는 무엇인가?

```
>>> x = "Hello"
>>> y = 0
>>> print(x,y)
>>> y = x
>>> print(x,y)
>>> x = y
>>> print(x,y)
```

05 원-달러 환전 프로그램을 작성하시오. 입력으로 환율과 환전할 금액(원)을 받아 달러로 환전한 후에 그 금액을 출력한다.

> **실행 결과**
>
> 환율: 1120
> 환전 금액(원): 500000
> 환전 액(달러): 446.42달러

06 은행계좌 예제 프로그램을 참고하여 출금하는 프로그램을 작성하시오. 사용자로부터 출금할 금액을 입력받아 이를 현재 잔액에서 뺌으로써 출금할 수 있다. 현재 잔액이 10만 원이라면 실행 결과는 다음과 같다.

> **실행 결과**
>
> 출금액: 80000
> 잔액: 20000

07 주문에 따라 지불할 총액을 계산하는 프로그램을 작성하시오.

A 커피전문점의 커피 가격은 다음과 같다.
- 아메리카노: 2,000원, 카페라떼: 3,500원, 카푸치노: 4,000원

> **실행 결과**
>
> 아메리카노: 2
> 카페라떼: 3
> 카푸치노: 1
> 총액: 185000원

08 반지름을 입력받아 원의 둘레와 면적을 구하는 프로그램을 작성하시오.

> **실행 결과**
>
> 반지름 입력: 120
> 원의 둘레: 753.6
> 원의 면적: 45216.0

연습 문제

09 자동차로 이동할 거리와 속력을 입력받아 도달하는 시간을 시간–분–초 단위로 계산하는 프로그램을 작성하시오.

실행 결과

```
이동 거리: 250
속력: 80
도달 시간: 3시간 7분 30초
```

MEMO

CHAPTER

03

판단과 선택

3.1 | if 문

일상 생활에서도 조건에 따라 어떤 일을 선택해서 할 수 있다. 이와 비슷하게 프로그램에서도 조건에 따라 어떤 문장을 실행할 수도 있고 그렇지 않을 수도 있다. 먼저 조건에 따라 문장을 실행하는 간단한 예를 생각해 보자. 예를 들어 학교에서 학점이 3.0 이상이면 장학금을 준다고 가정해 보자. 이러한 조건을 순서도로 표시하면 그림 3.1과 같다.

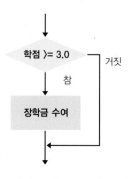

그림 3.1   장학금 수여 순서도1

이제 이러한 과정을 if 문을 이용하여 다음과 같이 코드로 작성할 수 있다. 이 코드에서는 학점을 나타내는 변수 grade 값이 3.0보다 크거나 같으면 이 조건이 참이 되어 장학금을 받는다는 메시지를 출력한다. 그러나 grade 값이 3.0 미만이면 이 조건은 거짓이되어 메시지를 출력하지 않는다. 이 문장을 실행한 후에는 계속해서 다음에 오는 문장을실행한다.

```
if grade >= 3.0:
    print("장학금을 받습니다.")
```

if 문(if statement)은 다음과 같이 키워드 if, 조건식과 콜론(:)이 오고, 그 다음 줄에문장이 오는 구조이다. if 문 내에 **실행문1**을 쓸 때는 들여쓰기(indentation)를 해야 한다는 점을 주의하자. 파이썬 인터프리터에서는 콜론(:)을 입력하고 엔터키를 누르면 다음 줄은 자동적으로 들여쓰기를 해준다. 또한 if 문 내에 **실행문1** 위치에 들여쓰기한 상태로 여러 개의 문장들로 이루어진 블록(block)을 사용하는 것도 가능하다.

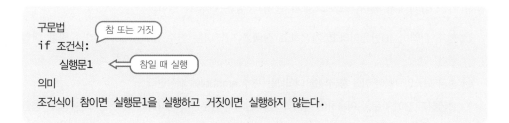

조건식은 결과값이 참(True) 또는 거짓(False)인 어떤 조건을 나타내는 식으로 이러한 식을 부울식(Boolean expression)이라고도 한다. 이 조건이 참이면 if 문 내의 **실행문1**을 실행하고, 거짓이면 if 문 내의 **실행문1**을 실행하지 않는다. 그림 3.2의 순서도는 if 문의 이러한 실행 흐름을 보여준다.

그림 3.2 if 문 실행 흐름

핵심 개념

if 문은 조건이 참인 경우에 무엇을 하는지 명시한다.

파이썬에서는 부울형을 기본 자료형으로 제공한다. 부울형이란 참(True)과 거짓(False)을 나타내는 자료형으로 True와 False가 예약어로 미리 지정되어 있으며 첫 문자를 항상 대문자로 사용해야 한다. 관계 및 논리 연산을 이용한 조건식에 대해서는 3.3절에서 자세히 설명한다.

은행 계좌 출금 예제

이 예제 프로그램은 은행 계좌에서 출금하는 프로그램으로 사용자로부터 출금액을 입력받아 이를 잔액에서 뺀다. 프로그램의 실행 과정은 다음과 같다.

❶ 현재 잔액이 10만원이라고 가정하고 잔액을 나타내는 변수 balance에 10만 원을 대입한다.

❷ 출금액을 입력받아 이를 출금액을 나타내는 변수 amount에 저장한다.

❸ 출금하기 전에 if 문을 이용하여 다음과 같이 잔액이 충분한지 검사하고 이 조건이 만족되면 출금액 amount를 잔액 balance에서 빼고 현재 잔액을 출력한다.

```python
if amount <= balance:
    balance = balance - amount
    print("현재 잔액:", balance)
```

이 프로그램과 실행 결과는 다음과 같다.

프로그램 3.1   은행 계좌 출금 1

```python
01  # 은행 계좌 출금 프로그램 1
02
03  balance = 100000
04  amount = int(input("출금액 입력: "))
05  if amount <= balance:
06      balance = balance - amount
07      print("현재 잔액:", balance)
```

실행 결과

```
출금액 입력: 30000
현재 잔액: 70000
```

들여쓰기와 블록

필요하면 if 문 내에 하나 이상의 문장들이 들여쓰기한 상태로 올 수 있으며 이를 **블록(block)**이라고 한다. 조건이 참이면 블록 내의 문장들은 순차적으로 모두 수행된다. 예를 들어 프로그램 3.1에서처럼 출금 후에 현재 잔액을 출력하는 문장이 들여쓰기한 상태로 이어서 올 수 있다. 다음 코드의 경우에는 잔액이 충분하면 출금 후에 현재 잔액을 출력하고 잔액이 부족하면 아무 출력도 없게 된다.

```
if amount <= balance:
    balance = balance - amount        ← 블록
    print("현재 잔액:", balance)
```

파이썬에서 들여쓰기는 매우 중요하며 프로그램의 구조를 보다 쉽게 이해할 수 있도록 도와준다. 인터프리터는 if 또는 else 다음에 엔터키를 누르면 다음 줄은 자동으로 들여쓰기 해준다. 더 이상 들여쓰기를 하지 않으려면 백스페이스 키를 누르면 된다.

조건문이나 반복문을 사용할 때 내부 문장들의 들여쓰기에 주의해야 한다. 예를 들어 다음과 같이 print 문을 들여쓰기 하지 않으면 이 문장은 if 문 내의 문장이 아니며 if 문 다음에 오는 문장으로 인식하게 된다. 이 경우에 print 문은 출금 여부와 관계없이 현재 잔액을 출력한다.

```
if amount <= balance:
    balance = balance - amount
print("현재 잔액:", balance)        ← if 문 다음 문장
```

3.2 | if-else 문

if 문은 조건이 참인 경우에 무엇을 해야 할지는 명시하지만 거짓인 경우에 무엇을 해야 하는지는 명시하지 않았다. if-else 문을 이용하면 조건이 참일 때 해야 할 일과 거짓일 때 해야 할 일을 따로 명시한다.

> **핵심 개념**
>
> if-else 문은 조건이 참일 때 해야 할 일과 거짓일 때 해야 할 일을 따로 명시한다.

조건에 따라 다른 문장을 선택하는 간단한 예를 생각해 보자. 학점이 3.0 이상이면 장학금을 수여하고 그렇지 않으며 더욱 분발하라는 메시지를 출력하는 예를 생각해 보자. 이러한 과정을 순서도로 표시하면 그림 3.3과 같다.

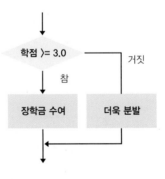

그림 3.3 장학금 수여 순서도2

이제 이러한 과정을 if-else 문을 이용하여 다음과 같이 코드로 작성할 수 있다. 이 코드에서는 학점을 나타내는 grade 값이 3.0보다 크거나 같으면 이 조건이 참이 되어 장학금을 받는다는 메시지를 출력하고 그렇지 않으면 더욱 분발하라는 메시지를 출력한다.

```
if grade >= 3.0:
    print("장학금을 받습니다.")
else:
    print("더욱 분발하세요.")
```

일반적으로 **if-else 문**(if-else statement)은 다음과 같이 먼저 if 문이 오고 그 다음 줄에 else 부분이 오는 구조이다. 조건식과 else 다음에 콜론(:)이 온다는 점과 **실행문1**과 **실행문2**는 반드시 새로운 줄에서 들여쓰기 해야 한다는 점을 주의하자. 또한 **실행문1**이나 **실행문2** 위치에 여러 개의 문장들로 이루어진 블록을 사용하는 것도 가능하다.

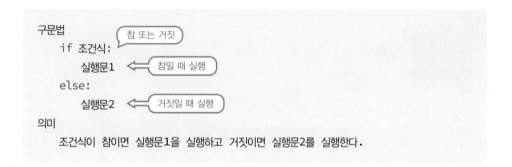

조건식은 결과값이 참 또는 거짓으로 계산되는 어떤 조건을 나타내는 식이다. 이 조건이 참이면 **실행문1**을 실행하고 거짓이면 **실행문2**를 실행한다. 그림 3.4의 순서도는 if-else 문의 이러한 실행 흐름을 보여준다.

그림 3.4 if-else 문 실행 흐름

프로그램 3.1의 은행 계좌 출금 프로그램은 잔액이 부족할 때 아무 메시지도 출력하지 않았다. 이 프로그램을 if-else 문을 이용하여 잔액이 출금액보다 작은 경우에는 잔액 부족이라는 메시지를 출력하도록 수정해 보자.

은행계좌 출금 예제 확장

프로그램 3.2는 출금액 amount가 현재 잔액 balance보다 작거나 같은 경우에는 balance에서 amount만큼 출금(빼기)하고 결과 잔액 balance를 출력한다. 그렇지 않은 경우에는 잔액이 부족하므로 "잔액 부족"이라는 메시지를 출력한다. 초기 잔액이 10만 원이라고 가정한다. 실행 결과를 보면 출금액 200,000원은 잔액보다 많으므로 else 부분이 실행되어 "잔액 부족" 이라는 메시지가 출력되는 것을 확인할 수 있다.

프로그램 3.2　은행 계좌 출금 2

```
01   # 은행 계좌 출금 프로그램 2
02
03   balance = 100000
04   amount = int(input("출금액 입력: "))
05   if amount <= balance:
06       balance = balance - amount
07       print("현재 잔액: ", balance)
08   else:
09       print("잔액 부족")
```

실행 결과

```
출금액 입력: 200000
잔액 부족
```

3.3 | 관계 및 논리 연산

관계 연산

앞에서 사용한 if 문의 조건식을 다시 한 번 살펴보자. 출금을 위해서는 출금액 amount 가 잔액 balance보다 작거나 같아야 한다는 조건이 필요하다. 이 조건식에서는 작거나 같은지 비교하는 '<=' 연산자를 사용하여 이를 표현하였다.

```
if amount <= balance:
    balance = balance - amount
```

일반적으로 조건문의 조건식은 결과가 참(True) 혹은 거짓(False)이어야 한다. 조건식은 주로 관계 연산이나 논리 연산을 사용하여 어떤 조건을 나타낸다.

파이썬에서 사용 가능한 **관계 연산자(relational operator)**는 수 또는 문자열을 비교하기 위한 연산자로 표 3.1과 같이 6개의 관계 연산자가 사용 가능하다. 관계 연산자는 정수, 실수뿐만 아니라 문자열에 대해서도 적용 가능한데 정수와 실수에 대해서는 값의 크기로 비교하며 문자열에 대해서는 문자열의 알파벳 순서로 비교한다.

표 3.1 관계 연산자

연산	연산자	자료형	결과 값
같다	A == B	정수, 실수, 문자열	A 값과 B 값이 같으면 True 그렇지 않으면 False
다르다	A != B	정수, 실수, 문자열	A 값과 B 값이 다르면 True 그렇지 않으면 False
크다	A > B	정수, 실수, 문자열	A 값이 B 값보다 크면 True 그렇지 않으면 False
크거나 같다	A >= B	정수, 실수, 문자열	A 값이 B 값보다 크거나 같으면 True 그렇지 않으면 False
작다	A < B	정수, 실수, 문자열	A 값이 B 값보다 작으면 True 그렇지 않으면 False
작거나 같다	A <= B	정수, 실수, 문자열	A 값이 B 값보다 작거나 같으면 True 그렇지 않으면 False

예를 들어 두 수를 입력받아 이 중 큰 수를 출력하는 간단한 프로그램을 작성해 보자. 이 프로그램의 실행 과정은 다음과 같다.

① 두 수를 입력받아 각각 변수 a와 b에 저장한다.

② a가 b보다 크면 a 값이 큰 값이므로 변수 max에 대입한다.

③ 그렇지 않으면 b 값을 변수 max에 대입한다

프로그램 3.3   두 수 중 큰 수 결정

```
01   # 두 수 중 큰 수를 결정하는 예제 프로그램
02
03   print("두 수를 입력하세요")
04   a = float(input())
05   b = float(input())
06   if a > b:
07       max = a
08   else:
09       max = b
10   print("큰 수:", max)
```

실행 결과

```
두 수를 입력하세요
8733.2
7653.5
큰 수: 8733.2
```

관계 연산은 두 수뿐만 아니라 두 문자열도 비교할 수 있다. 표 3.1에서 보는 것처럼 두 문자열이 같은지 혹은 다른지 비교할 수 있다. 프로그램 3.4를 살펴보자. 이 프로그램은 진행 여부를 입력받아 입력값이 "예"인지 비교하여 적당한 메시지를 출력한다.

프로그램 3.4   계속 진행 여부

```
01   # 계속 진행 여부를 묻는 프로그램
02   reply = input("계속하겠습니까? ")
03   if reply == "예":
04       print("계속 진행")
05   else:
06       print("이제 그만")
```

계속하겠습니까? 예
계속 진행

관계 연산은 if 문뿐만 아니라 다음 장에서 배울 while 문의 조건식에도 사용된다. while 문의 조건식에 대해서는 다음 장에서 자세히 다룰 것이다.

관계 연산은 if 문이나 while 문의 조건식에 주로 사용된다.

논리 연산

만약 프로그램 3.4에서 영어로도 계속 여부를 입력받으려면 입력값이 "예"이거나 "yes" 인지 비교하여야 한다. 이러한 조건은 다음과 같이 표현할 수 있는데 두 개의 관계 연산 을 **논리합(or)** 하면 된다. 또한 필요하면 두 개뿐만 아니라 여러 개의 비교 연산을 논리 합 하는 것도 가능하다.

```
                        논리합
if reply == "예" or reply == "yes":
    …
```

프로그램 3.2의 출금을 위해서는 출금액 amount가 잔액 balance보다 작거나 같아야 할 뿐만 아니라 출금액은 0보다 커야 한다. 출금할 때는 이 두 조건을 모두 만족하여야 하므로 이러한 조건은 다음과 같이 두 개의 비교 연산을 **논리곱(and)** 하면 된다.

```
                   논리곱
if amount <= balance and amount > 0 :
    balance = balance - amount
```

이 조건식은 괄호 없이 작성할 수도 있지만 다음과 같이 괄호의 조건을 먼저 판단하고 이 를 논리곱 하는 식으로 작성하면 그 의미가 보다 분명해진다.

```
if (amount <= balance) and (amount > 0):
    balance = balance - amount
```

논리곱과 같은 **논리 연산자(logical operator)**는 True와 False에 대한 연산이며 결과도 True 또는 False이다. 이 연산 역시 결과값이 True 또는 False이므로 조건문이나 반복문의 조건식에 사용될 수 있다. 파이썬에서 사용 가능한 논리 연산자는 표 3.2와 같이 논리합(or), 논리곱(and) 그리고 논리부정(not)이 있다.

표 3.2 논리 연산

연산	연산자	결과
논리합	A or B	A, B 중 적어도 하나가 True이면 True이고 그렇지 않으면 False이다.
논리곱	A and B	A, B 모두 True이면 True이고 그렇지 않으면 False이다.
논리부정	not A	A가 True이면 False이고 False이면 True이다.

A와 B의 모든 경우에 대한 논리합과 논리곱의 연산 결과를 정리하면 표 3.3과 같다. 이 표에서 A and B는 A와 B가 둘 다 True인 경우에만 True가 된다는 것을 알 수 있다. 또한 A or B는 A와 B가 둘 다 False인 경우에만 False가 되고 나머지 경우에는 모두 True가 된다는 것을 알 수 있다

표 3.3 논리 연산 표

A	B	A and B	A or B
True	True	True	True
True	False	False	True
False	True	False	True
False	False	False	False

> **핵심 개념**
>
> 논리 연산은 if 문이나 while 문의 조건식에 주로 사용된다.

기타

지금까지 살펴본 것처럼 if 문은 조건식을 참(True) 혹은 거짓(False)으로 계산하여 그

결과에 따라 판단하여 실행한다. 실제로 파이썬에서는 if 문이나 while 문의 조건식에 부울 자료형 값뿐만 아니라 다른 자료형의 값을 사용하는 것도 가능하다.

예를 들어 다음과 같이 숫자, 문자열, 리스트, 튜플, 딕셔너리 등을 if 문이나 while 문의 조건식에 사용할 수 있으며 각 자료형의 값은 표 3.4와 같이 참 또는 거짓으로 간주된다. 기본적인 아이디어는 숫자 0, 빈 문자열 "", 빈 리스트 [], 빈 튜플 (), 빈 딕셔너리 {} 등을 거짓으로 간주하고 그 이외의 값은 참으로 간주하는 것이다. 따라서 3과 같은 숫자나 "abc"와 같은 문자열, [1,2,3]과 같은 리스트를 조건식에 사용하면 이들은 모두 참으로 간주된다.

표 3.4 여러 자료형의 참과 거짓

자료형	참	거짓
숫자	0이 아닌 숫자, 예: 3	0
문자열	""이 아닌 문자열, 예: "abc"	""
리스트	[]이 아닌 리스트, 예: [1,2,3]	[]
튜플	()이 아닌 튜플, 예: (1,2,3)	()
딕셔너리	{}이 아닌 딕셔너리, 예: {"a":"b"}	{}

3.4 | if 문의 중첩

중첩 if 문

if 문 안에는 어떠한 문장도 올 수 있다. 따라서 if 문 안에 또 다른 if 문이 올 수도 있다. 다음 코드 예를 살펴보자. 첫 번째 if 문의 **실행문1** 대신에 또 다른 if 문이 오면 두 번째 코드 형태가 된다. 또한 첫 번째 if 문의 **실행문1** 대신에 if-else 문이 오면 세 번째 코드 형태가 된다.

```
if 조건식1:              if 조건식1:              if 조건식1:
    실행문1                  if 조건식2:               if 조건식2:
[else:                       실행문2                   실행문2
    ... ]               [else:                   else:
                            ... ]                    실행문3
                                                 [else:
                                                     ... ]
```

if 문의 else 절은 옵션이며 else 절을 사용하는 경우에는 else 절 내에도 어떤 문장이든 올 수 있다.

> **핵심 개념**
>
> if 문 안에 어떤 문장이나 올 수 있다. 따라서 if 문 안에 또 다른 if 문이나 if-else 문이 올 수 있다.

세 수 중에서 가장 큰 수를 결정하는 예제 프로그램을 생각해 보자. 먼저 if-else 문을 사용하여 두 수 a, b 중 큰 수를 결정하는 프로그램 3.3의 코드를 다시 살펴보자. 이 코드에서 a 값이 b 값보다 크면 a가 큰 수이므로 변수 max에 a 값을 대입하고 그렇지 않으면 b 값을 대입하였다.

```
if a > b:
    max = a
else:
    max = b
```

세 수 중 가장 큰 수 결정 예제

이제 세 수 a, b, c 중에 가장 큰 수를 결정하려면 어떻게 하여야 할까? 다음과 같이 첫 번째 if 문에서 a가 b보다 큰 경우에 다시 a와 c를 비교하여 a가 c보다 크면 a가 가장 큰 수이고 그렇지 않으면 c가 가장 큰 수이다. else인 경우에는 b와 c를 비교하여야 한다.

```
if a > b:
    if a > c:
        max = a
    else:
        max = c
else:
    ...
```

이 프로그램의 실행 과정은 다음과 같다.

❶ 세 수를 입력받아 각각 변수 a, b, c에 대입한다.

❷ 첫 번째 if 문에서 a 값이 b 값보다 큰지 비교한다.

❸ a 값이 b 값보다 큰 경우에는 두 번째 if 문에서 a 값이 c 값보다 큰지 비교한다.

❹ 이 조건이 참이면 a가 가장 큰 수이고 그렇지 않으며 c가 가장 큰 수이다.

❺ a 값이 b 값보다 크지 않은 경우에는 세 번째 if 문에서 b 값이 c 값보다 큰지 비교한다.

❻ 이 조건이 참이면 b가 가장 큰 수이고 그렇지 않으면 c가 가장 큰 수이다.

프로그램 3.5　**세 수 중 가장 큰 수 결정**

```
01  # 세 수를 입력받아 가장 큰 수를 결정하는 프로그램
02
03  print("세 수를 입력하세요")
04  a = float(input())
05  b = float(input())
06  c = float(input())
```

```
07  if a > b:
08     if a > c:
09        max = a
10     else:
11        max = c
12  else:
13     if b > c:
14        max = b
15     else:
16        max = c
17  print("가장 큰 수:", max)
```

```
세 수를 입력하세요
257
276
358
가장 큰 수: 358
```

if-elif-else 문

if-else 문의 else 부분에도 어떠한 문장이나 올 수 있다. 전형적인 예는 else 부분에 또 다시 if-else 문이 오는 경우이다. 예를 들어 다음 코드를 살펴보자. 첫 번째 코드의 else 부분인 **실행문2** 대신에 다시 if-else 문이 올 수 있으며 이렇게 되면 두 번째 코드 형태가 될 것이다. else와 if를 줄여서 elif 키워드로 사용한다. 두 번째 코드에서 다시 else 부분인 **실행문3** 대신에 다시 if-else 문이 오면 세 번째 코드 형태가 될 것이다.

```
if 조건식1:          if 조건식1:          if 조건식1:
    실행문1              실행문1              실행문1
else:                elif 조건식2:         elif 조건식2:
    실행문2              실행문2              실행문2
                     else:                elif 조건식3:
                         실행문3              실행문3
                                          else:
                                              실행문4
```

세 번째 코드의 실행 흐름은 다음과 같다. 각 조건식의 결과값이 참(True)이면 해당 실행문이 실행된다. 조건식을 모두 만족하지 않은 경우에 실행문4가 실행된다.

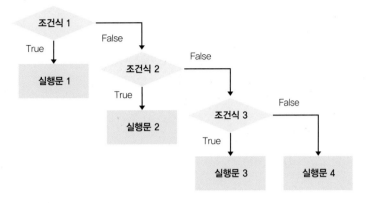

그림 3.5 중첩 if 문의 순서도

핵심 개념

if-else 문의 else 부분에도 어떠한 문장이나 올 수 있다. if-else 문의 else 부분에 또 다른 if 혹은 if-else 문이 오면 줄여서 elif가 됨을 주의하자.

학점 계산 예제

중첩된 if 문을 이용해서 점수를 입력 받아 학점을 계산하는 프로그램을 작성해 보자. 점수에 따라 학점은 다음과 같이 결정된다고 가정하자.

점수	학점
90 ~ 100	A
80 ~ 89	B
70 ~ 89	C
60 ~ 69	D
0 ~ 59	F

프로그램 3.6은 입력받은 점수에 따라 다음과 같이 학점을 계산한다.

❶ 먼저 점수를 입력받아 score에 저장한다.

❷ score가 0보다 작거나 100보다 크면 잘못된 점수이므로 오류 메시지를 출력한다.

❸ 그렇지 않고 score 값이 90 이상이면 A 학점에 해당한다.

❹ 그렇지 않고 score 값이 80 이상이면 B 학점에 해당한다.

❺ 그렇지 않고 score 값이 70 이상이면 C 학점에 해당하고

❻ 그렇지 않고 score 값이 60 이상이면 D 학점에 해당한다.

❼ 이 경우도 아니면 F 학점에 해당한다.

입력받은 점수가 오류가 아닌 경우에 학점을 계산하는 과정은 그림 3.6의 순서도와 같다.

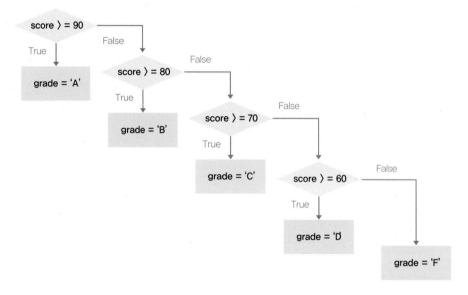

그림 3.6 학점 계산의 순서도

이 프로그램은 앞에서 설명한 if 문의 중첩을 이용하여 이러한 과정을 표현하였다. 실행 결과를 보면 85점을 입력했을 때 B 학점이 출력된 것을 확인할 수 있다.

프로그램 3.6 점수에 따른 학점 계산

```
01  # 점수에 따라 학점을 계산하는 프로그램
02
03  score = int(input("점수를 입력하세요: "))
04  if score < 0 or score > 100:
05      print("잘못된 점수입니다")
06  elif score >= 90:
07      print("A 학점")
08  elif score >= 80:
09      print("B 학점")
10  elif score >= 70:
```

```
11      print("C 학점")
12   elif score >= 60:
13      print("D 학점")
14   else:
15      print("F 학점")
```

```
점수를 입력하세요.
85
B 학점
```

3.5 | if 문의 응용

응용 체질량지수 계산

키와 체중을 입력받아 체질량지수를 계산하고 이를 바탕으로 비만 정도를 판단하는 프로그램을 작성해 보자. 체질량지수(BMI)는 다음과 같이 계산하는데 체중은 킬로그램(kg) 단위이고 신장은 미터(m) 단위이다.

$$BMI = \frac{체중(kg)}{신장(m)^2}$$

BMI 산출 공식

계산된 체질량지수에 따라 아래 표와 같이 비만 정도를 판별한다.

체질량지수	비만 정도
30 이상	고도 비만
25 ~ 30 미만	비만
23 ~ 25 미만	과체중
18.5 ~ 23 미만	정상
18.5 미만	저체중

이를 프로그램 3.7과 같이 작성할 수 있다. BMI 값을 계산할 때 신장은 미터(m) 단위이므로 입력으로 받은 센티미터(cm) 단위의 신장 height를 100으로 나누어 사용하였다. 계산된 BMI 값에 따라 중첩된 if 문을 사용하여 비만 정도를 판별할 수 있다.

프로그램 3.7　　체질량지수 계산

```
01  # 체질량지수 계산 프로그램
02
03  print("키와 몸무게를 입력하면 체질량지수를 계산합니다")
04  height = float(input("키(cm) : "))
05  weight = float(input("몸무게(kg) : "))
06  BMI = weight / (height/100 * height/100)
07
08  print("* 체질량지수 : %3.1f " %BMI)
09  if BMI < 18.5:
10      print("* 저체중")
11  elif BMI < 23:
12      print("* 정상")
13  elif BMI < 25:
14      print("* 과체중")
15  elif BMI < 30:
16      print("* 비만")
17  else:
18      print("* 고도비만")
```

실행 결과

```
키와 몸무게를 입력하면 체질량지수를 계산합니다
키(cm) : 185
몸무게(kg) : 77
* 체질량지수 : 22.50
* 정상
```

응용　주차 요금 계산

다음 표는 인천국제공항 주차장의 주차요금 계산 규칙이다. 이 계산 규칙에 따라 주차요금을 계산하는 프로그램을 작성해 보자.

시간 단위	요금
기본 30분	1,200원
추가 15분마다	600원
1일 요금	24,000원

이 프로그램은 주차 시간을 분 단위로 입력받아 주차요금을 계산하여 출력한다. 이 프로그램의 실행 과정은 다음과 같다.

❶ 먼저 주차 시간을 1440분(24시간 * 60분)으로 나누어 일수를 계산하고 일 단위로 주차 요금을 계산한다.

❷ 그리고 나머지 시간은 분 단위로 주차 요금을 계산해서 더한다.

❸ 나머지 시간이 30분 이하이면 기본 요금 1,200원을 부과한다.

❹ 30분을 초과한 시간에 대해서는 15분마다 600원씩 추가한다.

❺ 600분일 때 주차 요금은 24,000원으로 1일 주차 요금과 같아진다. 따라서 600분을 초과하면 하루 요금으로 계산한다.

프로그램 3.8   주차 요금 계산

```python
01  # 주차 요금을 계산하는 프로그램
02  import math
03  print("주차 시간을 분 단위로 입력하세요")
04  val = int(input())
05  days = val // 1440
06  min = val % 1440
07  fee = days * 24000
08  if min == 0:
09      print("일 단위로 계산합니다")
10  elif min > 0 and min <= 30:
11      fee += 1200
12  elif min < 600:
13      fee += 1200 + (min - 30) // 15 * 600
14      if (min - 30) % 15 != 0:
15          fee += 600
16  else:
17      fee += 24000
18      print("일 단위로 계산합니다")
19
20  print("주차 요금:", fee, "원")
```

실행 결과

```
주차 시간을 분 단위로 입력하세요
150
주차 요금: 6000 원
```

응용 숫자 맞추기

숫자 맞추기 게임은 난수로 발생된 숫자를 k번(이 예에서는 k=6으로 가정) 안에 예측하는 게임이다. 사용자의 예측값과 정답을 비교하여 'High' 또는 'Low'만 알려주고 k번의 기회가 끝나면 정답을 알려준다. 그림 3.7은 이 게임을 기본 규칙에 따라 작성한 순서도이다. 프로그램 3.9는 크게 3개 부분으로 구성되는데, 첫째는 정답인 난수를 발생시키는 부분이고, 둘째는 사용자로부터 예측값을 입력받는 부분, 끝으로 정답과 예측값을 비교하여 정답 여부와 대소 비교 결과를 알려주는 부분이다.

❶ 먼저 무작위 정수를 발생시키는 부분은 random 모듈의 randint 함수를 이용하여 구현한다. randint 함수는 아래와 같이 2개의 매개변수를 필요로 하는데 지정된 1과 100은 각각 발생할 난수의 최소값과 최대값을 의미한다.

```
answer = random.randint(1, 100)
```

❷ 사용자가 숫자를 예측할 수 있는 총 횟수가 k번이므로 이 부분을 while 반복문으로 작성하면 된다. 예측 횟수를 위한 변수로 times를 사용하여 k번에 도달하는지 while 문의 조건식에서 검사한다. 키보드를 통하여 사용자의 값을 입력받아 정수로 형변환한다.

```
num = int(input("값을 입력하세요  "))
```

❸ 사용자가 입력한 값은 num에 저장되고 정답 여부, 또는 정답보다 큰지 작은지를 판단하여 적절한 힌트 메시지를 출력한다. while 문은 조건이 참인 경우 실행문이 수행되는 반복문으로, 정답을 맞추지 못한 경우(num!=answer)이면서 정답 예측 기회가 남아 있는 경우(times > 0)에 반복된다. while 문에 대해서는 4장에서 보다 자세히 살펴본다.

```
while (num != answer) and (times > 0):
```

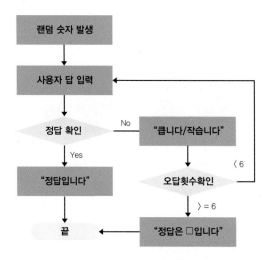

그림 3.7 숫자 맞추기 예제 알고리즘

```python
01  # 숫자 맞추기 게임
02
03  import random
04  answer = random.randint(1, 100)      # 1~100 사이의 난수 발생
05  num = 0
06  times = 6
07
08  while (num != answer) and (times > 0):
09      num = int(input("값을 입력하세요  "))
10      if num < answer:
11          print("정답보다 작습니다. ")
12      elif num > answer:
13          print("정답보다 큽니다.")
14      times = times - 1
15      print(times, "번 기회가 남았습니다.")
16      print()
17
18  if num == answer:
19      print("정답입니다.")
20  else:
21      print("더이상 기회가 없습니다. 정답은", answer)
```

값을 입력하세요   60
정답보다 큽니다.
5번 기회가 남았습니다.

값을 입력하세요   50
정답보다 큽니다.
4번 기회가 남았습니다.

값을 입력하세요   40
정답보다 큽니다.
3번 기회가 남았습니다.

값을 입력하세요   30
정답보다 큽니다.
2번 기회가 남았습니다.

값을 입력하세요   20
정답보다 큽니다.
1번 기회가 남았습니다.

값을 입력하세요   10
정답보다 작습니다.
0번 기회가 남았습니다.

더이상 기회가 없습니다. 정답은 15

● 요약

- if 문은 조건이 참인 경우에 무엇을 해야 할지 명시한다.
- if-else 문은 조건이 참일 때 해야 할 일과 거짓일 때 해야 할 일을 따로 명시한다.
- 논리 연산은 if 문이나 while 문의 조건식에 주로 사용된다.
- if 문 안에 어떤 문장이나 올 수 있다. 따라서 if 문 안에 또 다른 if 문이나 if-else 문이 올 수 있다.
- if-else 문의 else 부분에도 어떠한 문장이나 올 수 있다. if-else 문의 else 부분에 또 다른 if 혹은 if-else 문이 오면 줄여서 elif 가 됨을 주의하자.

실습 문제

01 근로소득세를 계산하는 프로그램을 작성하시오. 이 프로그램은 사용자로부터 과세표준 금액을 입력받아 근로소득세를 계산하여 출력한다. 근로소득세율은 다음 표와 같다.

과세표준 금액	세율
1,200만 원 이하	과세표준 금액의 6%
1,200만 원 초과~4,600만 원 이하	72만 원 + 1,200만 원 초과 금액의 15%
4,600만 원 초과~8,800만 원 이하	582만 원 + 4,600만 원 초과 금액의 24%
8,800만 원 초과~3억 원	1,590만 원 + 8,800만 원 초과 금액의 35%
3억 원 초과	9,010만 원 + 3억 원 초과 금액의 38%

이 프로그램의 실행 예는 다음과 같다.

```
과세표준 금액 : 55000000
근로소득세액 : 7980000
```

02 S텔레콤 34요금제는 다음과 같이 월 이용요금을 계산한다. 이 요금제의 월 이용요금을 계산하는 프로그램을 작성하시오.

- 기본요금: 37,400원
  음성 120분, 문자 200건, 데이터 1GB 기본 제공
- 초과 요금
  음성 통화: 1.98원/초
  문자: 22원/건
  데이터 사용: 55원/MB
- 입력 : 음성 통화 시간(초), 문자 건수, 데이터 사용량(MB)을 입력받는다.
- 출력 : 이용 요금을 계산하여 출력한다.

이 프로그램의 실행 예는 다음과 같다.

```
음성 통화 시간(초) : 9200
문자 건수 : 300
데이터 사용량(MB) : 1200
초과 요금
27,060 원
총 요금
59,460 원
```

연습 문제

01 다음 프로그램의 출력은 무엇인가?

```
age = 18;
if age >= 19:
    print("성인입니다")
else:
    print("미성년자입니다")
```

02 다음 프로그램의 출력은 무엇인가?

```
speed = 80
if speed > 100 :
    print("과속")
elif speed >= 60:
    print("정상 속도")
else:
    print("저속")
```

03 다음 두 개의 if 문을 논리 연산자를 사용하여 하나의 if 문으로 재작성하시오.

```
if x > 0:
    if y > 0:
        print(x,y)
```

04 다음 x와 y 값에 따라 다음 프로그램의 출력은 무엇인가?

```
if x > 0 :
    if y > 0
        print("A")
    else:
        print("B")
    else:
        print("C")
```

(a) x = 1, y = 1   (b) x = −1, y = 1   (c) x = −1, y = −1   (d) x = 1, y = −1

05 입력값이 0보다 크면 "양수", 0보다 작으면 "음수", 0이면 "0 입력"이라고 출력하도록 다음 코드를 완성하시오.

```
number = int(input("정수를 입력하세요: "))
```

06 이차원 좌표상의 점의 좌표(x, y) 값을 입력받아 이 점이 속한 사분면을 판단하여 출력하는 프로그램을 작성하시오.

> **실행 결과**
>
> x좌표: 5
> y 좌표: -5
> 4사분면 입니다.

07 연도를 입력받아 해당 연도가 윤년인지 아닌지 판단하는 프로그램을 작성하시오. 윤년은 2월에 하루가 더 많아지는 해로 연도가 4로 나누어지면서 100으로 나누어 떨어지지 않는 연도 혹은 400으로 나누어 떨어지는 연도가 윤년이다.

> **실행 결과**
>
> 연도를 입력하세요: 2020
> 윤년 입니다.

08 사용자로부터 정수로 된 달러의 액수를 입력받아 이를 지폐(100달러, 50달러, 20달러, 10달러, 5달러, 1달러) 매수로 출력하는 프로그램을 작성하시오. 지폐의 매수가 최소화 되도록 해야 한다. 예를 들어 287달러의 경우 100달러 2장, 50달러 1장, 20달러 1장, 10달러 1장, 5달러 1장, 1달러 2장을 출력한다.

실행 결과

```
금액을 입력하세요:  287
100달러:  2장
50달러:  1장
20달러:  1장
10달러:  1장
5달러:  1장
1달러:  2장
```

반복

4.1 | 반복과 반복문

반복의 종류

지금까지 배운 문장들은 반복적인 일을 표현할 수 없었다. 그런데 컴퓨터의 가장 큰 장점은 반복적인 일을 빠르게 수행할 수 있다는 점이다. 그렇다면 어떻게 반복을 표현할 수 있을까? 크게 다음과 같은 두 종류의 반복문이 있다. 일반적으로 while 문이나 for 문과 같은 반복을 위한 문장을 루프(loop)라고 한다.

- 계수 반복(counting loop)
  정해진 횟수만큼 반복하는 것으로 주로 for 문을 사용한다.
- 조건 반복(conditional loop)
  어떤 조건이 만족될 때까지 반복하는 것으로 주로 while 문을 사용한다.

> **핵심 개념**
>
> 정해진 횟수만큼 반복하는 데 주로 for 문을 사용한다. 어떤 조건이 만족될 때까지 반복하는 데 주로 while 문을 사용한다.

정해진 횟수만큼 반복하는 계수 반복의 예를 들어보자.

- 100명의 학생의 총점을 계산한다.
- 고객 리스트 내의 각 고객에게 문자 메시지를 보낸다.
- 36개월 적금을 한다.

어떤 조건이 만족될 때까지 반복하는 조건 반복의 예를 들어보자.

- "아니오"라고 답할 때까지 반복한다.
- 어떤 값이 1000보다 작거나 같은 동안에 반복한다.
- 어떤 금액에 도달할 때까지 반복해서 입금한다.

일반적으로 while 문은 그림 4.1과 같이 조건이 만족되는 동안 실행문을 반복해서 실행하므로 반복 횟수를 미리 알 수 없는 조건 반복에 많이 사용한다. 조건식은 결과가 참 혹은 거짓인 부울식이다.

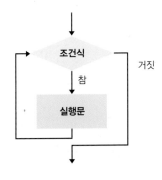

그림 4.1 while 문 실행 흐름

계수 반복처럼 반복 횟수나 반복할 항목들을 미리 정하고 이 횟수만큼 반복하는 것이 편리한 경우도 있는데 이러한 경우에는 for 문을 사용하는 것이 더 편리하다. 파이썬에서 for 문은 정해진 횟수만큼 실행문을 반복하여 실행하는 데 주로 사용된다. 구체적으로 리스트, 문자열, 튜플 등과 같은 시퀀스의 각 원소에 대해 어떤 일(실행문)을 반복적으로 실행하는 데 사용된다.

시퀀스와 반복

시퀀스(sequence)는 여러 원소들을 모아놓은 순서 자료형으로 원소의 순서가 있다는 것이 특징이다. 계수 반복은 주로 시퀀스를 사용하는데 먼저 간단히 시퀀스에 대해 알아보자. 파이썬에서는 시퀀스가 배열과 비슷한 역할을 하며 순서가 있기 때문에 인덱스를 사용하여 참조할 수 있다. 인덱스는 0부터 시작된다. 시퀀스 자료형으로는 문자열(string), 리스트(list), 튜플(tuple), 범위(range) 등이 있다. 예를 들어, 첫 번째는 문자열이고 두 번째는 수의 리스트이고 세 번째는 범위(range)의 예이다.

- 문자열: 'Python'
- 리스트: [1, 3, 5, 7]
- 범위: range(5) = [0, 1, 2, 3, 4]

> **핵심 개념**
>
> 시퀀스(sequence)는 여러 원소들을 모아놓은 순서형 자료로 각 원소의 순서가 있다.

파이썬의 계수 반복에서 가장 많이 사용되는 시퀀스 자료형은 리스트이다. 예를 들어 다음과 같이 수들의 리스트나 문자열들의 리스트를 사용할 수 있다. 뿐만 아니라 리스트 내에 값에 제한이 없으므로 문자열과 수를 섞어서 사용하는 것도 가능하다.

```
>>> [1,3,5,7]
[1,3,5,7]
>>> [1,2,3,4,5]
[1,2,3,4,5]
>>> ['seoul', 'tokyo', 'paris']
['seoul', 'tokyo', 'paris']
>>> ['seoul', 1, 'tokyo', 2, 'paris', 3]
['seoul', 1, 'tokyo', 2, 'paris', 3]
```

또한 변수에 여러 개의 값들로 이루어진 리스트를 대입할 수 있다. 예를 들어 변수 list
에 다음과 같이 정수 리스트를 대입하면 그림 4.2와 같다. 인덱스를 이용해 리스트 내
의 원소를 지정하여 사용할 수 있다. 리스트의 인덱스는 0부터 시작한다. 따라서 list[0]
의 값은 38이고 list[3]의 값은 62이다. 그러나 list[5]는 인덱스의 범위를 벗어나므로
IndexError가 된다.

```
>>> list = [38, 21, 53, 62, 19]
>>> print(list)
[38, 21, 53, 62, 19]
>>> print(list[0], list[3])
38 62
>>> print(list[5])
Traceback (most recent call last):
  File "<pyshell#10>", line 1, in <module>
    print(list[5])
IndexError: list index out of range
```

그림 4.2 정수 리스트

4.2 | for 문

for 문의 구조

for 문(for statement)은 다음과 같이 키워드 for로 시작하여, 다음에 변수, 키워드 in, 시퀀스, 콜론(:)이 온다. 그리고 다음 줄에 반복 실행할 문장이 오는 구조이다. 일반 적으로 실행문의 위치에 여러 개의 문장들로 이루어진 블록이 오는 것도 가능하다.

> **구문법**
>   시퀀스의 각 원소에 대해 반복 실행
>   for 변수 in 시퀀스:
>   실행문
> **의미**
>   시퀀스의 각 원소에 대해 실행문을 반복적으로 실행한다.

for 문은 시퀀스 내의 각 원소에 대해서 실행문을 반복하는데 그림 4.3과 같이 변수에 시퀀스 내의 원소가 순서대로 하나씩 대입되면서 실행문을 반복하여 실행하게 된다. 이러한 변수를 **루프 제어 변수**(loop control variable)라고 한다.

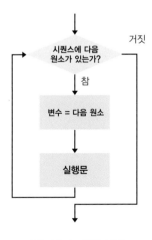

그림 4.3 for 문의 순서도

for 문은 시퀀스의 각 원소에 대해 실행문을 반복적으로 실행한다.

for 문은 시퀀스 내의 각 원소에 대해서 실행문을 반복하는 데 사용하는 시퀀스에 따라 다양한 반복을 할 수 있다. 시퀀스를 사용하여 반복하는 간단한 예부터 살펴보자.

리스트 반복

for 문은 리스트를 사용하여 리스트 내에 있는 각 원소에 대해 순차적으로 반복하여 수행한다. 예를 들어 다음 for 문은 1부터 5까지 숫자의 리스트 내에 있는 각 값을 출력한다. 첫 번째 반복할 때는 변수 x에 첫 번째 원소 1이 대입되고 이를 출력한다. 두 번째 반복할 때는 변수 x에 두 번째 원소 2가 대입되고 이를 출력한다. 이러한 과정을 리스트 내의 각 원소에 대해서 똑같이 반복한다. 실행 결과에서 이를 확인할 수 있다.

```
>>> for x in [1, 2, 3, 4, 5]:    ← 리스트 내의 각 숫자에 대해 반복
        print(x)

1
2
3
4
5
```

이 루프의 반복 과정은 다음과 같다. 반복할 때마다 리스트 내의 다음 원소가 변수 x에 대입된다는 점을 주의하자.

```
for x in [1, 2, 3, 4, 5]:    ⟸ ( x = 1 )
    print(x)

for x in [1, 2, 3, 4, 5]:    ⟸ ( x = 2 )
    print(x)

for x in [1, 2, 3, 4, 5]:    ⟸ ( x = 3 )
    print(x)

for x in [1, 2, 3, 4, 5]:    ⟸ ( x = 4 )
```

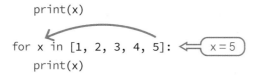

```
    print(x)
for x in [1, 2, 3, 4, 5]:  ← x = 5
    print(x)
```

또한 다음과 같이 리스트 내에 있는 각 홀수에 대해 반복해 보자. 첫 번째 반복할 때는 변수 x에 1이 대입되고 이를 출력한다. 두 번째 반복할 때는 변수 x에 3이 대입되고 이를 출력한다. 이러한 과정을 5, 7, 9에 대해서 똑같이 반복한다.

```
for x in [1, 3, 5, 7, 9]:
    print(x)
```

리스트를 사용하여 반복하면 프로그램 4.1과 같이 1부터 9까지의 홀수의 합을 계산할 수 있다.

❶ 첫 번째 반복할 때는 변수 x에 1이 대입되고 이 값이 sum에 더해진다.
❷ 두 번째 반복할 때는 변수 x에 3이 대입되고 이 값이 sum에 더해진다.
❸ 이러한 과정을 5, 7, 9에 대해서 반복하며 그때까지의 홀수의 합을 출력한다.

print 문이 들여쓰기 되어 있어 for 문 내의 실행문으로 사용된다는 점을 주의하자.

프로그램 4.1   **홀수의 합 계산**

```
01  # for 루프를 이용한 홀수의 합 계산
02  sum = 0
03  for x in [1, 3, 5, 7, 9]:      ← 리스트 내의 각 홀수에 대해 반복
04      sum = sum + x
05      print(sum, end=" ")
```

실행 결과

```
1 4 9 16 25
```

이 프로그램의 실행 과정을 자세히 살펴보면 다음과 같다. 각 단계마다 변수 값의 변화를 중심으로 살펴보자.

```
for x in [1, 3, 5, 7, 9]:          sum = 0
    sum = sum + x           ⟸  x = 1    sum = 1

for x in [1, 3, 5, 7, 9]:      ⟸  x = 3    sum = 4
    sum = sum + x

for x in [1, 3, 5, 7, 9]:      ⟸  x = 5    sum = 9
    sum = sum + x

for x in [1, 3, 5, 7, 9]:      ⟸  x = 7    sum = 16
    sum = sum + x

for x in [1, 3, 5, 7, 9]:      ⟸  x = 9    sum = 25
    sum = sum + x
```

문자 혹은 문자열 반복

시퀀스 자료에는 리스트만 있는 것이 아니다. 간단한 예로 문자열을 사용하는 것도 가능하다. 다음과 같이 문자열 "hello" 내의 각 문자를 print 문을 사용하여 출력할 수 있다. 첫 번째 반복할 때는 변수 x에 첫 번째 문자인 'h'가 대입되고 이를 출력한다. 두 번째는 변수 x에 두 번째 문자인 'e'가 대입되고 이를 출력한다. 이러한 과정을 'l', 'l', 'o' 에 대해서 똑같이 반복한다.

```
>>> for x in "hello":          문자열 내의 각 문자에 대해 반복
        print(x)


h
e
l
l
o
```

또한 문자열 리스트에 대해서도 반복할 수 있다. 예를 들어 clients 리스트에 고객 이름들이 있다면 이 리스트의 각 이름에 대해서 순차적으로 반복하면서 메시지를 출력할 수 있다. 이 프로그램의 실행 과정은 다음과 같다.

① 첫 번째 반복할 때는 변수 name에 문자열 "홍길동"을 대입하여 실행한다.

② 두 번째 반복할 때는 문자열 "엄친아"을 대입하여 실행한다.

③ 이러한 과정을 "김미남", "이몽룡"에 대해서 똑같이 반복한다.

프로그램 4.2   **여러 사람에게 새해 인사**

```
01  # for 루프를 이용하여 여러 사람에게 새해 인사하는 프로그램
02  clients = ["홍길동", "엄친아", "김미남", "이몽룡"]
03  for name in clients:  ⟵ [ 리스트 내의 각 문자열에 대해 반복 ]
04      print(name, " 님, 새해 복 많이 받으세요!")
```

실행 결과

홍길동 님, 새해 복 많이 받으세요!
엄친아 님, 새해 복 많이 받으세요!
김미남 님, 새해 복 많이 받으세요!
이몽룡 님, 새해 복 많이 받으세요!

리스트 사용 예제

어떤 달의 일최고기온 리스트에서 평균 기온을 계산하여 출력해 보자. 프로그램 4.3의 실행 과정은 다음과 같다.

① 합계를 위한 total 변수를 0으로 초기화한다.

② for 문을 이용하여 리스트 내의 각 최고기온을 하나씩 total에 더하는 과정을 반복한다.

③ 모든 원소에 대한 반복이 끝난 후에 total 값을 날의 수인 리스트의 길이 len(list)로 나누어서 평균 값을 계산한다.

④ 계산된 평균값을 출력한다. %6.1f는 실수를 위한 포맷 출력으로 전체 6칸으로 소수점 이하 한 자리로 출력한다.

프로그램 4.3   **평균 기온을 계산하는 프로그램**

```
01  # 월 평균 기온을 계산하는 프로그램
02
03  list = [24.9, 29.3, 28.3, 29.9, 29.6, 32.5, 29.7, 26.3, 31.8, 34.3,
04          36.0, 28.0, 24.9, 31.4, 33.9, 28.9, 29.6, 24.8, 29.8, 31.2,
05          29.6, 31.7, 32.1, 24.4, 26.4, 30.0, 30.0, 31.2, 28.8, 33.1]
06  total = 0
07  for t in list:
```

```
08      total = total + t
09
10   average = total / len(list)
11   print("평균 기온 %6.1f" %average)
```

평균 기온   29.9

응용 여러 사람의 체질량지수 계산

3장의 프로그램 3.7은 한 사람의 체질량지수를 계산하는 것이었다. 이 프로그램을 여러 사람의 체질량지수를 계산하는 프로그램으로 확장해 보자. 프로그램 4.4는 여러 사람의 튜플(이름, 키, 몸무게)들의 리스트로부터 각 사람의 체질량지수를 계산하여 출력한다. 이 프로그램의 실행 과정은 다음과 같다.

❶ 먼저 for 루프를 이용하여 각 사람의 이름, 키, 몸무게를 나타내는 (name, h, w) 튜플로부터 체질량지수(bmi)를 계산한다.
❷ 이름과 계산된 체질량지수(bmi)를 출력한다.
❸ bmi 값에 따라 비만 정도를 출력한다.

이름과 체질량지수를 출력(print)할 때 end=" " 사용하였는데 이는 프린트 후에 줄바꿈을 하지 않고 한 칸 띄고 붙여서 프린트하기 위해서다.

프로그램 4.4   여러 사람의 체질량지수 계산

```
01   # 여러 사람의 체질량지수를 계산하는 프로그램
02   height_weight_list = [('가연', 160, 52), ('나리', 162, 65),
                 ('다슬', 170, 60), ('미라', 157, 50), ('가을', 165, 48)]
03   bmi_list = []
04   for (name, h, w) in height_weight_list:
05      bmi = w / (h/100 * h/100)
06      print(name, " 체질량지수 : %4.1f " %bmi, end=" ")
07      if bmi < 18.5:
08          print("저체중")
09      elif bmi < 23:
10          print("정상")
```

```
11      elif bmi < 25:
12          print("과체중")
13      elif bmi < 30:
14          print("비만")
15      else:
16          print("고도비만")
```

```
가연   체질량지수 : 20.3   정상
나리   체질량지수 : 24.8   과체중
다슬   체질량지수 : 20.8   정상
미라   체질량지수 : 20.3   정상
가을   체질량지수 : 14.6   저체중
```

4.3 | 정수 범위를 이용한 for 문

정수 범위 만들기

리스트와 같은 시퀀스를 사용하는 for 문은 반복할 원소들을 모두 나열해 주어야 한다. 만약 for 문을 사용하여 10,000번 반복하려면 어떻게 하여야 할까? 반복할 원소들을 모두 나열하는 것은 매우 번거로운 일이다. 이러한 경우에는 정수 범위를 나타내는 range 함수를 이용하면 된다.

for 문은 특히 일정 범위의 정수들(예를 들면 0부터 9까지 혹은 1부터 100까지 등)에 대해 반복하는 데 많이 사용되는데 정수 범위는 range 함수를 이용하여 쉽게 표현할 수 있다. range 함수 사용법은 다음과 같다.

- range(N): 0부터 N−1까지의 정수 범위를 나타낸다.

  range(N) → [0, 1, 2, ⋯, N−1]
- range(M, N): M부터 N−1까지의 정수 범위를 나타낸다.

  range(M, N) → [M, M+1, M+2, ⋯, N−1]
- range(M, N, K): M부터 N−1까지 K만큼씩 증가한 정수들로 이루어진 범위를 나타낸다.

  range(M, N, K) → [M, M+K, M+2K, ⋯, M+nK]

다음과 같이 range 함수를 사용한 결과를 확인할 수 있는데 그 결과를 리스트 형태로 출력하기 위해서는 다음과 같이 list 함수를 사용해야 한다.

```
>>> range(10)
range(0, 10)
>>> list(range(10))
[0, 1, 2, 3, 4, 5, 6, 7, 8, 9]
```

예를 들어 range(1, 10)은 1부터 9까지의 정수 범위를 나타낸다. 또한 정수 범위를 정할 때 증가값을 줄 수도 있는데 range(M, N, K)은 M부터 N−1까지 K만큼씩 증가한 정수들로 이루어진 범위를 나타낸다. 예를 들어 range(1, 10, 2)는 1, 3, 5, 7, 9로 이루어진 정수 범위를 나타낸다.

```
>>> list(range(1, 10))
[1, 2, 3, 4, 5, 6, 7, 8, 9]
>>> list(range(1, 10, 2))
[1, 3, 5, 7, 9]
```

사실 range() 함수는 다음과 같이 디폴트 매개변수를 사용하여 선언되어 있어서 시작값인 start와 증가값인 step은 따로 명시하지 않으면 디폴트로 0과 1로 설정된다. stop은 최종값을 나타낸다.

시작값   최종값   증가값

range(start=0, stop, step=1)

핵심 개념

for 문은 일정 범위의 정수들에 대해서 반복하는 데 많이 사용되는데 정수 범위는 range 함수를 이용하여 쉽게 표현할 수 있다.

정수 범위를 사용하는 for 문

정수 범위를 사용하는 **for 문(for statement)**은 다음과 같이 반복 횟수 N을 표현하기 위해 range 범위를 사용한다. range(N)은 0부터 N-1까지의 정수 범위를 나타낸다는 점을 주의하자.

구문법   범위 내의 각 원소에 대해 반복 실행

for 변수 in range(N):
    실행문
의미
변수의 값이 [0, 1, 2, …, N-1]의 각 값에 대해서 실행문을 반복하여 실행한다.

이러한 형태의 for 문은 제어 변수의 값이 리스트 [0, 1, 2, …, N-1] 내의 각 값에 대해서 반복하여 실행한다. 예를 들어 다음과 같이 range(10)을 사용하면 다음과 같이 대치되어 실행된다. 따라서 이 문장은 변수 count가 이 리스트 내의 각 값을 가지면서 0부터 9까지 출력한다.

```
>>> for count in range(10):
        print(count, end=" ")
```

        ↓   다음과 같이 range(10)이 해당 리스트로 대치되어 실행된다.

```
>>> for count in [0, 1, 2, 3, 4, 5, 6, 7, 8, 9]:
        print(count, end=" ")
0 1 2 3 4 5 6 7 8 9
```

for 문 내에는 어떤 실행문이나 올 수 있다. 이러한 기능을 이용하면 보다 다양한 일들을 수행할 수 있다. 예를 들어 거듭제곱 연산(**)을 이용하면 프로그램 4.5와 같이 2의 0제곱부터 2의 9제곱까지 계산하여 출력할 수 있다.

프로그램 4.5   2의 거듭제곱 출력

```
01   # 2의 거듭제곱을 출력하는 프로그램
02   for x in range(10):
03       y = 2**x
04       print('2 ^', x,  '=', y)
```

실행 결과

```
2 ^ 0 = 1
2 ^ 1 = 2
2 ^ 2 = 4
2 ^ 3 = 8
2 ^ 4 = 16
2 ^ 5 = 32
2 ^ 6 = 64
2 ^ 7 = 128
2 ^ 8 = 256
2 ^ 9 = 512
```

리스트 사용 예제

어느 해 7월의 일최고기온 리스트에서 기준 온도 이상인 날을 찾아서 출력해 보자. 이 프로그램에서는 기준 온도를 입력받아서 주어진 일최고기온 리스트에서 기준 온도 이상인 날을 찾아서 출력한다. 프로그램 4.6의 실행 과정은 다음과 같다.

❶ 기준 온도를 입력받는다.

❷ 리스트의 길이로 만든 정수 범위 range(len(list))로 for 루프를 사용하여 반복한다.

❸ 리스트의 각 원소를 기준 온도와 비교하면서 기준 온도 이상인 날을 출력한다.

❹ 날짜를 출력할 때는 index 값이 0부터 시작하므로 index+1 값으로 출력함을 주의하자.

프로그램 4.6 　 기준 온도 이상인 날을 찾는 프로그램

```
01  # 기준 온도 이상인 날을 찾는 프로그램
02
03  list = [24.9, 29.3, 28.3, 29.9, 29.6, 32.5, 29.7, 26.3, 31.8, 34.3,
            36.0, 28.0, 24.9, 31.4, 33.9, 28.9, 29.6, 24.8, 29.8, 31.2,
            29.6, 31.7, 32.1, 24.4, 26.4, 30.0, 30.0, 31.2, 28.8, 33.1]
04  target = float(input("기준 온도: "))
05  for index in range(len(list)):
06      if list[index] >= target:
07          print("%2d일 : %4.1f 도" %((index+1), list[index]))
```

실행 결과

```
기준 온도: 30.0
6일 :  32.5도
9일 :  31.8 도
10일 :  34.3 도
...
30일 :  33.1 도
```

for 문을 이용한 예로 리스트 내의 값들 중에서 최대값을 구하는 프로그램을 작성해 보자. 프로그램 4.7은 일최고기온 리스트에서 월최고기온을 찾는다. 이를 위해서 리스트 내의 일최고기온을 하나씩 살펴보면서 그때까지의 최고기온과 비교해야 한다. 이 프로그램의 실행 과정은 다음과 같다.

❶ for 루프를 이용하여 리스트 내의 각 원소인 list[index]를 현재까지의 최고기온 max와 비교하여 이보다 크면 이 기온이 새로운 최고기온이 된다.

❷ 이 조건을 만족하면 max = list[index] 문장을 실행하여 이 값이 max 값이 되도록 한다.

❸ 또한 max 값이 결정되면 해당 날짜를 maxday에 저장한다.

```
01    # 어느 해 7월의 월최고기온 찾기 프로그램
02
03    list = [24.9, 29.3, 28.3, 29.9, 29.6, 32.5, 29.7, 26.3, 31.8, 34.3,
              36.0, 28.0, 24.9, 31.4, 33.9, 28.9, 29.6, 24.8, 29.8, 31.2,
              29.6, 31.7, 32.1, 24.4, 26.4, 30.0, 30.0, 31.2, 28.8, 33.1]
04    maxday = 0
05    max = -100
06    for index in range(len(list)):
07        if list[index] > max:
08            max = list[index]
09            maxday = index+1
10    print("월 최고기온 %d 일 : %d 도" %(maxday, max))
```

실행 결과

```
월 최고기온 11 일 : 36.0
```

초기값을 지정한 정수 범위 사용

정수 범위를 사용하는 **for 문**(for statement)은 범위를 지정할 때 다음과 같이 초기값 M과 최종값 N을 명시할 수 있다. 이 경우에 정수 범위는 M부터 N−1까지임을 주의하자.

구문법
> 범위 내의 각 원소에 대해 반복 실행

```
    for 변수 in range(M, N):
        실행문
```
의미
    변수의 값이 [M, M+1, M+2, …, N−1]의 각 값에 대해서 실행문을 반복하여 실행한다.

이러한 형태의 for 문은 변수의 값이 리스트 [M, M+1, M+2, …, N−1] 내의 각 값에 대해서 반복하여 실행한다. 예를 들어 다음과 같이 range(1,10)을 사용하면 이것이 해당 리스트로 대치되어 실행된다.

```
>>> for count in range(1,10):
        print(count)


           다음과 같이 range(1,10)이 해당 리스트로 대치되어 실행된다.


>>> for count in [1, 2, 3, 4, 5, 6, 7, 8, 9]:
        print(count)
```

예를 들어 1부터 N까지 더하는 프로그램을 작성해 보자. 이 프로그램의 실행 과정은 다음과 같다.

❶ 1부터 N까지 더하기 위해서는 먼저 N의 값을 입력받는다.

❷ 1부터 N까지의 정수 범위인 range(1, N+1)이 필요하다.

❸ 이 범위를 이용하여 for 루프 내에서 범위 내의 각 값을 더함으로써 1부터 N까지의 합을 계산할 수 있다.

프로그램 4.8 **1부터 N까지 더하는 프로그램**

```
01  # for 루프를 이용하여 1부터 N까지 더하는 프로그램
02  sum = 0
03  print("1부터 N까지 더하기")
04  N = int(input("N ? "))
05  for count in range(1,N+1):
06      sum = sum + count
07  print("합계: ", sum)
```

실행 결과

```
1부터 N까지 더하기
N ? 100
합계: 5050
```

응용 **적금 예제**

매월 3만 원씩 총 36개월(3년) 적금하는 프로그램을 작성해 보자. 매월 적금액에 이자를 계산하여 더한다. 이 프로그램은 for 문을 사용하여 36번 반복한다. 이 for 문에서 개월 수를 나타내는 변수 month 값은 1부터 시작하여 36까지 총 36번 반복한다. 이는

range(1,36)이 아니라 range(1,37)로 표현함을 주의하자. 이 프로그램의 실행 과정은
다음과 같다.

❶ 변수 balance는 누적 적금액을 나타내며 0으로 초기화된다.

　amount는 매월 입금액을 나타내고 rate는 월이율을 나타낸다.

❷ for 문을 이용하여 반복할 때마다

　a) 그때까지의 적금액에 월이율 rate로 이자를 계산해서 더하고

　b) 매월 입금액 amount을 balance에 더하고

　c) 그때까지의 적금액을 출력한다.

실행 결과를 보면 매월 적금액이 증가하는 과정을 확인할 수 있다.

프로그램 4.9　for 루프를 활용한 36개월 적금

```
01   # for 루프를 활용한 36개월 적금 프로그램
02   balance = 0
03   amount = 30000
04   rate = 0.002
05   for month in range(1,37):
06       balance = balance * (1 + rate)
07       balance = balance + amount
08       print("%2d 개월 입금, 현재 금액: %10.2f 원" %(month, balance))
```

실행 결과

```
 1 개월 입금, 현재 금액:   30000.00 원
 2 개월 입금, 현재 금액:   60060.00 원
   ...
35 개월 입금, 현재 금액: 1086498.12 원
36 개월 입금, 현재 금액: 1118671.12 원
```

증가값과 정수 범위를 사용

일반적으로 정수 범위를 이용한 for 문에서는 다음과 같이 증가값 옵션을 사용하여 증가
값 K를 줄 수 있다.

범위 내의 각 원소에 대해 반복 실행

```
for 변수 in range(M, N, K):
    실행문
```
의미
변수의 값이 [M, M+K, M+2K, …, M+nK]의 각 값에 대해서 실행문을 반복하여 실행한다.

이러한 형태의 for 문은 변수의 값이 리스트 [M, M+K, M+2K, …, M+nK] 내의 각 값에 대해서 반복하여 실행한다. 여기서 n은 n = ((N-1) - M) // K식에 의해서 결정된다. 예를 들어 다음과 같이 range(0, 101, 10)을 사용하면 이 문장은 해당 리스트로 대치되어 실행된다.

```
>>> for count in range(0, 101, 10):
        print(count)
```

다음과 같이 range(0, 101, 10)이 해당 리스트로 대치되어 실행된다.

```
>>> for count in [0, 10, 20, 30, 40, 50, 60, 70, 80, 90, 100]:
        print(count)
```

예를 들어 for 문의 증가값 기능을 이용하여 10도 단위로 화씨-섭씨 변환 표를 계산하여 출력해 보자. 프로그램 4.10은 10도 단위로 변환 표를 계산하므로 for 문에서 증가값을 10으로 하면 된다. 이 프로그램의 실행 과정은 다음과 같다.

❶ for 문은 화씨온도를 나타내는 변수 fahr 값이 0부터 100까지 10씩 증가하면서 반복한다.
❷ 반복할 때마다 화씨온도를 섭씨온도로 변환하여 출력한다.
❸ 실행 결과에서 이를 확인할 수 있다.

이미 프로그램 2.7에서 화씨온도(℉)를 섭씨온도(℃)로 변환하기 위해 $℃=\dfrac{5}{9}(℉-32)$ 공식을 사용하였다.

프로그램 4.10 **화씨온도를 섭씨온도로 변환하여 10도 단위로 출력**

```
01  # 화씨온도를 섭씨온도로 변환하여 10도 단위로 출력하는 프로그램
02
03  for fahr in range(0, 101, 10):
04      celsius = (fahr - 32) * 5 / 9
```

```
05        print(fahr, "F = %.1f" %celsius, "C")
```

```
0 F = -14.8 C
10 F = -12.2 C
20 F = -6.7 C
30 F = -1.1 C
40 F = 4.4 C
50 F = 10.0 C
60 F = 14.6 C
70 F = 21.1 C
80 F = 26.7 C
90 F = 32.2 C
100 F = 34.8 C
```

정수 범위 range의 증가값이 음수이면 내림차순으로 나열된 원소들의 리스트가 만들어진다. for 문에서 이러한 리스트를 사용하는 경우에는 반복할 때마다 변수 값이 감소하게 되며 초기값에서부터 감소하면서 최종값에 도달할 때까지 반복하게 된다. 예를 들어 프로그램 1.10을 100도부터 시작하여 0도까지 10도 간격으로 계산해서 출력하도록 다음과 같이 수정해 보자. 100부터 0까지의 10도 간격의 리스트를 만들기 위해 range(100, -1, -10)을 사용했다는 점에 유의하자.

```
for fahr in range(100, -1, -10):
    celsius = (fahr - 32) * 5 / 9
    print(fahr, "F = %.1f" %celsius, "C")
```

4.4 | while 문

조건 반복의 필요성

앞에서 살펴본 for 문은 계수 반복을 위한 문장으로 주로 반복 횟수가 정해진 경우에 편리하게 사용할 수 있다. 그렇지만 어떤 반복의 경우에는 반복 횟수를 미리 알기 어려운 경우도 있는데 이러한 경우에 조건 반복이 필요하다. 예를 들어 Y/N 입력을 받아 입력에 따라 반복하는 경우에는 미리 반복 횟수를 알 수 없다.

조건 반복의 또 다른 예로 다음 관계를 만족하는 N의 최소값을 구한다고 가정해 보자. 이 관계를 만족하기 위해서 1부터 시작해서 어디까지 더해야 하는지 미리 알기 어렵다.

```
1 + 2 + 3 + … + N > 1000
```

이 문제는 주어진 limit 값에 대해서 다음을 만족하는 N의 최소값을 구하는 문제로 확장될 수 있다.

```
1 + 2 + 3 + … + N > limit
```

이러한 경우처럼 반복횟수를 미리 결정하기 어려운 경우에는 조건 반복을 사용하면 된다. 조건 반복을 위해 while 문을 사용할 수 있다.

일반적으로 **while 문**(while statement)은 다음과 같이 키워드 while, 조건식과 콜론(:)이 오고, 그 다음 줄에 실행문이 온다. 실행문 위치에 여러 개의 문장들로 이루어진 블록이 오는 것도 가능하다. while 문은 그림 4.4와 같이 조건식이 참인 동안 실행문을 반복하여 실행한다.

구문법

while 조건식: ← 참 또는 거짓

    실행문 ← 참인 동안 반복 실행

의미

    while 문은 조건식이 참인 동안 실행문을 반복하여 실행한다.

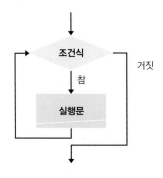

그림 4.4 while 문 실행 흐름

핵심 개념

while 문은 조건식이 참인 동안 실행문을 반복하여 실행한다.

이제 이 문제를 해결하는 프로그램을 작성해 보자. 프로그램 4.11은 합을 나타내는 sum 값이 limit 값보다 작거나 같은 동안에는 반복해서 다음 자연수를 더하게 된다. 언젠가 sum 값이 limit 값을 초과하게 되면 이 while 루프는 끝나게 된다. 실행 결과를 보면 1 부터 46까지의 합이 1000을 초과하며 그 값은 1035임을 알 수 있다.

프로그램 4.11 **부터 N까지 더하는 프로그램**

```
01  # while 루프를 이용하여 자연수를 더하는 프로그램
02  count = 1
03  sum = 0
04  limit = 1000
05  while sum <= limit:
06      sum = sum + count
07      count = count + 1
08  print("1 부터", count, "까지의 합계:", sum)
```

1 부터 46 까지의 합계: 1035

while 문은 실행문을 몇 번 반복하게 될까? while 문은 조건식이 참인 동안 반복하여 실행하는데, 만약 조건식을 제일 처음 계산했을 때 바로 거짓이 되면 바로 while 문이 끝나게 되므로 실행문이 한 번도 실행되지 않을 수도 있다. 결과적으로 while 문은 실행문을 0번 이상 반복하게 된다.

핵심 개념

while 문은 실행문을 0번 이상 반복한다.

for 문을 while 문으로 표현하기

사실 앞에서 살펴본 for 문은 while 문을 이용하여 똑같은 일을 하도록 작성할 수 있다. 예를 들어 1부터 N까지 더하는 프로그램 4.8은 다음과 같이 while 문을 이용해서 작성할 수 있다. 프로그램 4.8의 for 문은 정수 범위 내의 값을 하나씩 더하는 반면에 이 프로그램은 반복할 때마다 명시적으로 count 값을 1씩 증가시키면서 더하게 된다.

프로그램 4.12   1부터 N까지 더하는 프로그램

```
01  # while 루프를 이용하여 1부터 N까지 더하는 프로그램
02  count = 1
03  sum = 0
04  print("1부터 N까지 더하기")
05  N = int(input("N ? "))
06  while count <= N:
07      sum = sum + count
08      count = count + 1
09  print("합계: ", sum)
```

실행 결과

```
1부터 N까지 더하기
N ? 100
합계: 5050
```

일반적으로 다음과 같은 for 문을 while 문으로 작성할 수 있다. 실행 순서에 따라 다음 코드와 같이 변수 값을 초기값 M으로 설정하고 변수 값이 최종값 N보다 작은 동안 실행문을 반복하여 실행하면 된다. 반복할 때마다 변수의 값은 증가값 K만큼 증가시키면 된다.

```
for 변수 in range(M, N, K):
    실행문



변수 = M
while 변수 < N:
    실행문
    변수 = 변수 + K
```

예를 들어, 프로그램 4.10을 while 문을 이용하여 화씨−섭씨 온도 변환 표를 출력하도록 다시 작성해 보자. 프로그램 4.13은 while 문의 반복 기능을 이용하여 화씨 0도부터 100도까지 10도마다 화씨−섭씨 온도를 변환하여 출력한다. 이 프로그램의 실행 과정은 다음과 같다.

❶ 화씨온도를 나타내는 변수 fahr 값이 0부터 시작하여 10씩 증가하면서 반복적으로 화씨온도를 섭씨온도로 변환하여 출력한다.

❷ 이 반복은 화씨온도 값이 101보다 작은 동안 계속된다.

프로그램 4.13 화씨온도를 섭씨온도로 변환하여 10도 단위로 출력

```
01  # 화씨온도를 섭씨온도로 변환하여 10도 단위로 출력하는 프로그램
02  fahr = 0
03  while fahr < 101:
04      celsius = (fahr - 32) * 5 / 9
05      print(fahr, "F = %.1f" %celsius, "C")
06      fahr = fahr + 10
```

응용 온도 변환 메뉴 프로그램

프로그램 2.7에서는 화씨온도를 섭씨온도로 변환하였다. 이 프로그램을 메뉴에 따라 화씨−섭씨 변환 혹은 섭씨−화씨 변환을 하도록 확장해 보자. 이 프로그램은 먼저 온도 변

환 메뉴를 보여주고 메뉴 선택에 따라 온도 변환을 수행하여 결과를 출력한다. 이 프로그램의 실행 과정은 다음과 같다.

❶ 먼저 input 함수를 이용하여 사용자로부터 메뉴를 입력받는다.

❷ 1번 메뉴를 선택하면 화씨 → 섭씨 변환을 수행한다.

❸ input 함수를 이용하여 사용자로부터 화씨온도를 입력받아서 이를 변수 fahr에 저장하고 다음과 같이 섭씨온도 celsius로 변환한다.

```
celsius = (fahr - 32) * 5 / 9
```

❹ 2번 메뉴를 선택하면 반대로 섭씨 → 화씨 변환을 수행한다.

❺ input 함수를 이용하여 사용자로부터 섭씨온도를 입력받아서 이를 변수 celsius에 저장하고 다음과 같이 섭씨온도 fahr로 변환한다.

```
fahr = celsius * 9 / 5 + 32
```

❻ 3번 메뉴를 선택하면 이 프로그램은 종료한다.

이 프로그램과 실행 결과는 다음과 같다. 메뉴에 따라 화씨-섭씨 혹은 섭씨-화씨 변환이 수행됨을 알 수 있다. 섭씨 30도는 화씨 86.0도이며 화씨 100도는 섭씨 34.8도임을 알 수 있다.

프로그램 4.14   **온도 변환 메뉴**

```
01  # 온도 변환 메뉴에 따른 화씨온도-섭씨온도 변환 프로그램
02
03  print("* 온도 변환 메뉴 *")
04  print("1. 화씨-섭씨 변환")
05  print("2. 섭씨-화씨 변환")
06  print("3. 종료")
07  menu = 0
08
09  while menu != 3:
10      menu = int(input("메뉴를 선택하세요 : "))
11      if menu == 1:
12          fahr = float(input("화씨온도 입력: "))
13          celsius = (fahr - 32) * 5 / 9
14          print("섭씨온도: %.1f" %celsius)
15      elif menu == 2:
16          celsius = float(input("섭씨온도 입력: "))
17          fahr = celsius * 9/5 + 32
```

```
18          print("화씨온도: %.1f" %fahr)
19      elif menu == 3:
20          print("종료합니다")
21      else:
22          print("잘못된 메뉴입니다")
```

```
* 온도 변환 메뉴 *
1. 화씨-섭씨 변환
2. 섭씨-화씨 변환
3. 종료

메뉴를 선택하세요 : 2
섭씨온도 입력: 30
화씨온도:   86.0

메뉴를 선택하세요 : 1
화씨온도 입력: 100
섭씨온도: 34.8

메뉴를 선택하세요 : 3
종료합니다
```

4.5 | 무한 루프와 break /continue 문

무한 루프

루프를 사용할 때 루프의 조건이 언젠가는 거짓이 되어 종료되도록 하는 것은 프로그래머의 책임이다. 만약 프로그래머가 부주의하여 루프의 조건이 항상 참이 되도록 프로그램을 작성하면 루프 본체는 무한히 반복될 수 있다.

> **핵심 개념**
>
> 무한 루프(infinite loop)는 루프 본체가 무한히 반복해서 실행되는 상황을 말한다.

루프의 조건이 항상 참이면 그 루프는 무한히 반복된다. 무한 루프의 예를 살펴보자. 다음 예제에서 조건의 값은 1이므로 항상 참이다. 따라서 이 루프의 조건은 항상 참이 되어 무한히 반복할 것이다.

```
>>>    while (True):              // 경고: 무한 루프
           print("무한 루프");
무한 루프
무한 루프
무한 루프
...
...
```

혹은 다음 예제처럼 count 값을 실수로 1씩 감소시키면 count가 매번 점점 더 작아지기 때문에, 조건은 항상 참이 되어 계속 반복할 것이다.

```
>>> count = 1;
>>> while (count <= 100):         // 경고: 무한 루프
        print(count);
        count = count - 1
```

다음 예제처럼 count 값이 증가하더라도 결코 조건이 만족될 수 없으면 루프는 무한히 반복할 것이다. count 값이 홀수이기 때문에 count 값이 증가하더라도 결코 100이 될 수 없다.

```
count = 1;
while (count != 100):
    count += 2;
```

break 문을 이용한 루프 탈출

break 문은 루프 내에서 어떤 조건이 만족되면 중간에 루프에서 탈출하는 데 사용된다. while 루프 내에서 break 문을 사용하여 루프를 탈출하는 예를 살펴보자. 이 while 루프는 조건이 참이므로 무한 루프처럼 보인다. 그러나 이 루프의 내부를 보면 한 번 반복할 때마다 i 값을 1씩 증가시키면서 i 값이 100이 되면 break 문으로 while 루프를 빠져나오도록 한다. 실행 결과를 보면 i 값이 0부터 99까지 반복하며 i 값이 100이 되면 루프를 빠져나오는 것을 확인할 수 있다.

```
>>> i = 0
>>> while (True):
        if (i == 100):
            break
        print(i, end=" ")
        i = i + 1                   루프 탈출

0 1 2 3 4 ... 98 99
```

이 예처럼 break 문을 사용하면 프로그램의 실행 흐름을 한눈에 파악하기 어렵게 하므로 그 사용을 권장하지는 않는다. 사실 이 코드는 break 문을 사용하지 않고 다음과 같이 while 문으로 보다 명료하게 작성할 수 있다.

```
>>> i = 0
>>> while (i != 100)
        print(i)
        i = i + 1
```

for 문 내에서 break 문 사용

for 문 내에서도 break 문을 사용할 수 있다. 예를 들어 어떤 달의 일최고기온 리스트에서 처음으로 기준 온도를 초과하는 날을 찾는 프로그램을 작성해 보자. 이 프로그램의 실행 과정은 다음과 같다.

❶ 찾고자 하는 기준 온도를 입력받는다.

❷ 리스트의 첫 번째 원소부터 비교하면서 기준 온도를 초과한 기온을 찾으면 더 이상 리스트를 살펴볼 필요가 없으므로 break 문을 사용해서 루프를 벗어난다.

❸ for 루프가 끝난 후에 index 값이 리스트 길이보다 작으면 해당 기온을 찾은 경우이고 그렇지 않으면 찾지 못한 경우이다.

프로그램 4.15   일최고기온 리스트에서 처음 기준 온도 초과한 날 찾기

```
01  # break 문을 사용하여 일최고기온 리스트에서 처음 기준 온도 초과한 날 찾기
02
03  list = [24.9, 29.3, 28.3, 29.9, 29.6, 32.5, 29.7, 26.3, 31.8, 34.3,
04          36.0, 28.0, 24.9, 31.4, 33.9, 28.9, 29.6, 24.8, 29.8, 31.2,
05          29.6, 31.7, 32.1, 24.4, 26.4, 30.0, 30.0, 31.2, 28.8, 33.1]
06  target = float(input("기준 온도: "))
07  for index in range(len(list)):
08      if list[index] > target:
09          break
10  if index < len(list):
11      print("찾음 : %d 일 %4.1f" %((index+1) list[index]))
12  else:
13      print("찾지 못함")
```

실행 결과

```
기준 온도: 30
찾음 : 6 일  32.5도
```

continue 문을 이용한 반복 건너뛰기

continue 문은 while 루프나 for 루프 내에서 현재 반복을 중단하고 다음 반복으로 건너뛰는 데 사용된다. 예를 들어 다음과 같이 for 루프를 사용하여 반복할 때 i 값이 4의 배수인 경우에 continue 문을 사용하면 continue 다음에 나오는 print 문이 수행되지

않는다. 결과적으로 0, 4, 8을 제외하고 출력하게 된다.

```
>>> for i in range(10):
        if i % 4 == 0:
            continue          다음 반복으로 건너뛰기
        print(i, end=" ")

1 2 3 5 6 7 9
```

핵심 개념

break 문은 루프 내에서 어떤 조건이 만족되면 중간에 루프에서 빠져나오는 데 사용되고 continue 문은 루프 내에서 현재 반복을 중단하고 다음 반복으로 건너뛰는 데 사용된다.

4.6 | 중첩 루프

중첩 루프

일반적으로 while 문이나 for 문과 같은 루프 내에는 어떠한 문장이든 올 수 있다. 따라서 루프 내에 또 다른 루프가 오는 것도 가능하다. 이렇게 루프 내에 루프가 오는 것을 **중첩 루프**(nested loop)라고 한다.

> **핵심 개념**
>
> 루프 내에 또 다른 루프가 중첩될 수 있다.

예를 들어 다음과 같이 for 문 내에 for 문을 중첩할 수 있다.

```
for i in range(N):
    for j in range(M):
        실행문
```

이런 경우에 실행문은 몇 번 반복하여 실행될까? 안쪽 for 문에 의해서 내부 실행문이 M번 반복되고 이 for 문이 N번 반복되므로 내부 실행문은 전체적으로 N*M번 반복해서 실행된다.

```
for i in range(N):     ← N번 반복
    for j in range(M):     ← M번 반복
        실행문     ← N*M번 반복 실행
```

만약 다음과 같은 경우에는 실행문이 몇 번 반복해서 실행될까?

```
for i in range(N1, N2):
    for j in range(M1, M2):
        실행문
```

중첩 루프를 이용한 구구단 출력

예를 들어 구구단 2단을 출력하는 프로그램을 생각해 보자. 앞에서 배운 for 문을 이용하면 다음과 같이 간단하게 작성할 수 있다.

```
>>> for j in range(1,10):
        print('2 *', j,  '=', 2 * j)

2 * 1 = 2
2 * 2 = 4
…
2 * 9 = 18
```

그런데 구구단 전체를 출력하려면 어떻게 해야 할까? 위와 같은 for 문을 각 단에 대해서 반복해야 한다. 이는 for 문 내에 다시 for 문이 오는 for 문의 중첩을 이용하여 해결할 수 있다. for 문의 중첩을 이용한 구구단을 출력하는 프로그램을 작성해 보자. 프로그램 4.16은 2단에서부터 9단까지 출력한다. 출력해야 할 단을 i 단이라고 하면 i 값을 2부터 9까지 증가시키며 각 단을 출력하면 된다. 따라서 다음과 같이 변수 i를 사용하는 바깥쪽 for 문을 추가하여 2단에서부터 9단까지 출력한다.

프로그램 4.16　　**구구단 출력**

```
01   # 중첩 for 루프를 이용한 구구단 출력 프로그램
02
03   for i in range(2,10):
04       for j in range(1,10):
05           print(i, "*", j, "=", i*j)
```

실행 결과

```
2 * 1 = 2
2 * 2 = 4
 ...
9 * 8 = 72
9 * 9 = 81
```

이 프로그램의 실행 과정은 다음과 같다. 바깥 루프에서 출력한 단을 나타내는 변수 i의

값이 2부터 1씩 증가하는데 각 i 값에 대해서 내부 루프는 변수 j의 값이 1부터 9까지 반복한다.

```
i = 2
    j = 1, 2, 3, 4, 5, 6, 7, 8, 9
i = 3
    j = 1, 2, 3, 4, 5, 6, 7, 8, 9
· · ·
i = 8
    j = 1, 2, 3, 4, 5, 6, 7, 8, 9
i = 9
    j = 1, 2, 3, 4, 5, 6, 7, 8, 9
```

이 프로그램을 while 문의 중첩을 이용하여 프로그램 4.17과 같이 다시 작성할 수 있다. 이 프로그램의 실행 과정은 다음과 같다.

❶ i 값을 2로 초기화하고 안쪽 while 문이 끝날 때마다 i 값을 1씩 증가시켜 다음 단을 출력한다.

❷ 안쪽 while 문은 i 단을 출력하는 역할을 한다.

❸ 이를 위해서 먼저 안쪽 while 문이 시작되기 전에 j 값을 1로 초기화한다.

❹ while 문 내에서 i * j 값을 출력한 후에 j 값을 1씩 증가시키고 이 과정을 j 값이 9가 될 때까지 반복한다.

프로그램 4.17   while 루프를 이용한 구구단 출력

```
01   # while 루프를 이용한 구구단 출력 프로그램
02
03   i = 2
04   while i <= 9:
05       j = 1
06       while j <= 9:
07           print(i, " X ", j, " = ",  i*j)
08           j = j + 1
09       i = i + 1
```

리스트와 중첩 루프

range를 사용하지 않고 리스트를 이용하여 중첩 루프를 사용할 수 있다. 예를 들어 학생들의 국영수 점수 리스트로부터 각 학생의 국영수 점수 합을 계산하는 프로그램을 작

성해 보자. 한 학생의 국영수 점수를 길이 3인 리스트로 나타내고 이러한 리스트들의 리스트 형태로 모든 학생의 국영수 점수를 나타낸다. 이것은 다음과 같은 행렬 또는 이차원 배열로 이해할 수 있다. 예를 들어 변수 scores 내의 첫 번째 리스트 [80,90,85]가 첫 번째 학생의 국영수 점수를 나타낸다.

```
학생 1 [80,90,85]
학생 2 [70,80,80]
학생 3 [90,90,95]
학생 4 [60,70,65]
학생 5 [90,80,75]
```

프로그램 4.18은 다음과 같이 for 루프를 중첩하여 사용하고 있다.

❶ 바깥 for 루프는 각 학생의 국영수 점수 리스트(lst)들을 대상으로 반복한다

❷ 안쪽 루프는 한 학생의 국영수 점수 리스트 내에 있는 각 과목 점수(score)들을 대상으로 반복한다.

❸ 안쪽 루프에서 한 학생의 국영수 점수 합을 계산한다.

❹ 한 학생의 국영수 점수 합을 계산한 후에는 이를 stud 리스트에 추가한다(append). 따라서 stud 리스트에는 각 학생의 국영수 점수 합이 리스트 형태로 저장된다.

❺ 바깥 for 루프가 끝난 후에 모든 학생의 국영수 점수 합을 출력한다.

프로그램 4.18　　학생별 점수 합 계산

```
01   # 학생별 국영수 점수 합을 계산하는 프로그램
02
03   scores = [[80,90,85], [70,80,80], [90,90,95], [60,70,65],
                                                     [90,80,75]]
04   stud = []
05   for lst in scores:
06       sum = 0
07       for score in lst:
08           sum += score
09       stud.append(sum)
10   print(stud)
```

실행 결과

```
[255, 230, 275, 195, 245]
```

- 정해진 횟수만큼 반복하는 데 주로 for 문을 사용한다. 어떤 조건이 만족될 때까지 반복하는 데 주로 while 문을 사용한다.
- 시퀀스(sequence)는 여러 원소들을 모아놓은 순서형 자료로 각 원소의 순서가 있다.
- for 문은 시퀀스의 각 원소에 대해 실행문을 반복적으로 실행한다.
- for 문은 일정 범위의 정수들에 대해서 반복하는 데 많이 사용되는데 정수 범위는 range 함수를 이용하여 쉽게 표현할 수 있다.
- while 문은 조건식이 참인 동안 문장을 반복하여 실행한다.
- break 문은 루프 내에서 어떤 조건이 만족되면 중간에 루프에서 빠져나오는 데 사용되고 continue 문은 루프 내에서 현재 반복을 중단하고 다음 반복으로 건너뛰는 데 사용된다.
- 루프 내에 또 다른 루프가 중첩될 수 있다.

01 2의 1제곱부터 n 제곱까지 원하는 만큼 출력하는 프로그램을 작성하시오. n의 값은 입력으로 받는다.
실행 예는 다음과 같다.

실행 결과

```
2의 n제곱 : 5
2 ^ 1 = 2
2 ^ 2 = 4
2 ^ 3 = 8
2 ^ 4 = 16
2 ^ 5 = 32
```

02 구구단을 출력하는 프로그램을 작성하시오. 반드시 중첩 반복문을 이용하여 1~9단을 출력한다. tab(\t)
을 사용하여 한줄에 3단씩 출력되도록 한다.

예) print("1단\t\t2단\t\t3단")

실행 결과

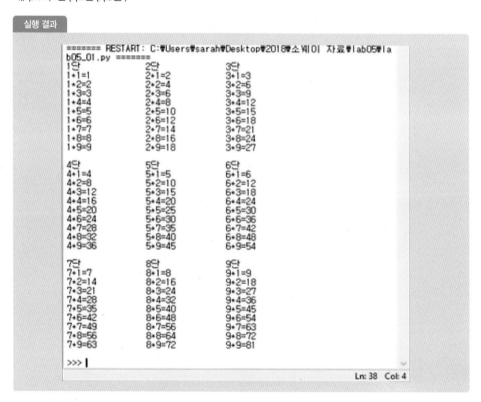

03 사용자로부터 점수들을 입력받아 최저 점수와 최고 점수, 합계와 평균을 계산하여 출력하는 프로그램을 작성하시오. 0을 입력받으면 프로그램을 종료한다. 실행 예는 다음과 같다.

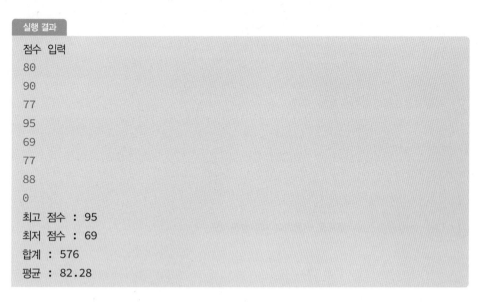

실행 결과

```
점수 입력
80
90
77
95
69
77
88
0
최고 점수 : 95
최저 점수 : 69
합계 : 576
평균 : 82.28
```

01 다음 프로그램의 출력은 무엇인가?

```
for i in range(1, 10, 2):
    print(i)
```

02 다음 프로그램의 출력은 무엇인가?

```
for i in range(10, 0, -2):
    print(i)
```

03 다음 for 루프를 while 루프로 변환하여 재작성하시오.

```
sum = 0
for i in range(1, 100, 2):
    sum = sum + i
print(i, sum)
```

04 다음 코드에서 생성되는 출력은 무엇인가?

```
for i in range(1,20):
    if i % 3 == 0 :
        print(i)
```

05 다음 코드에서 생성되는 출력은 무엇인가?

```
sum = 0
i = 1
while i < 30:
    sum = sum + i
    i = i + 2
print(i, sum)
```

06 5번 프로그램의 while 루프를 for 루프로 변환하여 재작성하시오.

07 1부터 10까지의 제곱 값과 세제곱 값을 출력하는 프로그램을 작성하시오.

> **실행 결과**
> ```
> 1   1   1
> 2   4   8
> 3   9   27
> ...
> 9   81  729
> 10  100 1000
> ```

08 원금과 연이율(%)을 입력받아 원금을 예금하였을 때 몇 년 만에 2배가 되는지 계산하는 프로그램을 작성하시오. 매년 이자가 원금에 더해진다.

> **실행 결과**
> ```
> 원금 : 10000
> 연이율 : 5
> 원금의 2배를 초과한 기간: 15
> 원리 합계: 20789
> ```

09 다음 리스트에 대해서 최고 기온, 최저 기온, 평균 기온을 출력하는 프로그램을 작성하시오.

list = [24.9, 29.3, 28.3, 29.9, 29.6, 32.5, 29.7, 26.3, 31.8, 34.3,
         36.0, 28.0, 24.9, 31.4, 33.9, 28.9, 29.6, 24.8, 29.8, 31.2,
         29.6, 31.7, 32.1, 24.4, 26.4, 30.0, 30.0, 31.2, 28.8, 33.1]

> **실행 결과**
> ```
> 최저 기온: 24.9
> 최고 기온: 33.9
> 평균 기온: ...
> ```

연습 문제

10 몇 단을 출력할지 사용자로부터 입력받아 사용자가 원하는 구구단을 출력하는 프로그램을 작성하시오.
프로그램 4.13을 참고하시오. 실행 예는 다음과 같다.

실행 결과

```
구구단 : 5
5 x 1 = 5
5 x 2 = 10
5 x 3 = 15
5 x 4 = 20
...
5 x 9 =
```

MEMO

터틀 그래픽

5.1 | 터틀 그래픽 시작

터틀 그래픽(tutle graphics)은 1970년대 로고(Logo)라는 프로그래밍 언어에 그래픽 기능을 추가한 것으로, 전진(forward), 후진(backward), 우회전(right), 좌회전(left)의 단순한 명령으로 거북 아이콘을 움직이면서 이동 경로에 그림을 그리는 그래픽 언어이다. 파이썬은 기본적으로 터틀 그래픽 기능을 포함하고 있어서 초보자들도 쉽게 그래픽 작품을 만들 수 있다.

먼저 거북 아이콘을 화면에 표시해 보자. 터틀 그래픽 명령어를 간단히 실행하기 위하여 turtle.Turtle 명령어를 통해서 turtle 변수(t)를 생성한다. 이후 터틀 그래픽 명령어는 turtle 변수(t)를 사용하여 호출할 수 있다. 그림 5.1과 같이 처음 터틀 그래픽 프로그램을 실행하면 거북 아이콘이 화면에 표시되고 사용자 명령 대기 상태가 된다. 처음 실행하면 거북 아이콘은 기본 방향인 윈도우의 동쪽 방향을 바라보도록 표시된다. 터틀 그래픽으로 그리는 도형은 캔버스(canvas)라고 하는 그래픽 전용 공간에 표현되며, 이곳은 일반적인 텍스트가 출력되는 화면과는 다른 별도의 공간이다.

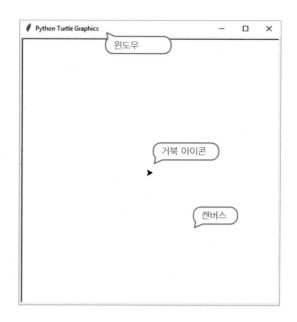

그림 5.1 터틀 그래픽 아이콘

터틀 그래픽은 명령어를 이용하여 거북 아이콘을 이동 또는 회전시키면서 이동 경로를 칠하는 방식으로 다양한 도형과 패턴을 그릴 수 있다.

터틀 그래픽에 사용되는 기본 명령어는 forward(전진), backward(후진), left(좌회전), right(우회전)이다. forward 함수를 실행하면 현재 거북 아이콘이 향하고 있는 방향으로 지정된 거리만큼 선을 그리면서 이동한다. left(a)와 right(a)는 거북의 전진 방향을 각각 오른쪽 또는 왼쪽 방향으로 a도만큼 회전시킨다.

프로그램 5.1을 실행하면 거북의 방향으로 100픽셀만큼 전진하면서 선을 그린다. 터틀 그래픽 프로그램 실행 시 기본 방향은 동쪽이다. 파이썬의 turtle 모듈에는 이동, 회전뿐만 아니라 다양한 속성 변경 함수들이 포함되어 있다.

프로그램 5.1　거북 아이콘 전진하기

```
01   # 거북 아이콘을 이동시키기
02   import turtle          ← turtle 모듈 불러오기          캔버스 크기 설정
03   turtle.setup(width = 500, height = 500)
04   t = turtle.Turtle()    ← turtle 변수 생성
05   t.forward(100)         ← 100 픽셀 전진
```

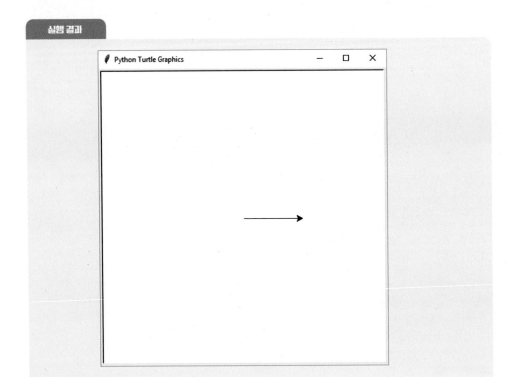

5.2 | 기본 도형 그리기

예제 사각형 도형 그리기

터틀 그래픽으로 한변의 길이가 200픽셀인 정사각형을 그리는 예제를 살펴보자. 사각형을 그리기 위해서는 이동과 회전을 번갈아 실행하면서 최초의 위치로 다시 돌아올 때까지 반복하면 된다. 그림 5.2와 같이 200픽셀 전진 이동(forward)과 90도 우회전(right)을 총 4번 반복 실행하면 사각형이 그려진다.

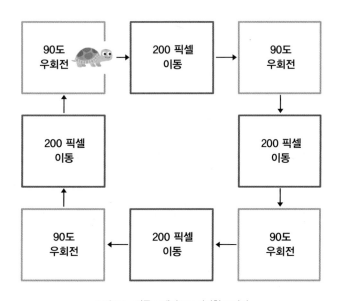

그림 5.2 터틀 그래픽으로 사각형 그리기

프로그램 5.2에서는 이 과정을 구현하기 위하여 for 반복문 블록 안에서 forward(200)와 right(90) 함수를 각각 4번 실행하였다. forward 함수의 인수 200을 바꾸면 사각형의 크기가 조절된다. pencolor는 거북의 이동경로 선을 칠하는 색상을 의미하며, 기본 색상 이름을 사용하여 쉽게 바꿀 수 있다.

```
01    # 터틀 그래픽으로 사각형 그리기
02    import turtle
03    turtle.setup(width = 600, height = 600)
04    t = turtle.Turtle()
05    t.pencolor("red")          펜 색상 설정
06    t.width(10)            펜 두께 설정
07    for i in range(4):       한 변이 200인 사각형 그리기
08        t.forward(200)
09        t.right(90)
```

실행 결과

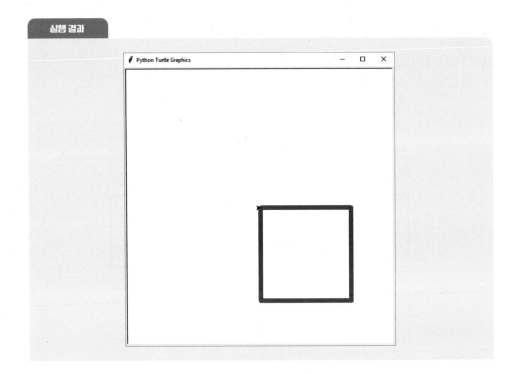

응용 다각형 그리기

이번에는 위의 사각형 예제를 확장하여 터틀 그래픽으로 오각형(pentagon)을 그리는 프로그램을 작성해 보자. 사각형은 변 사이에서 90도씩 회전하였지만, 오각형은 각 변 사이의 각도가 72도(=360/5)이므로, 변과 변 사이에서 72도 회전(right(72))하고 오각형의 변의 길이(150)만큼 이동시킨다. 이 과정을 총 5번 반복하면 오각형이 완성된다. 이 원리를 활용하면 팔각형, 십이각형 등 원하는 다각형을 그릴 수 있다. 또한 pencolor을 파란색으로 바꾸고, 선의 두께를 10으로 변경하였다. 선의 기본 두께는 1이다.

오각형 그리기

```
01    # 오각형 그리기
02    import turtle
03    turtle.setup(width = 600, height = 600)
04    t = turtle.Turtle()      선 색상을 파란색으로 변경
05    t.pencolor("blue")
06    t.width(10)      ← 선 두께를 10으로 변경
07    for i in range(5):
08        t.forward(150)      ← 한 변이 150인 오각형 그리기
09        t.right(72)
```

실행 결과

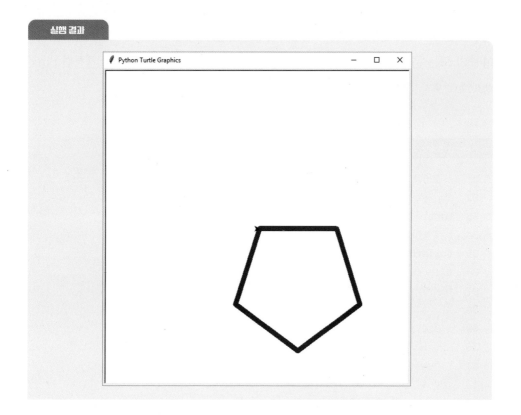

turtle 모듈의 speed 함수를 사용하며, 거북 아이콘이 움직이는 속도를 조절할 수 있다. 표 5.1은 speed 함수에서 사용할 수 있는 속도의 단계이다. speed 함수의 인수(argument)로 speedstring 또는 value를 지정하여 거북의 이동 속도를 제어할 수 있다. 1이 가장 느리고 값이 증가할수록 속도가 빨라지며, 0 또는 'fastest'로 지정하면 사용하는 컴퓨터의 가장 빠른 속도로 선을 그려준다.

표 5.1 speed 함수의 속도 조절 단계

speedstring	value
fastest	0
fast	10
normal	6
slow	3
slowest	1

```
t.speed(i)
```

speed 함수의 인수 값을 5단계로 변경하면서 오각형을 그려보도록 하자. 색상을 달리하여 숫자 또는 문자열 인수를 사용하여 각각 실행해 보자. 프로그램 5.4를 실행하면 pink 색상으로 오각형을 그리고, 그 위에 red 색상으로 다시 한번 그린다.

프로그램 5.4 **오각형 그리기 속도조절**

```
01   # 오각형이 그려지는 속도를 조절한다
02   import turtle
03   turtle.setup(width = 600, height = 600)
04   t = turtle.Turtle()
05   t.width(10)
06   t.pencolor("pink")                    속도 인수 종류 리스트
07   for i in [1, 3, 6, 10, 0]:
08       t.speed(i)      ⬅  속도 조절 함수
09       t.forward(150)
10       t.right(72)
11   t.pencolor("red")
12   for i in ['slowest', 'slow', 'normal', 'fast', 'fastest']:
13       t.speed(i)
14       t.forward(150)
15       t.right(72)
```

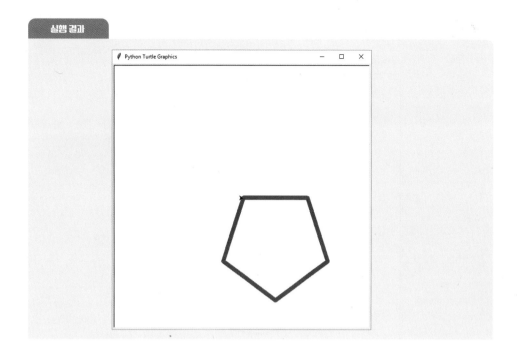

예제 원 그리기

이 원리를 이용하면 터틀 그래픽으로 원을 그리는 것도 가능하다. 원은 수많은 직선들이 연결된 것으로 볼 수 있으므로, 선분 사이의 각도를 조금씩 바꾸어서 연결하면 근사적인 원을 그릴 수 있다. 프로그램 5.5는 길이가 6인 선분 100개를 3.6도씩 오른쪽으로 회전하면서 근사 원을 그리는 예제이다.

프로그램 5.5 원그리기

```
01   # 100개의 선분으로 원 그리기
02   import turtle
03   turtle.setup(width = 500, height = 500)
04   edges = 100        선분의 수(100), 길이(6)
05   length = 6
06   angle = 360 / edges
07   t = turtle.Turtle()
08   t.pencolor("blue")
09   t.width(5)
10   t.speed(5)
11   for i in range(edges):        100번 반복
12       t.forward(length)
13       t.right(angle)
```

실행 결과

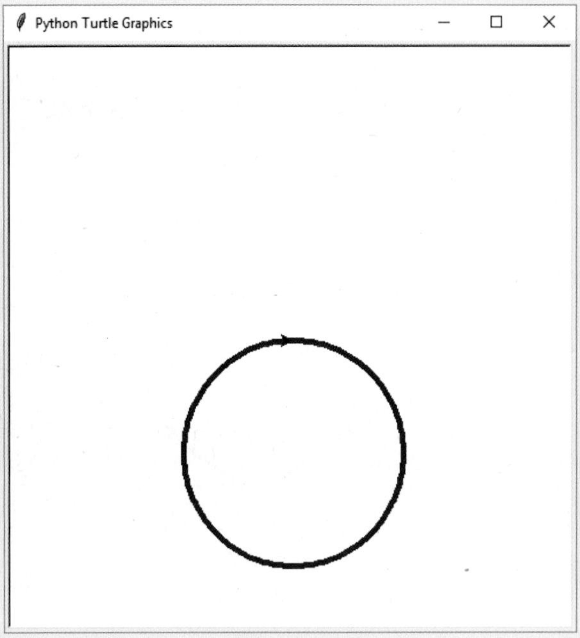

5.3 | 복잡한 도형 그리기

응용 미로 만들기

이번에는 터틀 그래픽으로 미로(maze)를 만들어 보자. 윈도우의 중앙에서 출발하여 거북 아이콘으로 전진과 회전을 반복한다. 거북이 회전할 때마다 이동 경로를 증가시키면 미로 모형이 생성된다. 프로그램 5.6에서는 시계 반대 방향으로 거북을 회전시켰지만, 시계 방향으로 회전해도 상관없다.

left(90) 함수를 사용하여 시계 반대 방향으로 거북을 회전시키고, for 문의 step을 이용하여 이동 거리를 8씩 증가시킨다. 프로그램을 수정하여 실행 결과와 다른 모양의 미로를 만드는 방법을 생각해 보자.

프로그램 5.6   미로 만들기

```
01  # 미로 그리기
02  import turtle
03  turtle.setup(width = 500, height = 500)
04  t=turtle.Turtle()
05  t.pencolor("red")
06  t.width(3)                    선분 길이를 8씩 증가시키면서 미로 그리기
07  for i in range(0, 301, 8):
08      t.forward(i)
09      t.left(90)
```

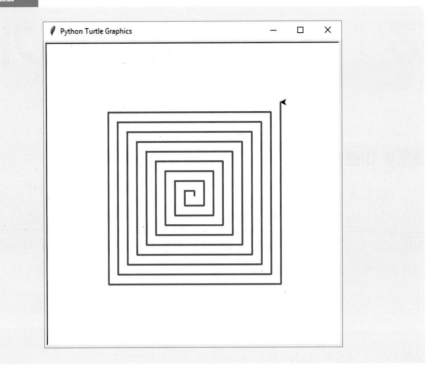

UP 과 Down

터틀 그래픽의 이동 함수들은 기본적으로 이동할 때마다 자동으로 선이 그려진다. 거북 이동 시 선이 그려지는 기능은 up과 down 함수를 사용하여 변경할 수 있다. up과 down 함수는 펜을 종이에서 떼거나 댄다는 의미로, up 함수를 실행하면 거북이 이동 경로선을 그리지 않으면서 이동하고, down 함수를 실행하면 이동할 때마다 경로선이 그려진다.

이 함수들을 이용하여 점선 사각형을 그리는 예제를 알아보자. 프로그램 5.7에서 점선 하나의 길이가 25이므로 사각형 한변의 길이는 200이 된다. 다음은 up 함수와 down 함수를 반복 실행하여 점선으로 사각형의 각 변을 그리는 명령문이다.

```
for j in range(edges):
    t.forward(dot_size)
    t.up()
    t.forward(dot_size)
    t.down()
```

```
01   # up과 down으로 점선 그리기
02   import turtle
03   turtle.setup(width = 500, height = 500)
04   t= turtle.Turtle()
05   t.pencolor("dark green")
06   t.width(3)
07   edges = 4
08   dot_size = 25          사각형의 변의 수
09   for i in range(edges):
10       for j in range(edges):  ← 한 변의 점선의 수
11           t.forward(dot_size)
12           t.up()
13           t.forward(dot_size)
14           t.down()
15       t.right(90)
```

실행 결과

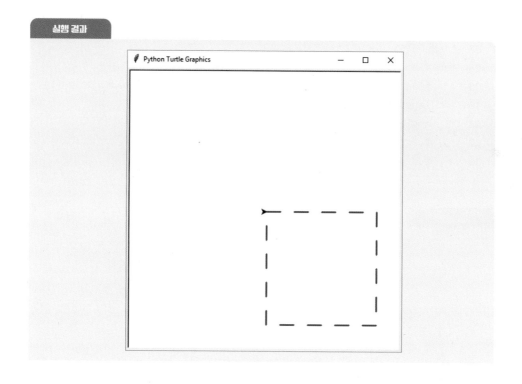

이번에는 random 함수를 이용하여 거북의 이동 방향과 이동 거리를 무작위로 지정하면 어떤 경로가 만들어지는지 확인해 보도록 하자. 한 번에 이동 가능한 경로의 길이를 10~110 범위의 난수값으로 지정하고, 회전각은 30~180도 범위로 지정하여 200개의 선분을 그리도록 한다.

```
length = random.randint(10, 110)
angle = random.randint(30, 180)
```

또한, 경로의 색상을 다양하게 칠하기 위하여 pencolor의 (R, G, B) 색상 인수를 random.random 함수로 지정한다. random.random 함수는 0 ~ 1.0 사이의 실수를 반환하므로 색상 지정 범위와 일치한다. 프로그램 5.8에서 실행할 때마다 다른 색상과 다른 모양의 경로가 생성되는 것을 확인할 수 있다.

프로그램 5.8 **무작위로 선 그리기**

```
01  # 무작위로 선을 그리기
02  import turtle
03  import random
04  turtle.setup(width = 500, height = 500)
05  t= turtle.Turtle()
06  t.width(3)
07  t.speed(5)                    (R, G, B) 색상 인수를 난수로 설정
08  for i in range(200):
09      t.pencolor(random.random(), random.random(), random.random())
10      length = random.randint(10, 60)
11      angle = random.randint(30, 120)
12      t.forward(length)
13      t.right(angle)
```

실행 결과

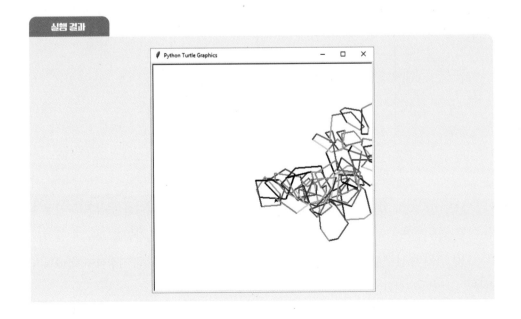

삼각형 칠하기

이번에는 도형의 윤곽선과 그 내부를 각각 다른 색상으로 칠하는 예제를 살펴보도록 하자. 도형의 내부를 칠하기 위해서는 begin_fill과 end_fill 함수로 블록을 만들고 그 사이에 내부를 칠할 도형을 그리는 코드를 작성하면 된다. 터틀 그래픽의 pencolor 함수는 도형의 윤곽선(outline) 색상 지정에 사용되는데 비해, 도형 내부를 칠하는 색상은 color 함수로 지정한다는 점에 유의하자.

프로그램에서 사용된 setheading은 거북 아이콘의 방향을 변경하는 함수이며 인수를 60으로 지정할 경우 기본 동쪽 방향에서 반시계 방향(left)으로 60도 회전한다. 다음 프로그램에서 지정한 윤곽선(파란색)과 내부(노란색)의 색상을 다른 색상으로 바꾸어 가면서 실행해 보자.

프로그램 5.9 　　**삼각형 칠하기**

```
01  # 삼각형을 그리고 내부를 칠하기
02  import turtle
03  import random
04  turtle.setup(width = 500, height = 500)
05  t= turtle.Turtle()
06  t.width(3)
07  t.speed(5)                      ← 도형 내부 색상 지정
08  t.color(1, 1, 0)
09  t.pencolor(0, 0, 1)     ← 도형 윤곽선 색상 지정
10  t.begin_fill()
11  t.setheading(60)        ← 동쪽에서 반시계 방향으로 60도 회전
12  for i in range(3):
13      t.forward(100)
14      t.right(120)
15  t.end_fill()
```

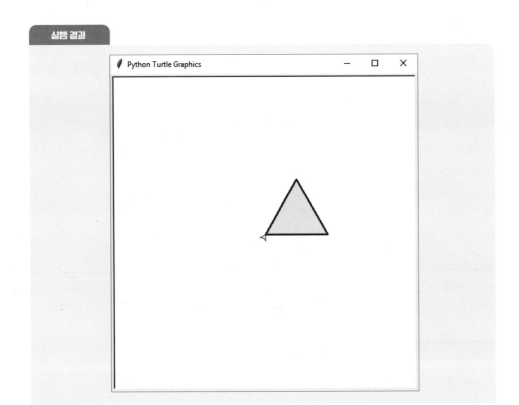

프로그램 5.10은 circle 함수를 이용하여 원을 그리고 그 내부를 노란색으로 칠하는 예제이다. circle 함수의 인수는 원의 반지름을 의미한다.

프로그램 5.10 원 칠하기

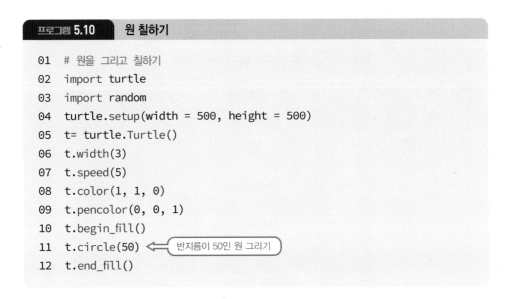

```
01  # 원을 그리고 칠하기
02  import turtle
03  import random
04  turtle.setup(width = 500, height = 500)
05  t= turtle.Turtle()
06  t.width(3)
07  t.speed(5)
08  t.color(1, 1, 0)
09  t.pencolor(0, 0, 1)
10  t.begin_fill()
11  t.circle(50)        반지름이 50인 원 그리기
12  t.end_fill()
```

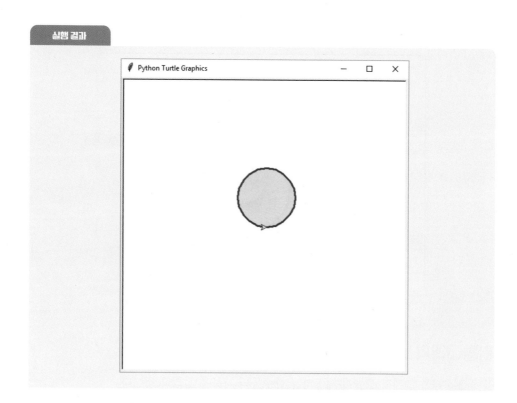

응용 회오리 모양 그리기

지금까지 배운 것을 이용하여 회오리 모양을 터틀 그래픽으로 그려보자. 원리는 거북의 이동과 회전 작업을 반복하되 거북의 이동 거리를 199까지 조금씩 늘려 나가는 것이다.

프로그램 5.11   회오리 모양 그리기

```
01   # 반복적으로 움직이는 길이를 늘여나가며 그리는 회오리 모양
02   import turtle
03   t= turtle.Turtle()
04   t.color('blue')
05   t.speed(0)
06   angle = 91
07   for x in range(200):       사각형의 크기가 커지면서 회전한다
08       t.forward(x)
09       t.left(angle)
10   t.hideturtle()       거북 아이콘을 숨긴다
```

프로그램 5.11을 실행하면 다음과 같은 결과를 얻을 수 있다. 이 프로그램에서 선의 색상, 속도, 사각형 크기, 회전 방향 값을 수정하여 변경시켜보자.

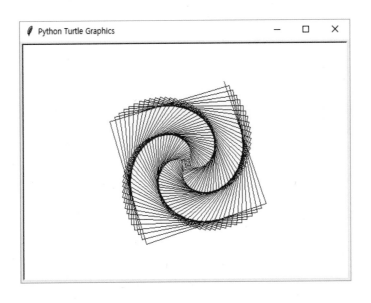

터틀 그래픽 모듈의 함수

표 5.2는 터틀 그래픽 모듈이 제공하는 함수들의 기능을 정리한 것이다.

표 5.2 터틀 그래픽의 함수

함수	기능	비고
forward(d)	d만큼 거북을 전진한다.	
backward(d)	d만큼 거북을 후진한다.	
right(a)	오른쪽으로 a도 만큼 회전한다.	
left(a)	왼쪽으로 a도 만큼 회전한다.	
reset()	캔버스를 초기화한다.	
clear()	거북은 유지한 채 화면을 지운다	
up()	이동 경로를 칠하지 않는다	
down()	이동 경로를 칠한다	
setheading(a)	거북이 특정 방향(a)을 향하도록 한다.	0 : East 45 : North–East 90 : North 180 : West
speed(i)	거북이 이동하는 속도를 조절한다.	[1~10] 느림 ～ 빠름

> **요약**
>
> • 터틀 그래픽은 거북 아이콘을 이동 또는 회전시키면서 이동 경로를 색상으로 칠하여 도형을 그리는 그래픽 기법이다.

실습 문제

01 turtle.circle 함수를 사용하지 않고 원도우의 중앙이 원의 중심이 되도록 선분 50개를 이용하여 둘레가 600인 원을 그리시오.

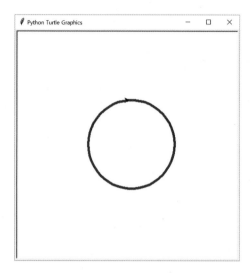

02 다음 실행 결과와 유사한 삼각형을 그리시오. 윈도우의 크기를 가로=500, 세로=500으로 설정하고, 두께가 3인 빨간색 선으로 그리시오.

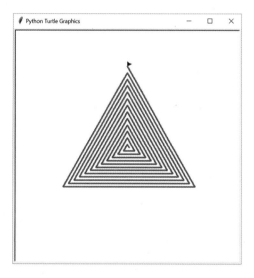

연습 문제

01 터틀 그래픽으로 한 변의 길이가 70인 팔각형을 점선으로 그리고자 한다. 거북 아이콘이 최상단 변의 왼쪽에 있을 경우 팔각형이 그려지도록 빈칸에 알맞은 코드를 적으시오.

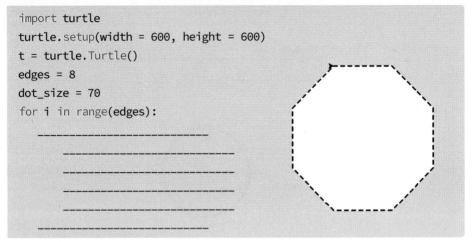

```
import turtle
turtle.setup(width = 600, height = 600)
t = turtle.Turtle()
edges = 8
dot_size = 70
for i in range(edges):
    _____
        _____
        _____
        _____
        _____
        _____
```

02 1번 문제의 코드를 참고하여 십이각형을 터틀 그래픽으로 그려보시오.

03 터틀 그래픽으로 다음 그림을 그리는 프로그램을 작성하시오.

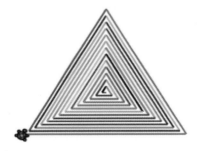

04 입력받은 숫자만큼 원 또는 사각형을 임의의 위치에 그리는 프로그램을 작성하시오(도형의 위치를 무작위로 생성하여 그리시오).

05 글자 'H I'를 터틀 그래픽으로 그려보시오.

리스트와
딕셔너리

6.1 | 리스트 기초

리스트(list)는 원소(item)들이 순서를 갖고 나열되어 있는 시퀀스(sequence) 자료형을 말한다. 리스트는 파이썬에서 가장 많이 사용하는 자료구조이며, 배열(array)을 대신하여 다수의 항목을 한번에 처리하는 데 유용하다.

예를 들어, 리스트 Week에는 Monday, Tuesday, Wednesday 등의 원소들이 순서대로 포함되어 있다.

```
Week = ['Sunday', 'Monday', 'Tuesday', 'Wednesday', 'Thursday',
'Saturday']
```

다음은 소수(prime number)들을 저장하고 있는 또 다른 리스트 primes이다.

```
primes = [2, 3, 5, 7, 11, 13, 17]
```

그림 6.1은 리스트의 구조를 나타낸 것이며, 인덱스를 사용하여 각 원소들을 참조할 수 있다.

그림 6.1 리스트의 구조

리스트는 원소(item)들이 순서를 가지고 저장되어 있는 시퀀스 자료구조이다.

리스트의 생성

리스트는 원소 값으로 초기화(initialization)하여 선언하는 방법과 리스트 변수만 선언한 후 원소들을 추가하는 방법이 있다.

먼저 리스트 buylist를 원소들로 초기화하여 선언해 보자. buylist를 출력하면 저장된 원소들을 볼 수 있다. 리스트 contact는 빈 리스트로 선언한 후 출력하였다.

```
>>> buylist=['milk', 'apple', 'noodle']          리스트 초기화 선언
>>> print(buylist)
['milk', 'apple', 'noodle']
>>> contact=[]          빈 리스트 선언
>>> print(contact)
[]
```

리스트의 원소 추가

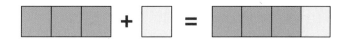

그림 6.2 리스트에 원소 추가

리스트에 개별 원소를 추가할 때는 append 함수를 사용한다. 다음과 같이 리스트 buylist와 contact에 각각 원소를 추가해 보자.

```
>>> buylist.append('sausage')
>>> buylist
['milk', 'apple', 'noodle', 'sausage']
>>> contact.append('Kim')
>>> print(contact)
['Kim']
```

리스트 contact에 또 다른 항목을 추가한 뒤 출력해 보면, 새로운 원소는 리스트의 오른쪽 끝에 추가된 것을 볼 수 있다.

```
>>> contact.append('Lee')
>>> print(contact)
['Kim', 'Lee']
```

일반적으로 다른 언어에서는 배열 원소의 자료형이 동일해야 하나, 파이썬의 리스트는 원소들의 자료형이 같을 필요는 없다. 리스트 contact에 5를 추가한 후 결과를 살펴보자.

```
>>> contact.append(5)
>>> contact
['Kim', 'Lee', 5]
```

파이썬 리스트의 규칙은 매우 유연하여 리스트가 또 다른 리스트를 원소로 포함할 수 있다. 다음 예제를 보면 리스트 primes에 리스트 week가 원소로 추가된 것을 알 수 있다. 여기에서 리스트 week는 리스트 primes의 여섯 번째 원소이다.

```
>>> primes = [2, 3, 5, 7, 11]
>>> week = ['sun', 'mon', 'tue']
>>> primes.append(week)          # week 리스트 전체를 하나의 원소로 추가
>>> print(primes)
[2, 3, 5, 7, 11, ['sun', 'mon', 'tue']]
```

리스트의 인덱스

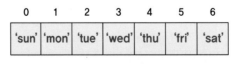

그림 6.3 리스트의 인덱스

인덱스(index)는 리스트의 개별 원소 위치를 지정하는 값이다. 인덱스는 0부터 시작하여 리스트의 오른쪽 방향으로 가면서 1씩 증가한다. 다음 예와 같이 primes[0]은 리스

트의 첫 번째 원소인 '2'를 의미하고, primes[5]는 여섯 번째 원소인 리스트 week를 가리킨다. 마지막 문장에서 primes[5][1]은 리스트 week의 두 번째 원소인 'mon'을 의미한다. 이 방식을 이용하여 파이썬에서 이차원 배열을 구현할 수 있다.

```
>>> print(primes)
[2, 3, 5, 7, 11, ['sun', 'mon', 'tue']]
>>> primes[0]
2
>>> primes[5]
['sun', 'mon', 'tue']
>>> primes[5][1]    ← 2차원 배열과 동일
'mon'
```

다음은 리스트의 모든 원소들이 리스트로 구성되어 있는 경우이다. 예를 들어 scores[0][1]은 첫 번째 항목([50, 60, 70])의 두 번째 원소(60)를 의미한다.

```
>>> scores = [[50, 60, 70], [100, 200, 300], [75, 85, 95]]
>>> scores[0][1]
60
>>> scores[2]
[75, 85, 95]
>>> scores[2][2]
95
```

리스트 확장

append 외에 파이썬에서는 extend와 insert 함수를 이용하여 리스트에 원소를 추가할 수 있다. append는 하나의 원소를 추가하는데 비해, extend 함수는 기존 리스트와 새로운 리스트를 합쳐서 확장하는 개념이다. insert 함수는 지정된 인덱스 위치에 새 원소를 삽입하고 기존 원소들을 오른쪽으로 한 칸씩 이동시킨다. 다음은 그 실행 예이다.

```
>>> word=['I']
>>> word.extend(['love', 'programming'])
>>> print(word)
['I', 'love', 'programming']
```
← 리스트 원소 삽입

```
>>> word.insert(2, 'python')
>>> print(word)
['I', 'love', 'python', 'programming']
```

리스트 원소 삭제

리스트에서 원소 삭제는 원소 값(value) 또는 인덱스를 이용하여 실행할 수 있다. remove 함수는 삭제할 원소의 값을 전달받아 처리한다. 반면, del 함수는 인덱스를 지정하여 원소를 삭제한다.

```
>>> word.remove('python')      ◁── 원소 값으로 삭제
>>> print(word)
['I', 'love', 'programming']
>>> del word[2]      ◁── 원소 인덱스로 삭제
>>> print(word)
['I', 'love']
```

이 밖에 pop 함수를 이용하여 리스트 원소를 삭제할 수 있다. 이 함수는 리스트의 가장 나중에 추가된 오른쪽 원소를 반환하고, 그 원소를 리스트에서 삭제한다.

```
>>> token = word.pop()
>>> print(token)
'love'
>>> print(word)
['I']
```

리스트 멤버십

멤버십이란 리스트에 특정 원소가 존재하는지 유무를 확인하는 것을 말한다. 멤버십 연산자인 in 또는 not in을 사용하며, 집합 연산을 수행하는 데 유용하다. 특정 원소가 리스트에 존재하면 'True'를, 그렇지 않으면 'False'의 부울(boolean) 값을 반환한다. 다음 예를 보면 멤버십 연산자의 사용법을 쉽게 이해할 수 있다.

```
>>> week = ['sun', 'mon', 'tue']
>>> 'sun' in week          ← 리스트 원소 유무 확인
True
>>> 'wed' in week
False
>>> 'tue' not in week
False
```

응용 소수 찾기

소수(prime number)는 1과 자기 자신으로만 나누어지는 1보다 큰 양의 정수를 의미
한다. 이번 응용에서는 특정 범위 내의 모든 소수를 출력하고, 소수 탐색 시간을 측정
하는 프로그램을 학습하도록 하자. 소수 탐색 범위는 2~1,000, 2~10,000, 그리고
2~100,000까지로 각각 설정하여 총 3번 탐색을 수행하기로 한다. 또한 소수를 찾는 방
법을 다음의 2가지 방법(나눗셈 소수 탐색, 배수 제거)으로 각각 실행하여 어떤 방법이
효율적인지 소요 시간을 비교해 보도록 하자.

〈방법1 : 나눗셈으로 소수 찾기〉

(1) 탐색 범위(2~n)내의 특정 숫자(i)가 소수인지 아닌지 확인하기 위하여 2부터 i-1 사이의 수로 한
번씩 나누어서 나머지가 0인 경우가 없는 수를 소수로 판정한다.

(2) 소수로 판정된 원소를 결과 리스트에 추가한다.

〈방법2 : 배수 제거 방법으로 소수 찾기〉

(1) 먼저, 소수 탐색 범위에 있는 모든 수(2~n)를 소수 리스트에 포함시킨다.

(2) 다음 2~n 범위에서 각 수의 배수들을 모두 소수 리스트에서 제거한다.
(예, 2는 포함하고 2의 배수(4, 8, 16, ...)를 제거한다. 리스트에 남은 수 중 3을 제외한 3의 배수(6,
9, 12, ...)를 제거한다.)

(3) 이 과정을 소수 리스트에 남아 있는 수 각각에 대해서 반복한다.

풀이

시간 측정은 time 모듈의 time 함수를 이용한다. time 함수는 1970년 1월 1일부터 현재까지의 경과 시간을 초로 환산하여 반환해 준다. 소수 탐색 시작 전에 time 함수를 1번 호출하고(t1), 소수 탐색 완료 후 time 함수를 두 번째로 호출하여(t2), 두 값을 빼면 소수 탐색 소요 시간(t2-t1)을 계산할 수 있다. 프로그램 6.1에서 첫 번째 소수 탐색 방법은 prime1 함수에, 두 번째 탐색 방법은 prime2에 구현되어 있다. 함수(function)는 특정 목적을 위해 사용되는 명령어들의 모음으로 프로그램을 **모듈화**(modularization)하여 작성하는 데 도움이 된다. 함수에 대한 자세한 내용은 7장에서 설명한다.

```
t1 = time.time()
.......
t2 = time.time()
print (t2 - t1)
```

프로그램 6.1   소수 찾기

```
01  # 1000까지의 소수를 2가지 방법으로 탐색하고 측정 시간을 출력한다.
02  import time
03  # 2부터 i-1로 나누어 떨어지는 않는 수를 소수로 판정
04  def prime1():
05      t1= time.time()          ← 소수 탐색 전 시간 저장(t1)
06      num=[]
07      for i in range(2, upper + 1):
08          prime = True
09          if i == 2: prime = True
10          else:
11              for j in range(2, i):
12                  if i % j == 0:
13                      prime = False
14                      break
15          if prime == True: num.append(i)
16      print()                  ← 소수 탐색 후 시간 저장(t2)
17      t2 = time.time()
18      print("elapsed time = ", t2 - t1)
19      print("# of primes = ", len(num))
20      print(num)
```

```
21    # 리스트에서 소수의 배수를 제거하는 방법으로 소수 찾기
22    def prime2():
23        t1 = time.time()
24        num = []
25        for i in range(2, upper + 1):
26            num.append(i)
27        for i in num:
28            for j in range(2, upper + 1):
29                s = i * j
30                if s > upper: break
31                if s in num: num.remove(s)    ← 배수 원소 제거
32        t2 = time.time()
33        print("elapsed time = ", t2 - t1)
34        print("# of primes = ", len(num))
35        print(num)
36    upper = 1000
37    print("Method 1")
38    prime1()
39    print()
40    print("Method 2")
41    prime2()
```

실행 결과

```
Method 1
elapsed time =  0.0210115909576416
# of primes =  168
[2, 3, 5, 7, 11, 13, 17, 19, 23, 29, 31, 37, 41, 43, 47, 53, 59, 61,
67, 71, 73, 79, 83, 89, 97, 101, 103, 107, 109, 113, 127, 131, 137,
139, 149, 151, 157, 163, 167, 173, 179, 181, 191, 193, 197, 199,
211, 223, 227, 229, 233, 239, 241, 251, 257, 263, 269, 271, 277,
281, 283, 293, 307, 311, 313, 317, 331, 337, 347, 349, 353, 359,
367, 373, 379, 383, 389, 397, 401, 409, 419, 421, 431, 433, 439,
443, 449, 457, 461, 463, 467, 479, 487, 491, 499, 503, 509, 521,
523, 541, 547, 557, 563, 569, 571, 577, 587, 593, 599, 601, 607,
613, 617, 619, 631, 641, 643, 647, 653, 659, 661, 673, 677, 683,
691, 701, 709, 719, 727, 733, 739, 743, 751, 757, 761, 769, 773,
787, 797, 809, 811, 821, 823, 827, 829, 839, 853, 857, 859, 863,
877, 881, 883, 887, 907, 911, 919, 929, 937, 941, 947, 953, 967,
971, 977, 983, 991, 997]
```

```
Method 2
elapsed time =  0.009156465530395508
# of primes =  168
[2, 3, 5, 7, 11, 13, 17, 19, 23, 29, 31, 37, 41, 43, 47, 53, 59, 61,
67, 71, 73, 79, 83, 89, 97, 101, 103, 107, 109, 113, 127, 131, 137,
139, 149, 151, 157, 163, 167, 173, 179, 181, 191, 193, 197, 199,
211, 223, 227, 229, 233, 239, 241, 251, 257, 263, 269, 271, 277,
281, 283, 293, 307, 311, 313, 317, 331, 337, 347, 349, 353, 359,
367, 373, 379, 383, 389, 397, 401, 409, 419, 421, 431, 433, 439,
443, 449, 457, 461, 463, 467, 479, 487, 491, 499, 503, 509, 521,
523, 541, 547, 557, 563, 569, 571, 577, 587, 593, 599, 601, 607,
613, 617, 619, 631, 641, 643, 647, 653, 659, 661, 673, 677, 683,
691, 701, 709, 719, 727, 733, 739, 743, 751, 757, 761, 769, 773,
787, 797, 809, 811, 821, 823, 827, 829, 839, 853, 857, 859, 863,
877, 881, 883, 887, 907, 911, 919, 929, 937, 941, 947, 953, 967,
971, 977, 983, 991, 997]
```

6.2 | 리스트 연산

리스트 합치기

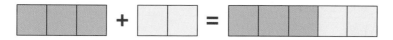

그림 6.4 리스트 합치기

문자열처럼 리스트에도 합치기('+')와 곱하기('*') 연산을 적용할 수 있다. 리스트 합치기
연산('+') 을 사용하면 두 리스트를 연결하여 새로운 리스트를 만들어 준다.

> 형식
> 리스트 + 리스트
> 의미
> 두 리스트를 합쳐서 새로운 리스트를 생성한다.

리스트 곱하기 연산('*')은 대상 리스트를 수식의 값만큼 반복한 새로운 리스트를 만들어
준다.

> 형식
> 리스트 * 수식 또는 수식 * 리스트
> 의미
> 리스트를 수식의 값만큼 반복한 새로운 리스트를 생성한다.

예를 들어 ['Seoul', 'Tokyo', 'Paris'] + ['New York', 'Hong Kong']를 하면 다
음과 같이 두 리스트가 연결된 새로운 리스트가 생성된다. 또한, ['Seoul', 'Tokyo',
'Paris']*2를 하면 리스트가 두 번 반복된 새로운 리스트를 만들어 준다.

```
>>> ['Seoul', 'Tokyo', 'Paris'] + ['New York', 'Hong Kong']
['Seoul', 'Tokyo', 'Paris', 'New York', 'Hong Kong']
>>> ['Seoul', 'Tokyo', 'Paris'] * 2
['Seoul', 'Tokyo', 'Paris', 'Seoul', 'Tokyo', 'Paris']
```

문자열 원소 리스트뿐만 아니라 숫자 원소 리스트에도 동일한 연산을 수행할 수 있다.

```
>>> [1,3,5] * 2
[1,3,5,1,3,5]
>>> [1,3,5] + [7,9]
[1,3,5,7,9]
```

리스트 자르기

리스트 자르기(slicing)란 하나의 리스트를 인덱스를 사용하여 여러 개의 부분 리스트로 분리하는 것을 말한다. 리스트 인덱스에 몇 가지 규칙이 있으니 잘 기억하도록 하자.

list[start : end]

이 명령문은 인덱스 start에서 end-1까지의 list 원소를 반환한다. 예를 들어, 다음 코드에서 months[1 : 4]를 실행하면 인덱스 1~3까지의 항목인 ['Feb', 'Mar', 'Apr']이 반환된다. 두 번째 인덱스가 4로 지정되어 있지만 4번 원소는 포함되지 않는 것에 주의해야 한다. 따라서 months[1 : 2]는 인덱스 1의 원소인 'Feb'만을 출력한다. months[1 : 1]에는 어떤 항목도 해당되지 않으므로 []이 출력된다.

```
>>> months =['Jan', 'Feb', 'Mar', 'Apr', 'May']
>>> months[1 : 4]    ← 인덱스 1부터 3까지
['Feb', 'Mar', 'Apr']
>>> months[1 : 2]
['Feb']            인덱스 1부터 0까지
>>> months[1 : 1]
[]              처음부터 인덱스 1까지
>>> months[: 2]
['Jan', 'Feb']   인덱스 2부터 끝까지
>>> months[2 :]
```

```
['Mar', 'Apr', 'May']
>>> months[:]  ←[ 리스트 전체 ]
['Jan', 'Feb', 'Mar', 'Apr', 'May']
```

list[: end]

리스트의 처음부터 인덱스 end-1까지의 원소들이 출력된다. 리스트의 start 인덱스가 명시되지 않을 경우 왼쪽 앞의 원소부터 시작한다는 의미이다. 따라서 months[: 2]를 실행하면 'Jan'와 'Feb'가 반환된다.

list[start :]

리스트의 start부터 마지막까지 원소들이 출력된다. months[2 :]와 같이 end 인덱스가 없을 경우 오른쪽 끝 원소까지를 의미한다. 따라서 start와 end 인덱스가 모두 명시되지 않으면 전체 리스트를 반환한다.

그림 6.5는 앞에서 다룬 리스트 months의 인덱스를 표시한 것이다. 상단에는 양수 인덱스가, 하단에는 음수 인덱스가 각각 부여되어 있다. 양수 인덱스는 0부터 시작하여 왼쪽에서 오른쪽 방향으로 1씩 증가된다. 반면, 음수 인덱스는 가장 오른쪽이 −1이고 왼쪽 방향으로 가면서 1씩 감소하는 것을 볼 수 있다.

그림 6.5 리스트 months의 인덱스

예를 들어 months[1 : 4]와 months[−4 : −1]은 동일하게 ['Feb', 'Mar', 'Apr']를 의미한다. 만약, months[−4 : 0]를 실행하면, 여기에 해당하는 원소는 하나도 없기 때문에 빈 리스트가 출력된다. 세 번째 months[−4 :]는 −4부터 오른쪽 끝까지를 의미하므로 ['Feb', 'Mar', 'Apr', 'May']가 반환된다. 마지막 명령문은 months의 3번 인덱스의 원소를 'Jun'으로 교체한다.

```
>>> months[-4 : -1]          인덱스 −4에서 −2까지의 원소
['Feb', 'Mar', 'Apr']
>>> months[-4 : 0]           해당 원소 없음
[]
>>> months[-4 :]             −4에서 오른쪽 끝까지
['Feb', 'Mar', 'Apr', 'May']
>>> months[3] = 'Jun'        인덱스 3번 원소 수정
>>> months
['Jan', 'Feb', 'Mar', 'Jun', 'May']
```

list[start : end : step]

원래 리스트 자르기(슬라이싱)는 다음과 같이 3개의 매개변수(start, end, step)로 이루어진다. 세 번째 값 step이 주어지지 않을 경우 1이 기본값으로 주어진다. step이 2라면 리스트의 원소를 1개씩 건너띄면서 탐색한다. step이 음수라면 오른쪽에서 왼쪽으로 역방향 탐색이 이루어진다. 다음 코드를 주의 깊게 살펴보기 바란다.

```
month[start : end : step]
```

```
>>> animals = ['monkey', 'lion', 'tiger', 'cat', 'dog']
>>> animals[-3 : -1]
['tiger', 'cat']
>>> animals[-1 : -4 : -1]     인덱스 −1에서 −3까지 왼쪽 방향으로 원소 탐색
['dog', 'cat', 'tiger']
>>> animals[-1 : : -2]        인덱스 −1에서 왼쪽 방향으로 1씩 건너뛰면서 원소 탐색
['dog', 'tiger', 'monkey']
```

문자열 자르기

문자열(string)은 문자들의 리스트(a list of characters)라고 생각할 수 있다. 따라서 리스트에서 사용하는 연산을 그대로 문자열에도 적용할 수 있다.

```
>>> string = 'software'
>>> string[2 : 3]
'f'
>>> string[3 :]
```

```
'tware'
>>> string[-4 : -1]
'war'
>>> string[-1 : -5 : -1]
'eraw'
>>> string[ : ]
'software'
>>> string[: : -1]        ⟵ 역방향으로 원소 탐색
'erawtfos'
```

응용 Palindrome

NOON   다시합창합시다
        소주만병만주소
MADAM   CIVIC
        REFER

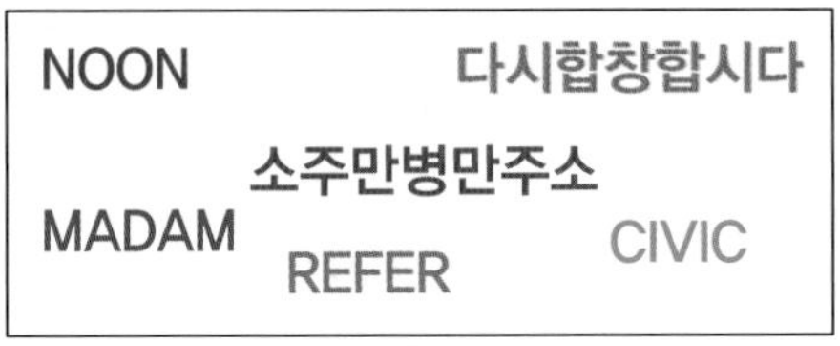

그림 6.6 Palindrome의 예

Palindrome(회문)은 반대 방향으로 뒤집어도 원래 문자열과 동일한 문자열을 의미
한다. noon, civic, radar, level, rotor, kayak, reviver, madam, refer 등
이 Palindrome의 예이다. 프로그램 6.2의 Palindrome 함수는 문자열을 입력
받아 Palindrome이 맞으면 True를, 그렇지 않으면 False를 반환한다. 다음은
Palindrome 여부를 판단하는 핵심 명령문으로, 주어진 문자열(text)과 역방향 문자열
(text[: :−1])이 같은지 비교한다.

```
text == text[: : -1]
```

프로그램 6.2   Palindrome

```
01   # Palindrome을 판단하는 프로그램
02   def palindrome(text):
03       return text == text[: : -1]    ⟵ 텍스트의 역방향 문자열과 비교
04
```

```
05   str = input("Enter text: ")
06   if palindrome(str):
07       print("Yes, it is a palindrome.")
08   else:
09       print("No, it is not a palindrome.")
```

```
Enter text: aaabbbaaa
Yes, it is a palindrome.

Enter text: aaabbbbaa
No, it is not a palindrome.
```

len 함수는 리스트의 원소 수를 반환하는 함수이다. 다음과 같이 for 문을 사용하여 리스트의 원소 수만큼 명령문을 반복하는 형식은 파이썬에서 자주 사용된다. 리스트 word의 각 원소 사이에 공백을 하나씩 넣어서 출력하고 있다.

```
>>> word = ['p', 'y', 't', 'h', 'o', 'n']
>>> len(word)
6
>>> for c in word:ㅍ            print(c, end = ' ')
p y t h o n
```

index 함수는 리스트에서 특정 원소가 저장된 인덱스 위치를 반환한다. 만약, 리스트 (word)에 존재하지 않는 원소('s')를 삭제하려고 하면 다음과 같은 오류가 발생한다. 미리 멤버십 연산자(in)로 확인하면 이런 오류를 예방할 수 있다.

```
>>> word[2]
't'
>>> word.index('t')
2
>>> word.remove('s')
Traceback (most recent call last):
  File "<pyshell#2>", line 1, in <module>
    word.remove('s')
```

```
ValueError: list.remove(x): x not in list
>>> if 's' in word:
        word.remove('s')
>>> 's' in word
False
```

리스트를 이용한 이차원 배열

학생들의 각 과목별 점수가 다음 표와 같이 주어졌다고 가정하자.

표 6.1 이차원 배열

	DS	CA	OS	DB
Kim	55	63	77	81
Lee	65	61	67	72
Park	97	95	92	88

먼저, 세 학생(Kim, Lee, Park)의 과목별 점수를 각각 리스트(Kim, Lee, Park)에 저장한다. 그 다음 각 리스트를 리스트 scores에 원소로 모두 추가한다. scores를 출력해 보면 각 원소가 학생별 점수 리스트인 것을 알 수 있다.

이와 같은 이차원 리스트를 출력하기 위해서는 중첩 for 문을 사용하면 된다. 먼저, scores 리스트의 각 원소를 student 변수로 받아오고, 리스트 student의 원소를 score 변수로 받아와서 각 학생별 점수를 출력한다. 예를 들어 scores[1][2]은 lee 학생의 세 번째 과목의 점수(67)를 의미한다.

```
>>> kim = [55, 63, 77, 81]
>>> lee = [65, 61, 67, 72]
>>> park= [97, 95, 92, 88]
>>> scores = [kim, lee, park]
>>> scores
[[55, 63, 77, 81], [65, 61, 67, 72], [97, 95, 92, 88]]
>>> for student in scores:      ← 중첩 반복문
        for score in student:
            print(score, end = ' ')
        print()
```

```
55 63 77 81
65 61 67 72
97 95 92 88
>>> scores[1][2]        # 1 행 2 열
67
```

리스트의 정렬

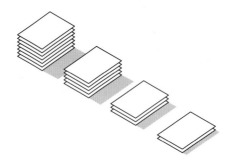

이번에는 리스트 원소들을 정렬(sorting)하는 연산을 학습한다. 정렬이란 리스트의 원소들을 **오름차순(ascending order)** 또는 **내림차순(descending order)**으로 나열하는 것을 말한다. 오름차순으로 정렬할 때는 sort 함수를 사용한다. 원소가 숫자일 경우 값의 크기에 따라 정렬되고, 원소가 문자일 때는 아스키코드(ASCII) 순서에 따라 정렬된다. 내림차순 정렬은 sort 함수에서 reverse 옵션을 사용하면 된다. reverse 옵션이 True인 경우 내림차순으로, False일 때는 오름차순으로 정렬한다. 따라서, sort()와 sort(reverse=False)는 완전히 동일한 결과를 반환한다.

```
>>> word.sort()  ⟵ 원소 오름차순 정렬
>>> word
['h', 'n', 'o', 'p', 't', 'y']
>>> word.sort(reverse = True)  ⟵ 원소 내림차순 정렬
['y', 't', 'p', 'o', 'n', 'h']
>>> word.sort(reverse = False)  ⟵ 원소 오름차순 정렬
['h', 'n', 'o', 'p', 't', 'y']
```

반면, reverse 함수는 리스트 원소들의 나열 순서를 반대 방향으로 재배열하는 함수로

정렬 함수와는 전혀 다른 것이다.

```
>>> word = ['p', 'y', 't', 'h', 'o', 'n']
>>> word.reverse()  ← 리스트 원소 순서 뒤집기
>>> word
['n', 'o', 'h', 't', 'y', 'p']
>>> word.reverse()
>>> word
['p', 'y', 't', 'h', 'o', 'n']
```

리스트의 복사

리스트를 복사하는 예제를 살펴보자. 다음과 같이 리스트 word1을 리스트 word2에 대입하면, word1이 가리키는 대상에 대한 참조(reference)가 word2에 얕은 복사 (shallow copy)되어 두 변수 word1과 word2는 동일한 리스트를 공유하게 된다. 따라서 word2 변수를 이용하여 리스트를 정렬할 경우 word1이 참조하고 있는 리스트도 변경된다.

```
>>> word1 = ['p', 'y', 't', 'h', 'o', 'n']
>>> word2 = word1
>>> print(word2)
['p', 'y', 't', 'h', 'o', 'n']
>>> word2.sort()
>>> print(word2)
['h', 'n', 'o', 'p', 't', 'y']
>>> print(word1)
['h', 'n', 'o', 'p', 't', 'y']
```

반면, 다음과 같이 word3 = word1[:]을 실행할 경우, word1이 참조하는 리스트와 동일한 리스트가 생성되어 word3이 참조하게 된다(deep copy). 이 경우는 리스트가 공유되는 것이 아니라 동일한 리스트가 추가로 생성되어, word3로 리스트를 정렬해도 word1 리스트의 내용은 변경되지 않는다.

```
>>> word1 = ['p', 'y', 't', 'h', 'o', 'n']
>>> word3 = word1[:]
>>> word3.sort()
>>> print(word3)
['h', 'n', 'o', 'p', 't', 'y']
>>> print(word1)
['p', 'y', 't', 'h', 'o', 'n']
```

예제 리스트의 항목 섞기

이번에는 카드 게임 등에 활용할 수 있는 예제를 소개하고자 한다. random 모듈의 함수를 이용하면 리스트의 원소들을 무작위로 섞거나 선택하는 기능을 구현할 수 있다.

보통, 카드 게임을 시작할 때 카드 패를 섞는 작업을 먼저 실행하는데, 다음 예제와 같이 shuffle 함수를 호출하면 리스트의 원소들이 무작위로 섞여서 순서가 변경된다. 또한 리스트의 원소 중에 임의로 하나를 선택할 때 random 모듈의 choice 함수를 사용한다. 다음 프로그램은 리스트 menu에서 원소를 무작위로 10회 뽑고 그 결과를 출력한다. 이를 활용하여 다음 절에서 주사위 게임을 작성해 보자.

프로그램 6.3 리스트의 항목 섞기

```
01   # 리스트의 항목의 순서를 바꾼다
02   import random
03   menu = ['apple', 'banana', 'pineapple', 'grape', 'strawberry']
04   print(menu)
05   print()
06   random.shuffle(menu)        ← 리스트 원소 섞기
07   print(menu)
08   random.shuffle(menu)
09   print(menu)
10   for i in range(10):
11       print(random.choice(menu))    ← 리스트 원소 뽑기
```

실행 결과

```
['apple', 'banana', 'pineapple', 'grape', 'strawberry']

['grape', 'banana', 'strawberry', 'apple', 'pineapple']
['strawberry', 'pineapple', 'banana', 'grape', 'apple']

grape
banana
strawberry
apple
apple
apple
apple
banana
pineapple
banana
```

6.3 | 리스트 활용

응용 **주사위 던지기**

주사위를 각각 n번 던져서 주사위의 각 눈이 나오는 횟수와 비율을 계산하는 프로그램을 작성해 보자. 주사위를 던지는 횟수(n)를 미리 리스트([100, 1000, 10000])에 저장해 두고, 난수 생성 함수로 1에서 6사이의 주사위 눈을 발생시킨다.

```
randint(1, 6)
```

각 주사위 눈이 나온 횟수를 리스트 count에 저장하기 위해 먼저 0으로 초기화한다.

```
count = [0, 0, 0, 0, 0, 0]
```

다음과 같이 주사위를 던질 때마다 나온 눈에 해당하는 리스트 count의 원소값을 증가시킨다.

```
count[eye-1] = 주사위 눈(eye)이 나온 횟수
```

실행 결과를 보면 주사위를 던지는 횟수가 10배씩 증가할수록 각 눈이 나온 횟수의 비율이 비슷해지면서 평균값(16.X %)에 근접하는 것을 알 수 있다.

주사위 던지기

```
01  # 주사위를 100번, 1000번, 10000번 각각 던져서 주사위 눈이 나온 횟수를 출력한다.
02  import random
03  for n in [100, 1000, 10000]:
04      count = [0, 0, 0, 0, 0, 0]        ← 주사위 각 눈의 빈도 초기화
05      print('\n')
06      print("# of throws : ", n)
07      for i in range(n):                1에서 6사이의 난수 발생
08          eye = random.randint(1, 6)
09          count[eye - 1] = count[eye - 1] + 1    ← 각 눈이 나온 횟수
10      print(count)
11      for i in range(len(count)):
12          print("%4.1f" % float(count[i] / n * 100), '% ', end = ' ')
```

실행 결과

```
# of throws :  100
[16, 10, 18, 19, 21, 16]
16.0 %  10.0 %  18.0 %  19.0 %  21.0 %  16.0 %

# of throws :  1000
[181, 163, 169, 178, 157, 152]
18.1 %  16.3 %  16.9 %  17.8 %  15.7 %  15.2 %

# of throws :  10000
[1659, 1611, 1687, 1723, 1665, 1655]
16.6 %  16.1 %  16.9 %  17.2 %  16.7 %  16.6 %
```

응용 **점수 순위 출력하기**

시험 성적 점수를 입력받아 총점 순위를 출력하는 프로그램을 작성해 보자. 이 프로그램은 크게 다음 4가지 기능으로 구성된다.

❶ 점수 추가(add_score) : 시험 점수를 입력받아 리스트 scores에 저장한다. 점수가 0~100 범위를 벗어나면 재입력을 요청한다. −1이 입력되면 점수 추가를 종료한다.

❷ 점수 삭제(delete_score) : 삭제할 점수를 입력받아 리스트에서 찾아서 삭제한다. 현재 이 방법은 동일 점수가 여러 개일 경우 구분하는 방법은 없다.

❸ 순위와 평균 보기(show_ranking) : 고득점부터 내림차순으로 점수를 정렬하여 출력하도록 구현한다. 평균은 점수 총점을 리스트 원소 수로 나누어 계산한다.

❹ 종료

실행 결과를 살펴보고, 프로그램의 기능을 확장할 여지가 있는지 연구해 보기 바란다.

다음 프로그램의 add_score 함수에서 사용된 global 키워드는 전역 변수의 값을 수정하기 위한 명령문으로 다음 장에서 자세히 다루도록 한다.

프로그램 6.5 점수 순위 출력하기

```
01  # 성적을 입력받고 정렬하여 출력하는 프로그램
02  # 메뉴 출력
03  def print_menu():
04  print()
05  print("1. 순위와 평균 보기")
06  print("2. 점수 추가")
07  print("3. 점수 삭제")
08  print("4. 종료")
print("선택 : ", end = ' ')
# 점수와 순위를 출력
def show_ranking():
    print()
    print("점수 순위")
    print()
    print("=====================")
    if len(scores) == 0:
        print("빈 리스트")
        return
    rank = 1
    total = 0                      고득점부터 내림차순 정렬
    scores.sort(reverse = True)
    for score in scores:
```

```python
            print(rank, " \t ", score)
            rank += 1
            total += score
    print("=======================")
    print("평균 점수: ", total / len(scores))
# 점수 입력 받기
def add_score():
    global scores          ⟵ 전역 변수
    while True:
        print("0..100 사이 점수를 입력하세요 (아니면 종료)")
        score = int(input("점수: "))
        if score < 0 or score > 100: break
        scores.append(score)
        print(scores)
# 입력 점수 삭제
def delete_score():
    global scores
    print(scores)
    score = int(input("삭제할 점수를 입력하세요 : "))
    if score in scores:
        scores.remove(score)
        print(scores)
    else:
        print("해당 점수 없음.")


scores = []
choice = 0
print_menu()
while (choice != 4):
    choice = int(input())
        if choice == 1:
            show_ranking()
        elif choice == 2:
            add_score()
        elif choice == 3:
            delete_score()
        elif choice == 4: break
        print_menu()
```

1. 순위와 평균 보기
2. 점수 추가
3. 점수 삭제
4. 종료
선택 : 2
0..100 사이 점수를 입력하세요 (아니면 종료)
점수: 40
[40]
0..100 사이 점수를 입력하세요 (아니면 종료)
점수: 50
[40, 50]
0..100 사이 점수를 입력하세요 (아니면 종료)
점수: 60
[40, 50, 60]
점수: 90
[60, 50, 40, 90]
0..100 사이 점수를 입력하세요 (아니면 종료)
점수: 100
[60, 50, 40, 90, 100]
0..100 사이 점수를 입력하세요 (아니면 종료)
점수: -1

1. 순위와 평균 보기
2. 점수 추가
3. 점수 삭제
4. 종료
선택 : 1
점수 순위
======================
1   100
2   90
3   60
4   50
5   40
======================
평균 점수: 68.0

1. 순위와 평균 보기
2. 점수 추가
3. 점수 삭제
4. 종료
선택 : 3

```
[100, 90, 60, 50, 40]
삭제할 점수를 입력하세요 : 100
[90, 60, 50, 40]


1. 순위와 평균 보기
2. 점수 추가
3. 점수 삭제
4. 종료
선택 :  1
점수 순위
=======================
1       90
2       60
3       50
4       40
=======================
평균 점수:  60.0
```

예제 스택의 구현

스택(stack)은 나중에 들어온 항목이 가장 먼저 나오는 후입선출(Last-In, First-Out) 자료구조이다. 접시 스택의 경우 맨 위에 있는 접시가 제일 마지막에 놓였지만 제일 먼저 꺼내게 된다. 스택은 수식 변환(expression conversion)이나 함수 호출(function call) 등 여러 분야에서 사용된다.

그림 6.7 스택의 예

파이썬에서는 리스트를 이용하여 스택을 쉽게 구현할 수 있다.

❶ stack을 빈 리스트로 선언한다.

❷ 스택에 원소를 추가할 때는 append 함수를 이용한다.

❸ 스택의 원소를 꺼낼 때는 pop 함수를 사용한다. 마지막에 삽입된 오른쪽 원소 값이 반환되고 해당 원소는 스택에서 제거된다. 따라서 pop 함수 호출문 앞에는 반환값을 받을 변수가 필요하다.

다음 프로그램에서 스택에 3개의 원소를 추가한 후 4회의 원소 삭제를 실행하였다. 따라서 마지막에 빈 스택 상태에서 pop 함수가 실행되기 때문에 'empty stack' 오류 메시지가 출력되었다.

```
>>> stack = []          스택에 원소 추가
>>> stack.append(2)
>>> stack
[2]
>>> stack.append(4)
>>> stack
[2, 4]
>>> stack.append(8)
>>> stack
[2, 4, 8]
>>> c = stack.pop()
>>> c
8
>>> stack
[2, 4]
>>> c = stack.pop()     스택의 top 원소 삭제
>>> c
4
>>> stack
[2]
>>> stack.pop()
2
>>> stack
[]
>>> stack.pop()
Traceback (most recent call last):
  File "<pyshell#38>", line 1, in <module>
    stack.pop()
IndexError: pop from empty list
```

스택으로 10진수를 2진수로 변환하기

다음은 스택을 사용하여 10진수를 2진수로 변환하는 프로그램이다. 변환 과정은 그림 6.8과 같다. 10진수 123을 2진수로 변환하기 위하여 먼저 2로 나눈 나머지(1)를 스택에 저장한다. 이 과정을 몫이 1이 나올때까지 반복한다. 몫이 1이 나오면 몫(1)도 스택에 저장한다. 스택 S의 내용은 10진수 123을 2진수로 변환하는 과정에서 나온 나머지와 몫을 저장한 결과이다.

```
S = [1, 1, 0, 1, 1, 1, 1]
```

끝으로, 스택의 내용을 모두 pop하여 역순으로 출력하면 다음과 같이 2진수 변환값을 얻을 수 있다.

```
123(10) => 1111011(2)
```

2) 123	
2) 61	1
2) 30	1
2) 15	0
2) 7	1
2) 3	1
1	1

그림 6.8   10진수를 2진수로 변환하는 과정

```
01  # 10진수를 스택을 이용하여 2진수로 변환하여 출력하기
02  stack = []
03  print("10진수를 입력하세요 ")
04  num = int(input())
05  old_num = num                          ← 2로 나눈 나머지
06  remainder = num % 2
07  quotient = num // 2      ← 2로 나눈 몫
08  while quotient > 1:
09      stack.append(remainder)    ← 2로 나눈 나머지를 스택에 추가
10      print("스택의 내용 : ", stack)
11      remainder = quotient % 2
12      quotient = quotient // 2
13  if quotient == 1:
14      stack.append(remainder)
15      stack.append(1)
16  print("스택의 내용 : ", stack)
17  print("10진수", old_num, "의 2진수는 ", end = ' ')
18  while stack != []:       ← 빈 스택이 아니면
19      print(stack.pop(), end = ' ')     ← 스택에서 pop
```

실행 결과

```
10진수를 입력하세요
123
스택의 내용 :  [1]
스택의 내용 :  [1, 1]
스택의 내용 :  [1, 1, 0]
스택의 내용 :  [1, 1, 0, 1]
스택의 내용 :  [1, 1, 0, 1, 1]
스택의 내용 :  [1, 1, 0, 1, 1, 1, 1]
10진수 123 의 2진수는  1 1 1 1 0 1 1
```

6.4 | 튜플과 집합

튜플

튜플(tuple)은 기본적으로 리스트와 거의 동일한 자료구조이다. 다만, 리스트와 구별되는 차이점은 튜플의 항목 값이 일단 초기화된 후에는 원소의 추가, 삭제 등 수정이 전혀 불가능하다는 점이다.

다음 예와 같이 튜플 odds가 초기 원소들로 선언 생성된 후에 원소의 조회는 가능하지만 수정은 불가능하다.

```
>>> odds = (1, 3, 5, 7, 9)
>>> odds[0]
1
>>> odds[0] = 11
Traceback (most recent call last):
  File "<pyshell#44>", line 1, in <module>
    odds[0] = 11
TypeError: 'tuple' object does not support item assignment

>>> odds.append(11)
Traceback (most recent call last):
  File "<pyshell#21>", line 1, in <module>
    odds.append(11)
AttributeError: 'tuple' object has no attribute 'append'
```

튜플은 리스트를 수정 불가능한 상태로 유지하고 싶을 경우에 사용하면 편리하다. 예를 들어, 주민등록번호나 학생의 학번 정보는 수정이 불필요하므로 튜플의 적절한 활용 예라고 할 수 있다. 튜플의 생성은 [ ] 대신에 ( ) 괄호를 사용하며, 원소 수정에 관련된 것을 제외하고 리스트의 연산자들을 대부분 사용할 수 있다.

튜플은 원소의 수정이 불가능한 리스트 구조이다.

집합

집합(set) 자료형은 원소들의 모임으로 구성된 자료구조이다. 리스트와 다른 점은 원소의 나열 순서가 없으며, 원소의 중복을 허용하지 않는다. 집합 자료형은 다음과 같이 set 함수를 사용하거나 {} 기호를 사용하여 선언한다. 두 번째 선언문(s2) 형식이 좀 더 간결해 보인다.

```
s1 = set([1, 2, 3, 3, 2])
s2 = {2, 3, 4}
```

중복을 허용하지 않기 때문에 위에서 집합 s1은 {1, 2, 3}으로 선언한 것과 동일하다. 또한 리스트와 달리 원소의 나열 순서를 고려하지 않기 때문에 인덱스로 원소를 참조하는 것은 불가능하다.

집합 자료형은 원소의 멤버십(in, not in)을 판단하거나, 집합 연산 기호를 사용하여 합집합(|), 교집합(&), 차집합(-)을 구하는 데 유용하다. 또한 중복 원소를 제거하는 경우에도 사용될 수 있다.

집합에 원소를 추가할 때는 add 함수를 사용하고, 제거할 때는 remove 함수를 이용한다. update 함수를 사용하면 집합에 여러 개의 원소를 한번에 추가할 수 있다.

| 프로그램 6.7 | 집합 자료형 |

```
01   # 집합 자료형 사용하기
02   s1 = set([1, 2, 3, 3, 2, 'a'])     # s1 = {1, 2, 3, 'a'}
03   s2 = {2, 3, 4, 'a'}
04   print("s1 =",s1)
05   print("s2 =",s2)
06   print("2 in s1 =", 2 in s1)        # 멤버십
07   print("5 in s2 =", 5 in s2)
08   print("s1 | s2 =", s1 | s2)        # 합집합
09   print("s1 & s2 =", s1 & s2)        # 교집합
10   print("s1 - s2 =", s1 - s2)        # 차집합
```

```
11  print("s2 - s1 =", s2 - s1)
12  s2.add(9)                       # 하나의 원소 추가
13  s1.update({4, 5, 6})            # 여러 개 원소 추가
14  s1.remove(3)                    # 원소 삭제
15  print("s1 =", s1)
16  print("s2 =", s2)
```

```
s1 = {'a', 1, 2, 3}
s2 = {'a', 2, 3, 4}
2 in s1 =  True
5 in s2 =  False
s1 | s2 = {1, 'a', 2, 3, 4}
s1 & s2 = {3, 'a', 2}
s1 - s2 = {1}
s2 - s1 = {4}
s1 = {1, 'a', 2, 4, 5, 6}
s2 = {'a', 2, 3, 4, 9}
```

핵심 개념

집합(set)은 원소의 순서가 없고 중복된 원소를 허용하지 않는 자료형이다.

6.5 | 딕셔너리

딕셔너리(dictionary)는 항목이 키(key)와 값(value)의 쌍(pair)으로 구성된 자료구조이다. 일반적인 리스트의 원소는 정수 인덱스(index)를 통해서 조회하는데 비해, 딕셔너리의 항목은 키워드 형태의 키(key)를 통해서 접근할 수 있다. 따라서 딕셔너리는 정수 인덱스보다 의미있는 단어를 사용함으로써 코드의 가독성을 높일 수 있다. 파이썬의 딕셔너리를 사용하여 지인들의 이메일 또는 전화번호를 저장하는 연락처를 만들 수 있으며, 영한사전을 구성할 수도 있다.

```
D = {'key1' : 'value1', 'key2' : 'value2', … }
```

핵심 개념

딕셔너리(dictionary)는 항목이 키(key)와 값(value)의 쌍(pair)으로 구성된 자료구조이다.

딕셔너리 항목 추가

딕셔너리는 중괄호 { }를 사용하여 선언한다. 다음은 딕셔너리 ds_scores를 2개의 항목으로 초기화하여 생성하는 명령문이다. 'kim'과 'lee'가 각 항목의 키(key)에 해당하고, 50과 70이 해당 항목의 값(value)이다.

```
>>> ds_scores = {'kim' : 50, 'lee' : 70}
>>> ds_scores
{'lee': 70, 'kim': 50}
```

딕셔너리에 또 다른 항목을 추가할 때는 다음과 같이 키(key)를 사용하여 값을 저장한다.

```
>>> ds_scores['park'] = 90
```

항목을 1개 더 추가한 후 ds_scores 딕셔너리를 조회해 보면 다음과 같은 결과를 얻을
수 있다.

```
>>> ds_scores['hwang'] = 75
>>> ds_scores
{'kim': 50, 'lee': 70, 'park': 90, 'hwang': 75}
```

딕셔너리에서 사용가능한 3가지 주요 함수와 그 기능은 표 6.2와 같다. 이 함수들의 공
통점은 결과값을 리스트 형식으로 반환한다는 점이다. items 함수는 각 항목을 튜플 리
스트로 반환한다.

표 6.2 딕셔너리 리스트의 함수

함수	기능
items()	딕셔너리의 각 항목을 (key, value) 쌍으로 변환하여 튜플 리스트로 반환한다.
keys()	딕셔너리의 각 항목에서 키(key)만을 추출하여 리스트로 반환한다.
values()	딕셔너리의 각 항목에서 값(value)만을 추출하여 리스트로 반환한다.

딕셔너리 ds_scores에 위 함수들을 실행한 결과는 다음과 같다. 딕셔너리의 key값은
리스트의 인덱스에 해당한다.

```
>>> ds_scores.items()                    딕셔너리의 항목들을 튜플 리스트로 출력
[('kim', 50), ('lee', 70), ('park', 90), ('hwang', 75)]
>>> ds_scores.keys()    ◁═══  각 항목에서 key만 출력
['kim', 'lee', 'park', 'hwang']
>>> ds_scores.values()  ◁═══  각 항목에서 value만 출력
```

```
[50, 70, 90, 75]
>>> ds_scores['hwang']
75
```

딕셔너리의 항목 삭제하기

딕셔너리의 항목을 삭제할 때는 리스트와 마찬가지로 del 키워드를 사용한다. 다음은 딕셔너리 ds_scores에서 키(key)가 'park'인 항목을 삭제하는 명령문이다.

```
>>> del ds_scores['park']
>>> ds_scores
{'kim': 50, 'lee': 70, 'hwang': 73}
```

딕셔너리의 항목 조회하기

딕셔너리의 항목을 조회할 때는 반복문을 사용하는 것이 효율적이다. items 함수는 딕셔너리에서 각 항목을 key와 value의 튜플 리스트로 반환하므로, 이 값들을 받을 수 있는 2개의 변수(person, score)가 필요하다.

또한, 딕셔너리에는 동일한 key가 2개 이상 존재할 수 없다. 따라서 항목을 추가할 경우 해당 key가 이미 존재하는지 다음 코드와 같이 not in 키워드를 통하여 확인한 후 추가하는 것이 안전하다.

```
>>> for person, score in ds_scores.items():
        print(person, '=', score)
kim = 50                    딕셔너리의 각 항목의 key와 value를 출력한다.
lee = 70
hwang = 73
>>> if 'park' not in ds_scores:
        ds_scores['park'] = 90
>>> ds_scores
{'kim': 50, 'lee': 70, 'hwang': 73, 'park': 90}
```

커피숍 평점 관리하기

커피숍의 고객 만족도 점수를 관리하는 프로그램을 딕셔너리 리스트를 사용하여 작성해 보자. 본 예제의 주요 기능은 다음과 같다.

❶ 전체 커피숍 평점 보기(show_review) : reviews 딕셔너리에 등록된 커피숍 이름과 평점을 출력한다.

❷ 커피숍 평점 추가(add_review) : 커피숍 이름을 문자열로 입력받고, 평점(1.0~5.0)을 실수로 입력받아 딕셔너리의 항목으로 추가한다(예, starbucks : 3.5).

❸ 커피숍 평점 삭제(delete_review) : 커피숍 이름을 입력받아 해당 딕셔너리 항목을 삭제한다.

❹ 커피숍 찾기(search_store) : 커피숍 이름을 입력받아 해당 평점을 출력해주고, 해당 커피숍이 발견되지 않으면 오류 메시지를 출력한다.

아래 프로그램에 추가할 기능이 있는지 연구해 보고, 필요한 메뉴와 함수를 작성해 보자.

프로그램 6.7 커피숍 평점 관리

```
01  # 커피숍의 평점을 입력받아 딕셔너리에 저장하고 탐색, 삭제를 지원하는 프로그램
02  # 메뉴 출력
03  def print_menu():
04      print('1. 전체 커피숍 평점 보기')
05      print('2. 커피숍 평점 추가 ')
06      print('3. 커피숍 평점 삭제')
07      print('4. 커피숍 찾기')
08      print('5. 종료')
09  # 전체 커피숍 평점 보기
10  def show_review(reviews):
11      print()
12      print('커피숍 평점')
```

```
13          print()
14          print('커피숍 \t     평점 ')
15          print('=====================')
16          for store in reviews:          평점값의 범위 검사
17              print(커피숍, ' \t ', reviews[store])
18          print('=====================')
19          print()
20     # 커피숍과 평점 추가하기
21     def add_review(reviews):
22          print("새 평점 추가하기 ")
23          store = input("커피숍:")

24          grade = float(input("평점 [1...5] :"))
25          while (grade < 1 or grade > 5):
26              print("(1..5 사이의 평점을 입력하세요")
27              grade = float(input("평점 [1...5] :"))
28          reviews[store] = grade
29          show_review(reviews)
30     # 커피숍 평점 삭제하기
31     def delete_review(reviews):
32          print("커피숍 평점 삭제하기 ")
33          store = input("커피숍:")          딕셔너리에 등록된 경우 출력
34          if store in reviews:
35              del reviews[store]
36          show_review(reviews)
37     # 커피숍 평점 찾기
38     def search_store(reviews):
39          print("커피숍 평점 찾기")
40          store = input("커피숍:")
41          if store in reviews:
42              print(store, " : ", reviews[store])
43          else:
44              print(store, " 자료 없음")
45
46     reviews = {}          reviews 딕셔너리 선언 및 초기화
47     choice = 0
48     print_menu()
49     while True:
50          menu = int(input())
51          if menu == 1:
52              show_review(reviews)
53          elif menu == 2:
54              add_review(reviews)
```

```
55      elif menu == 3:
56          delete_review(reviews)
57      elif menu == 4:
58          search_store(reviews)
59      if menu == 5:
60          break
61      print_menu()
```

```
1. 전체 커피숍 평점 보기
2. 커피숍 평점 추가
3. 커피숍 평점 삭제
4. 커피숍 찾기
5. 종료
2
새 평점 추가하기
커피숍:starbucks
평점 [1...5] :3.5

커피숍 평점 보기
커피숍     평점
======================
starbucks    3.5
======================

1. 전체 커피숍 평점 보기
2. 커피숍 평점 추가
3. 커피숍 평점 삭제
4. 커피숍 찾기
5. 종료
2
새 평점 추가하기
커피숍:flanel
평점 [1...5] :4.0

커피숍 평점 보기
커피숍     평점
======================
flanel       4.0
starbucks    3.5
======================
```

```
1. 전체 커피숍 평점 보기
2. 커피숍 평점 추가
3. 커피숍 평점 삭제
4. 커피숍 찾기
5. 종료
2
새 평점 추가하기
커피숍:coffee bean
평점 [1...5] :2.0

커피숍 평점 보기
커피숍    평점
=======================
flanel        4.0
starbucks     3.5
coffee bean           2.0
=======================
1. 전체 커피숍 평점 보기
2. 커피숍 평점 추가
3. 커피숍 평점 삭제
4. 커피숍 찾기
5. 종료
3
커피숍 평점 삭제하기
커피숍:coffee bean

커피숍 평점 보기
커피숍    평점
=======================
flanel        4.0
starbucks     3.5
=======================
1. 전체 커피숍 평점 보기
2. 커피숍 평점 추가
3. 커피숍 평점 삭제
4. 커피숍 찾기
5. 종료
2
커피숍 평점 추가하기
커피숍:coffee bean
평점 [1...5] :3.0
```

```
커피숍 평점 보기
커피숍      평점
=====================
flanel          4.0
starbucks       3.5
coffee bean            3.0
=====================
1. 전체 커피숍 평점 보기
2. 커피숍 평점 추가
3. 커피숍 평점 삭제
4. 커피숍 찾기
5. 종료
4
커피숍 평점 찾기
커피숍: starbucks
starbucks  :  3.5
```

01 N개의 정수를 입력받아 리스트에 저장한 후, 최대값, 최소값, 중간값(median)을 찾아 출력하는 프로그램을 작성하시오.

[기능]

- 숫자 입력을 모두 마치면 리스트를 출력한 후 최대값, 최소값, 중간값을 출력한다.
- 짝수 개의 입력을 받을 경우, 중간 두 수의 평균을 중간값으로 출력한다.
- 홀수 개의 입력을 받을 경우, 중간에 위치한 숫자를 중간값으로 출력한다.
- 아무것도 입력하지 않고 엔터키만 눌렀을 경우, 입력을 종료한다.

실행 결과

```
[짝수 개의 숫자를 입력할 경우]
숫자를 입력해주세요. 종료=[Enter] : 123
숫자를 입력해주세요. 종료=[Enter] : 234
숫자를 입력해주세요. 종료=[Enter] : 345
숫자를 입력해주세요. 종료=[Enter] : 456
숫자를 입력해주세요. 종료=[Enter] : 567
숫자를 입력해주세요. 종료=[Enter] : 678
숫자를 입력해주세요. 종료=[Enter] : 789
숫자를 입력해주세요. 종료=[Enter] : 890
숫자를 입력해주세요. 종료=[Enter] :
[123, 234, 345, 456, 567, 678, 789, 890]
최대값   890
최소값   123
중간값   511.5

[홀수 개의 숫자를 입력할 경우]
숫자를 입력해주세요. 종료=[Enter] : 22
숫자를 입력해주세요. 종료=[Enter] : 44
숫자를 입력해주세요. 종료=[Enter] : 66
숫자를 입력해주세요. 종료=[Enter] : 88
숫자를 입력해주세요. 종료=[Enter] : 100
숫자를 입력해주세요. 종료=[Enter] :
[22, 44, 66, 88, 100]
최대값   100
최소값   22
중간값   66
```

02 파이썬의 딕셔너리(dictionary)를 이용하여 영한 사전을 구현하시오.

[기능]
[메뉴 출력]

```
=======영한사전========
1. 단어 추가
2. 단어 조회/수정
3. 단어 삭제
4. 전체 단어 출력
5. 종료
=====================
```

[단어 추가]
① 빈 칸인 상태에서 엔터키 눌렀을 경우 입력 종료
② 단어가 딕셔너리에 존재하는지 확인한 후 저장
③ 딕셔너리에 이미 존재하는 단어일 경우 "이미 존재하는 단어입니다" 출력 후 재입력

```
선택 1
단어를 입력하세요. 종료=[Enter] : serendipity
뜻을 입력하세요 : 우연한발견
단어를 입력하세요. 종료=[Enter] : impromptu
뜻을 입력하세요 : 즉흥적인
단어를 입력하세요. 종료=[Enter] : celebrity
뜻을 입력하세요 : 유명인
단어를 입력하세요. 종료=[Enter] : sporadically
뜻을 입력하세요 : 산발적으로
단어를 입력하세요. 종료=[Enter] : celebrity
이미 존재하는 단어입니다
```

[단어 조회/수정]
① 단어가 딕셔너리에 존재하는지 확인 후 출력
② 수정할 경우 단어와 뜻 재입력, 수정하지 않을 경우 조회/수정 종료
③ 단어가 존재하지 않는 경우 "○○○은(는) 사전에 존재하지 않습니다." 출력

```
선택 2

조회할 단어를 입력하세요. 종료=[Enter] : serendipity

단어 serendipity
뜻  우연한발견
```

> 수정하시겠습니까(y/n) : y
> 단어 : serendipity
> 뜻 : 뜻밖의재미
> 수정되었습니다

[단어 삭제]
① 딕셔너리에 존재할 경우 삭제
② 딕셔너리에 존재하지 않을 경우 삭제 메뉴 종료

> 선택 3
> 삭제할 단어를 입력하세요. 종료=[Enter] :sporadically
> sporadically 가 삭제되었습니다

[전체 단어 출력]
딕셔너리에 존재하는 모든 단어 출력

> 선택 4
> serendipity   우연한발견
> impromptu   즉흥적인
> celebrity   유명인
> sporadically   산발적으로

01 다음 명령문의 실행 결과를 쓰시오.

```
list (range(2, 17, 3))
list (range(15, 3, -2))
```

02 다음 명령문의 실행 결과를 쓰시오.

```
word = "ilovepython"
print(word[ : : -1 ])
print(word[ 4 : ])
print(word[ 3 : 6 ])
print(word[ : ])
print(word[ -7 : -3 ])
print(word[ -1 : -6 : -1 ])
```

03 다음 명령어가 순서대로 실행될 경우 출력 결과를 쓰시오.

```
keyword = ['g', 'r', 'a', 'p', 'h', 'i', 'c']
print(sorted(keyword))
keyword.reverse()
print(keyword)
keyword.sort(reverse = True)
print(keyword)
```

04 다음은 2진수를 10진수로 변환하는 프로그램이다. 실행 결과와 같이 출력되도록 알맞는 명령어를 채우시오.

```
binary = [1, 1, 1, 1, 0, 1, 1]
decimal = 0
i = 0
while _____:
    digit = _____
    decimal = _____
    i = i + 1
print(decimal)
```

<실행결과>
123

05 주어진 리스트를 홀수와 짝수 리스트로 분리하는 함수를 재귀문으로 작성하려고 한다. 빈칸에 알맞는 명령어를 채우시오.

```python
odd = []
even = []
def searchn(lst):
    if _____:
        return 0
    elif _____:
        odd.append(_____)
        n = _____
        return _____
    else:
        even.append(_____)
        n = _____
        return _____
n = searchn([23, 38, 47, 16, 55,
69, 72])
print("number odd num = ", n)
print("odd list = ", odd)
print("even list = ", even)
```

```
<실행결과>
number odd num = 4
odd list = [23, 47, 55, 69]
even list = [38, 16, 72]
```

06 어느 해의 최저기온을 찾는 프로그램이다. 코드를 완성하시오.

```python
data = [27.9, 29.3, 21.3, 29.9, 29.6, 32.5, 29.7, 26.3, 31.8, 34.3,
36.0, 28.0, 24.9, 31.4, 33.9, 28.9, 21.6, 27.8, 29.8, 31.2, 29.6,
31.7, 32.1, 24.4, 26.4, 30.0, 30.0, 31.2, 28.8, 33.1, 32.4]
num = 0
lowday = 0
low = _____
for temp in data:
    num = num + 1
    if _____:
        _____
        _____
print("월 최저기온 %d 일: %d 도" % (lowday, low))
```

07 **최대값, 최소값, 중간값 찾기**

사용자로부터 n개의 정수를 입력받아 리스트에 저장한 후 리스트 원소들의 최대값, 최소값
(median)을 찾는 프로그램을 작성하시오. 중간값이란 리스트 원소를 오름차순 정렬했을 때 중간 위치에
저장된 값을 말한다. 원소가 짝수 개일 경우 중간 두 수의 평균으로 중간값을 정한다.

08 **소수 찾기**

1부터 10,000까지와 1부터 100,000까지의 소수(prime number)를 각각 찾는 프로그램을 작성하고 걸리
는 시간을 측정하여 시, 분, 초 단위로 구분하여 출력하시오.

09 Palindrome 예제를 확장하여, 반복적으로 입력된 문자열의 Palindrome 여부를 확인하고, 빈 문자열
(empty string)이 입력되면 종료되도록 수정하시오.

10 커피숍 평점 문제에서 평가 횟수가 가장 많은 커피숍을 찾는 기능을 추가하시오.

11 선형 큐 만들기

리스트를 이용하여 실행 결과와 같이 동작하는 선형 큐(linear queue)를 구현하시오. 큐는 가장 먼저 리스트에 삽입된 항목이 먼저 제거되는 선입선출 형식의 자료구조이다. 큐에 원소를 삽입하는 기능(add)과 큐에 가장 먼저 삽입된 원소를 삭제하는 기능(delete), 큐의 전체 내용과 원소 수를 출력하는 기능(list)을 구현하시오.

```
<원소 추가>
추가할 원소를 입력하세요 : 3
Q = [ 3 ]
추가할 원소를 입력하세요 : 5
Q = [ 3 , 5 ]
추가할 원소를 입력하세요 : 7
Q = [ 3 , 5, 7 ]

<원소 삭제>
원소를 삭제할까요? y
Q = [5, 7]
삭제된 원소 : 3

<큐 출력>
Q = [3, 5, 7]
원소수 : 3개
```

MEMO

함수

7.1 | 함수

함수란 무엇인가?

함수란 무엇인가? 여러 가지 설명이 가능하나 여기에서는 다음과 같은 간단한 그림으로 설명한다. 즉 함수 f는 값 x를 받아서 어떤 계산을 수행하여 결과값 y = f(x)를 돌려준다.

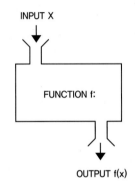

그림 7.1   함수의 역할

예를 들어 10% 할인 중인 상품의 가격을 계산하는 간단한 함수를 하나 생각해 보자. 이 함수는 정상 가격을 나타내는 값(x)을 받아 값의 10%를 뺀 할인 가격을 계산하여 결과값으로 돌려준다.

```
f(x) = x - x * 0.1
```

이 함수에 48000을 값으로 주면 결과값 43200을 돌려준다. 또한 120000과 같은 다른 값에도 적용할 수 있다.

```
f(48000) = 43200
f(120000) = 108000
```

일반적으로 프로그램에서 어떤 작업을 수행하는 코드가 반복적으로 사용될 때 이를 함수로 정의해서 사용한다. 이렇게 하면 복잡한 프로그램을 여러 개의 함수로 나누어 구성할 수 있으며 프로그램을 보다 효과적으로 작성할 수 있다.

예를 들어 본인을 소개하는 코드가 반복해서 사용되면 이를 함수 형태로 작성해서(프로그램 7.4 참조) 다음과 같이 각 사람(홍길동, 이몽룡, 성춘향)을 소개하도록 이를 호출해서 사용할 수 있다.

파이썬에서는 기본적으로 자주 사용되는 함수를 내장 함수(built-in function), 수학함수 등으로 미리 정의하여 제공한다. 사실 우리가 이미 사용한 input(), int(), range() 등은 내장 함수들이다(7.4절 참조). 또한 필요에 따라 새로운 함수를 정의해서 사용할 수 있다.

함수 정의 및 호출

함수를 정의한다는 것은 새로운 함수를 만드는 것이라고 할 수 있다. def 키워드를 이용해서 새로운 함수를 정의할 수 있다. def 키워드 다음에 정의할 함수명과 매개변수를 쓴다. **매개변수**(parameter)는 함수가 인수 값을 받기 위한 변수이며, **함수본체**(function body)는 이 함수가 수행할 실행 문장들이다.

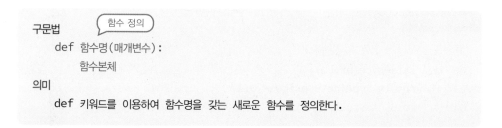

구문법　　　함수 정의

　　def 함수명(매개변수):
　　　　함수본체

의미

　　def 키워드를 이용하여 함수명을 갖는 새로운 함수를 정의한다.

핵심 개념

def 키워드를 이용해서 새로운 함수를 정의할 수 있다.

보통 함수는 본체 내에서 다음과 같은 return 문으로 함수의 결과값을 반환하는데 이를 **반환값**(return value)이라고 한다.

```
return <수식>
```

정의된 함수를 호출하여 실행하는 것을 **함수 호출**(function call)이라고 한다. 함수를 호출한다는 것은 정의된 함수의 코드를 실행하는 것이다. 다음과 같이 함수를 호출할 때 전달하는 값을 인수(argument)라고 하며 인수는 대응되는 매개변수에 전달된다.

구문법 〔함수 호출〕
함수명(인수)
의미
함수명을 갖는 함수를 호출한다.

> **핵심 개념**
>
> 정의된 함수를 호출하여 실행하는 것을 함수 호출(function call)이라고 한다. 함수가 호출될 때 인수는 대응하는 매개변수에 대입된다.

함수의 예

예를 들어 프로그램 7.1과 같이 10% 할인 가격을 계산하는 함수를 작성해 보자. 이 함수는 원래 가격을 나타내는 price 값에서 이 값의 10%에 해당하는 할인액을 뺀 할인 가격을 계산해서 이 값을 함수 호출자에게 되돌려준다.

프로그램 7.1 **10% 할인 가격 계산 함수**

```
01  # 10% 할인 가격 계산 함수
02  def salePrice(price):
03      result = price - price * 0.1
04      return result
```

실행 결과

```
>>> salePrice(48000)
```

```
43200.0
>>> salePrice(120000)
108000.0
```

이 함수를 호출해 보자. 첫 번째는 가격 48000에 대해서 호출하고 두 번째는 가격 120000에 대해서 호출한다. 예를 들어 48000을 인수로 해서 정의된 함수 salePrice를 호출하면 10% 할인 가격인 43200.0을 계산하여 결과값으로 반환한다. 이 함수 호출에서 반환까지의 과정은 그림 7.2와 같이 표현할 수 있다.

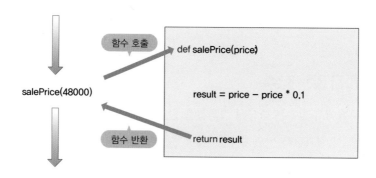

그림 7.2 함수 호출과 반환

이 함수를 호출할 때 전달하는 값 48000은 인수이고, 인수로 전달된 값을 받기 위해 함수 내부에 선언된 변수 price는 매개변수이다. 이 함수는 하나의 매개변수를 사용하는데 필요에 따라 여러 개의 매개변수들을 사용하는 것도 가능하다. 예를 들어 할인마다 할인율이 다를 수 있으므로 이러한 상황을 반영하여 프로그램 7.2와 같이 salePrice 함수를 가격뿐만 아니라 할인율도 매개변수로 받아 할인율에 따라 할인 가격을 계산하도록 작성할 수 있다.

프로그램 7.2   할인율을 받는 할인 가격 계산 함수

```
01    # 가격과 할인율을 매개변수로 받는 할인 가격 계산 함수
02    def salePrice(price, rate):
03        result = price * (1 - rate/100)
04        return result
```

```
>>> salePrice(48000, 30)
33600.0
>>> salePrice(120000, 20)
96000.0
```

필요에 따라 다른 할인율로 이 함수를 호출할 수 있다. 예를 들어 이 함수를 가격 48000 과 30% 할인율로 호출하는 경우에 가격 48000은 매개변수 price에 전달되고 할인율 30은 매개변수 rate에 전달되어 할인 가격을 계산한다. 또한 다른 가격과 할인율로 호출할 수 있다.

값을 반환하지 않는 함수

이론적으로 수학에서 함수는 반드시 결과값을 반환하여야 한다. 그러나 파이썬 언어에서는 함수가 반드시 결과값을 반환해야만 하는 것은 아니다. 따라서 위의 함수를 7.3과 같이 결과값을 반환하는 대신에 할인 가격을 출력하도록 작성하는 것도 가능하다.

프로그램 7.3 **할인 가격을 출력하는 함수**

```
01  # 가격과 할인율을 매개변수로 받아 할인 가격을 출력하는 함수
02  def salePrice(price, rate):
03      result = price * (1 - rate/100)
04      print("할인 가격:", result)
```

실행 결과

```
>>> salePrice(48000, 30)
할인 가격: 33600.0
```

또 다른 예로 프로그램 7.4와 같이 인수 값에 따라서 나를 소개하는 함수를 작성해보자. 이 함수는 이름, 대학교, 학년에 따라 자신을 소개하는 글을 출력한다.

프로그램 7.4 **나를 소개하는 함수**

```
01    # 나를 소개하는 함수
02    def myintro(name, univ, grade):
03        print("나의 이름은 %s입니다." %name)
04        print("%s대학교 %d학년 학생입니다." %(univ, grade))
```

실행 결과

```
>>> myintro("홍길동", 20, "한국", 1)
나의 이름은 홍길동입니다."
한국대학교 1학년 학생입니다.
```

매개변수 전달

함수가 호출될 때 인수가 매개변수에 전달되는데 이를 **매개변수 전달**(parameter passing)이라고 한다. 인수는 함수가 호출될 때 전달되는 값이고, 매개변수는 이 값을 전달받기 위해 함수 내에 선언된 변수로 함수 내에서만 사용 가능한 일종의 지역 변수이다.

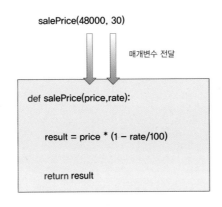

그림 7.3 인수를 매개변수에 전달

예를 들어 프로그램 7.2의 salePrice() 함수를 가격 48000과 할인율 30%로 호출하는 경우에 그림 7.3에서 보는 것처럼 가격 48000과 할인율 30은 인수로 순서대로 매개변수 price와 rate에 전달된다. 함수가 호출될 때 이와 같이 인수들을 매개변수의 순서대로 전달하는 방식을 **위치 매개변수**(positional parameter) 방식이라고 한다.

지금까지 함수 호출에서는 인수로 문자열이나 숫자 리터럴을 사용하였는데 인수로 변수나 수식을 사용하는 것도 가능하다. 이러한 경우에는 다음과 같이 변수나 수식의 값이 계산되어 전달된다.

```
>>> myname = "홍길동"
>>> mygrade = 1
```

```
>>> myintro(myname, "한국", mygrade)
나의 이름은 홍길동입니다.
한국대학교 1학년 학생입니다.
>>> a = 10000
>>> b = 20
>>> salePrice(a * 2, b)
16000.0
```

디폴트 매개변수

함수를 정의할 때 매개변수의 디폴트 값을 설정할 수 있으며, 함수를 호출할 때 해당 매개변수에 대응하는 인수 값을 주지 않은 경우에는 디폴트 값이 사용된다. 예를 들어 프로그램 7.5와 같이 할인 가격 계산함수에서 할인율 rate의 디폴트 값을 10으로 설정할 수 있으며 다음과 같이 해당 인수를 주지 않고 이 함수를 호출하면 디폴트 값 10을 사용하여 할인 가격을 계산한다.

프로그램 7.5 **디폴트 매개변수를 사용하는 할인 가격 계산 함수**

```
01    # 가격과 할인율을 매개변수로 받아 할인 가격을 출력하는 함수
02    def salePrice(price, rate=10):  ← 디폴트 매개변수
03        result = price * (1 - rate/100)
04        print("할인 가격:", result)
```

실행 결과

```
>>> salePrice(48000)
할인 가격: 43200.0
```

디폴트 매개변수를 선언할 때 한 가지 주의해야 할 점은 일반 매개변수를 먼저 선언하고 이어서 디폴트 매개변수 순으로 선언해야 한다는 점이다. 이렇게 하는 이유는 함수를 호출할 때 제공하는 인수들을 일반 매개변수에 우선 전달하고 인수가 부족하면 디폴트 매개변수의 디폴트 값을 사용하기 위해서다. 예를 들어 위의 함수를 다음과 같이 정의하면 이는 오류이다.

```
>>> def salePrice(rate=10, price):
    pass
SyntaxError: non-default argument follows default argument
```

함수를 정의할 때 여러 개의 매개변수를 디폴트 값으로 설정하는 예를 살펴보자. 프로그램 7.6의 sigma 함수는 0부터 n까지의 합을 계산하여 반환한다. 시작 값 start는 0으로, 마지막 값 end는 100으로 디폴트 값을 설정하였다. sigma() 호출은 디폴트 값을 사용하여 0부터 100까지 합을 계산하고 sigma(10)은 start에 10이 전달되므로 10부터 100까지 합을 계산한다. sigma(1,200)은 1부터 200까지 합을 계산한다.

프로그램 7.6   디폴트 매개변수를 사용하는 시그마 함수

```
01  # 가격과 할인율을 매개변수로 받아 할인 가격을 출력하는 함수
02  def sigma(start = 0 , end = 100):
03      sum = 0
04      for i in range(start, end+1):
05          sum += i
06  return sum
```

실행 결과

```
>>> sigma()
5050
>>> sigma(10)        # start가 10으로 설정
5005
>>> sigma(1, 200)    # start=1, end=200으로 설정
20100
```

키워드 매개변수

함수 호출에서 지금까지 사용한 매개변수 전달 방식은 위치 매개변수 방식이다. 이와 달리 직접 매개변수명을 지정하여 인수를 전달할 수 있는데 이러한 방식을 **키워드 매개변수(keyword parameter)** 방식이라고 한다. 이 방식은 매개변수명을 사용하므로 매개변수의 순서는 상관 없다.

예를 들어 다음과 같이 키워드 매개변수 방식을 이용하여 sigma 함수를 호출할 수 있다.

❶ 첫 번째는 start 값만 지정하고 end 값은 디폴트 값이 된다.

❷ 두 번째는 2는 위치 매개변수 방식으로 전달하고 다음으로 end 값을 지정한다.

❸ 세 번째는 키워드 매개변수 방식으로 start와 end 값을 지정했다.

❹ 네 번째는 키워드 매개변수 방식을 사용하면 매개변수 순서가 상관 없다는 것을 보여준다.

실행 결과

```
>>> sigma(start=10)
5005                          위치 매개변수, 키워드 매개변수
>>> sigma(2, end=100)
5049
>>> sigma(start=10, end=100)
5005
>>> sigma(end = 100, start = 10)
5005
```

주의할 점은 호출 시에 위치 매개변수를 사용하려면 먼저 위치 매개변수에 인수를 전달하고 그 다음에 키워드 매개변수로 전달해야 한다는 것이다.

가변 매개변수 🚀 고급 주제

파이썬은 함수에 **가변 매개변수(variable parameter)**를 지원한다. 가변 매개변수는 정해지지 않은 여러 개의 인수를 받을 수 있는 매개변수이다. 가변 매개변수는 다음과 같이 마지막 매개변수로 선언할 수 있으며 일반 매개변수와 다르게 매개변수명 앞에 *을 붙여서 선언한다.

가변 매개변수

```
def 함수이름(매개변수, …, *매개변수):
    함수본체
```

여러 개의 인수로 이 함수를 호출하면 이 가변 매개변수는 인수들을 튜플 형태로 받게 된다. 예를 들어 프로그램 7.7과 같이 인수의 개수와 상관없이 여러 개의 인수들의 합을 계산하여 n를 곱하는 함수를 정의할 수 있다. 이를 호출할 때 실행 결과와 같이 n의 값과 더하고자 하는 만큼 인수들을 줄 수 있다. 첫 번째 호출의 경우에 2는 n에 전달되고 나머지 인수들은 다음과 같이 튜플 형태로 가변 매개변수 args에 전달되어 이들을 하나씩 더하게 된다.

```
args = (1, 2, 3, 4, 5)
```

가변 매개변수를 사용하는 함수

```
01    # 가변 매개변수로 인수들의 합을 계산하는 함수
02    def def sum_times(n, *args):
03        sum = 0                         ⟵ 가변 매개변수
04        for i in args:
05            sum += i
06    return n*sum
```

실행 결과

n에 전달   args에 전달

```
>>> sum_times(2, 1, 2, 3, 4, 5)
30
>>> sum_times(3, 1, 2, 3, 4, 5, 6, 7, 8, 9, 10)
165
```

7.3 | 지역 변수와 전역 변수

지역 변수

프로그램 7.2에서 변수 result는 함수 내에서 선언된 변수이다. 이렇게 함수 내에서 선언된 변수는 함수 내에서만 사용될 수 있으며 이러한 변수를 **지역 변수**(local variable)라고 한다. 이렇게 선언된 변수가 사용될 수 있는 범위를 **영역** 또는 **유효범위**(scope)라고 하는데 함수 내에서 선언된 변수는 그 유효범위가 함수 내부이므로 지역 변수라고 한다.

그림 7.4 함수 내 지역 변수

따라서 다음과 같이 함수 호출 후에 함수 밖에서 result 변수를 사용하면 오류가 발생한다. 이 오류 메시지의 의미는 result라는 이름은 정의되어 있지 않다(not defined)는 것인데 이는 이 변수가 함수 밖에서는 유효하지 않아 사용할 수 없기 때문이다.

```
>>> salePrice(48000, 30)
33600.0
>>> print(result)
Traceback (most recent call last):
  File "<pyshell#33>", line 1, in <module>
    print result
NameError: name 'result' is not defined
```

프로그램 7.2에서 price나 rate와 같은 매개변수도 함수 내에서 선언되어 함수 내에서만 사용 가능하므로 일종의 지역 변수로 볼 수 있다.

함수 내에서 생성된 변수는 그 함수 내에서만 사용될 수 있으며 이러한 변수를 **지역 변수(local variable)**라고 한다. 함수 밖에서 생성된 변수는 어느 함수 내에서도 사용 가능하며 이러한 변수를 **전역 변수(global variable)**라고 한다.

전역 변수

지역 변수와 달리 함수 밖에서 생성된 변수는 어느 함수 내에서도 사용 가능하다. 이러한 변수를 **전역 변수(global variable)**라고 한다. 일반적으로 함수 내에서 생성된 지역 변수와 함수 밖에서 생성된 전역 변수는 그림 7.5와 같다. 이 그림에서 변수 x는 함수1에서만 사용 가능한 지역 변수이고 변수 y는 함수3에서만 사용 가능한 지역 변수이다. 변수 z는 프로그램 내 어디서나 사용 가능한 전역 변수로 어떤 함수 내에서도 사용 가능하다.

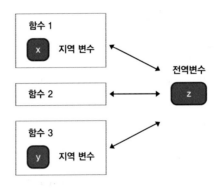

그림 7.5   지역 변수와 전역 변수

예를 들어 프로그램 7.8과 같이 할인율을 나타내는 변수 rate를 전역 변수로 선언해 보자. 이 변수는 salePrice 함수 내에서도 사용할 수 있다. 실행 결과를 보면 할인율을 20%로 설정하고 salePrice를 호출하면 20% 할인된 금액인 38400.0을 출력하고 30%로 설정하고 호출하면 30% 할인된 금액인 33600.0을 출력하는 것을 확인할 수 있다.

그림 7.6   함수 내 지역 변수와 전역 변수

참고로 rate와 같이 매개변수로 선언할 수 있는 변수를 전역 변수로 선언해서 사용하는 것은 좋은 프로그래밍 습관이 아니다. 왜냐하면 이렇게 전역 변수로 선언된 변수는 이 함수뿐만 아니라 다른 함수들도 사용할 수 있기 때문이다.

프로그램 7.8 할인율 rate를 전역 변수로 사용한 함수

```
01  # 할인 가격 계산 함수를 활용하는 프로그램
02  rate = 20          전역 변수 생성
03
04  # 할인율을 전역 변수로 사용한 할인 가격 계산 함수
05  def salePrice(price):
06      result = price * (1 - rate/100)
07      return result
08
09  original = int(input("가격을 입력하세요:"))
10  print("원래 가격:", original)
11  print(rate, "% 할인 가격:", salePrice(original))
12  rate = 30
13  print(rate, "% 할인 가격:", salePrice(original))
```

실행 결과

```
가격을 입력하세요:48000
원래 가격: 48000
20 % 할인 가격: 38400.0
30 % 할인 가격: 33600.0
```

전역 변수 값 수정

함수 내에서 전역 변수 값을 수정하려면 어떻게 해야 할까? 이를 위해서는 함수 내에서 사용하려는 전역 변수를 먼저 global로 선언해야 한다. 예를 들면 프로그램 7.9와 같이 rate를 global로 선언하면 그 다음부터 사용하는 rate는 전역 변수를 나타내며 수정할 수 있다. 따라서 함수 호출 후에 전역 변수 rate 값이 수정되었음을 확인할 수 있다.

프로그램 7.9 　　**전역 변수 값 수정**

```
01   # 전역 변수 변경을 시도하는 프로그램 2
02
03   rate = 20
04   def salePrice(price) :
05       global rate          ⟸ 전역 변수 선언
06       rate = 30                              # 혹은 rate = rate + 10
07       result = price * (1 - rate/100)
08       return result
09
10   print(salePrice(50000))
11   print(rate)
```

실행 결과

```
35000.0
30
```

핵심 개념

함수 내에서 전역 변수 값을 수정하려면 전역 변수를 먼저 global로 선언해야 한다.

전역 변수 사용에서 주의!

앞서 설명한 것처럼 전역 변수 값을 수정하려면 반드시 전역변수를 global로 선언해야 한다. 만약 global로 선언하지 않고 함수 내에서 대입문으로 전역 변수 값을 수정하려고 시도하면 파이썬은 자동적으로 그 이름에 해당하는 새로운 지역 변수를 만들어 낸다.

예를 들어 프로그램 7.10과 같이 대입문으로 전역 변수 rate 값을 30으로 수정하려고 하면 그림 7.7과 같이 rate는 자동적으로 새로운 지역 변수로 생성된다. 따라서 함수 호출 후에 rate 값을 출력해 보면 전역 변수 rate 값은 변경되지 않고 그대로 20임을 확인할 수 있다.

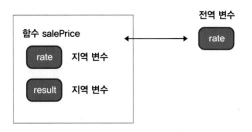

그림 7.7   전역 변수 수정 시도

전역 변수 값 수정 시도

```
01  # 전역 변수 값의 수정을 시도하는 프로그램
02
03  rate = 20
04  def salePrice(price):
05      rate = 30
06      result = price * (1 - rate/100)
07      return result
08  print(salePrice(50000))
09  print(rate)
```

실행 결과

```
35000.0
20
```

7.4 | 라이브러리 함수 활용

파이썬의 내장 함수

파이썬은 프로그래머들이 자주 사용하는 연산들을 내장 함수(built-in function) 형태로 제공한다. 내장 함수는 파이썬이 기본적으로 제공하는 함수라고 생각하면 된다. 예를 들어 여러 수 중 가장 큰 값을 결정하기 위해서는 꽤 복잡한 비교를 수행해야 하는데 내장 함수 max()를 사용하면 이를 간단히 해결할 수 있다.

세 수 중 큰 수를 결정하는 프로그램 7.11의 실행 과정은 다음과 같다.

❶ 세 수를 입력받아 각각 변수 val1, val2, val3에 저장한다.

❷ 내장 함수 max는 이 세 값을 받아 이 중 가장 큰 수를 계산하여 그 결과값을 되돌려준다.

```
max_value = max(val1,val2,val3)
```

❸ 변수 max_value에 이 결과값을 저장한 후에 이를 출력한다.

프로그램 7.11   세 수 중 큰 수 결정

```
01   # 세 수 중 큰 수를 결정하는 프로그램
02
03   print("세 개의 수를 입력하세요")
04   val1 = float(input())
05   val2 = float(input())
06   val3 = float(input())
07   max_value = max(val1,val2,val3)
08   print("가장 큰 수: ", max_value)
```

실행 결과

```
세 개의 수를 입력하세요
5890.2
5980.4
3567.0
가장 큰 수: 5980.4
```

표 7.1은 파이썬이 기본적으로 제공하는 내장 함수들이다. 이미 사용했던 input(), int(), round(), max() 등을 포함한다. 내장 함수의 인수 중에 이탤릭체로 된 인수는 옵션이다. 예를 들어 우리가 이미 사용해 본 int(s, base) 함수는 문자열 s를 정수로 변환하여 반환한다. base는 기수를 나타내고 옵션으로 생략 가능하며 base가 생략된 경우에는 10진수로 가정한다. 예를 들어 int("101", 2)는 2진수 101이므로 정수 5를 반환하고 int("101")은 10진수 101이므로 정수 101를 반환한다.

표 7.1 주요 수학 내장 함수

수학 내장 함수	설명
abs(x)	x의 절대값을 계산하여 반환한다.
bin(x)	정수값을 이진문자열로 변경하여 반환한다
int(s, base)	문자열 s를 정수로 변환하여 반환한다. base는 옵션으로 기수를 나타낸다.
float(s)	문자열 s를 실수로 변환하여 반환한다.
len(x)	순서열 x의 길이를 구한다
max(iterable) max(arg1, arg2, *args)	순서열 중에서 가장 큰 값을 가진 객체를 구하여 반환한다. 인수로 받은 값들 중 가장 큰 값을 구하여 반환한다.
min(iterable) min(arg1, arg2, *args)	순서열 중에서 가장 작은 값을 가진 객체를 구하여 반환한다 인수로 받은 값들 중 가장 작은 값을 구하여 반환한다
pow(x,y)	x의 y승을 계산하여 반환한다.
range(stop) range(start, stop, step)	주어진 범위의 값으로 리스트를 생성하여 반환한다. step은 증가값을 나타내는 옵션이다.
input(prompt)	표준입력을 통해 문자열을 입력받아 반환한다. prompt는 옵션으로 프롬프트로 출력할 문자열이다.
round(number, ndigit)	숫자 number를 반올림하여 반환한다. ndigit은 옵션으로 소수점 이하 몇 자리까지 남길 것인지를 지정한다.
sorted(iterable, key, reverse)	순서열을 정렬한 사본을 생성한다. 옵션으로 기준 키를 지정하거나, 역방향으로 정렬할 수 있다.
sum(iterable, start)	순서열 원소의 합을 구하여 반환한다. start는 옵션으로 시작 위치를 지정한다. 끝위치는 지정할 수 없다.

점수나 소득과 같은 데이터를 활용할 때 평균(mean) 개념이 많이 사용된다. 이를 위해 데이터 리스트를 인수로 받아 평균을 계산하는 함수를 작성해 보자. 평균을 계산하는 mean 함수는 다음과 같이 내장 함수를 이용하면 간단하게 작성할 수 있다. 먼저 내장 함수 sum(x)를 이용하여 리스트 내에 있는 값들을 더하고 이 값들의 개수를 나타내는 리스트의 길이 len(x)로 나누면 된다.

```
# 평균 계산 함수
def mean(x):
    return sum(x) / len(x)
```

응용 중앙값 계산

중앙값은 여러 개의 값들이 있을 때, 그 값들을 크기 순으로 정렬했을 때 가장 가운데에 위치한 값을 말하는데 중앙값을 계산하는 median 함수는 프로그램 7.12와 같이 작성할 수 있다. 이 프로그램의 실행 과정은 다음과 같다.

❶ 먼저 리스트의 크기를 len(x)로 계산하고 리스트 내의 값들을 sorted() 내장 함수를 사용하여 크기 순으로 정렬한다.

❷ 리스트 내의 값의 개수가 홀수일 때, 가장 가운데(mid = n//2) 값(x[mid])을 선택하면 된다.

❸ 그러나 짝수 개 있을 때에는 가운데 값은 없으므로 가장 가운데의 양쪽 값 2개를 선택한 후, 그 두 값의 산술평균을 구해서 중앙값을 계산한다.

프로그램 7.12   중앙값 계산 함수

```
01   # 중앙값 계산 함수
02   def median(x):
03       n = len(x)
04       x = sorted(x)
05       mid = n // 2
06       if n % 2 == 1:
07           return x[mid]
08       else:
09           low = mid -1
10           high = mid
11           return (x[low] + x[high])/2
```

예를 들어 다음과 같이 여러 사람의 소득을 나타내는 데이터 리스트가 있을 때 이 함수들을 이용하여 소득의 평균과 중앙값을 계산할 수 있다.

실행 결과

```
>>> incomes = [8800, 3500, 5600, 7500, 3900, 6000, 5200, 4100, 9000,
6500]
```

```
>>> mean(incomes)
607.0
>>> median(incomes)
5800.0
```

응용 체질량지수 계산

3장 프로그램 3.7에서 살펴본 예제를 체질량지수를 계산하는 함수로 정의해 보자. 이 함수는 다음과 같이 간단하게 정의할 수 있다.

```
def bmi(height, weight):
    return weight / (height/100 * height/100)
```

$$BMI = \frac{체중(kg)}{신장(m)^2}$$

BMI 산출 공식

그림 7.8 BMI 산출 공식

이 함수를 이용하여 키와 몸무게 리스트를 받아서 체질량지수 리스트를 계산하는 함수를 작성해 보자. 프로그램 7.8에 정의된 이 함수의 실행 과정은 다음과 같다.

❶ 여러 사람의 키와 몸무게 리스트를 매개변수로 받는다.
❷ bmi 함수를 호출하여 각 사람의 체질량지수를 계산하여 체질량지수 리스트를 구성한다.
❸ 이 체질량지수 리스트를 반환한다.

5명의 키와 몸무게를 포함하는 샘플 리스트에 대하여 이 함수를 호출해 보고 그 결과인 5명의 체질량지수 리스트를 출력해 보자.

프로그램 7.13 체질량지수 계산 함수

```
01   # 키와 몸무게 리스트를 받아 체질량지수 리스트를 계산하는 함수
02   def bmilist(height_weight_list) :
03       list = []
04       for h, w in height_weight_list:
```

```
05          list.append(bmi(h,w))
06      return list
```

```
>>> list1 = [(160,52), (162,65), (170,60), (157,50), (165,48)]
>>> result = bmilist(list1)
>>> print(result)
[20.3125, 24.767565919829295, 20.761245674740483, 20.28479857195018,
17.63085399449036]
```

math 모듈

파이썬은 기본적인 연산들은 내장 함수 형태로 제공하고 그 외에 다양한 수학 함수들은 라이브러리 모듈로 제공한다. 표 7.2는 math 모듈이 제공하는 대표적인 수학 상수와 함수들이다. 예를 들어 math.sqrt(x) 함수는 x의 제곱근을 계산하여 반환한다. 이 수학 라이브러리 모듈 이름이 math이며 이를 사용하기 위해서는 먼저 다음과 같이 해당 모듈을 불러와야 한다.

```
import math
```

표 7.2 math 모듈이 제공하는 수학 상수 및 함수

수학 상수 및 함수	설명
math.pi	원주율 (Pi) 값이다.
math.acos(x)	주어진 코사인 값 x을 갖는 각도(라디안 표시)를 계산하여 반환한다. 결과는 0 ~ pi(3.14) 사이의 값이다.
math.asin(x)	주어진 사인 값 x을 갖는 각도(라디안 표시)를 계산하여 반환한다. 결과는 0 ~ pi(3.14) 사이의 값이다.
math.atan(x)	주어진 탄젠트 값 x을 갖는 각도(라디안 표시)를 계산하여 반환한다. 결과는 0 ~ pi(3.14) 사이의 값이다.
math.ceil(x)	입력한 소수보다 큰 값의 가장 작은 정수를 계산하여 반환한다. 예를 들어 math.ceil(32.233)의 결과는 33이다.
math.cos(x)	라디안으로 주어진 각도 x의 코사인 값을 계산하여 반환한다.
math.degrees(r)	라디안으로 주어진 각 x을 "도"로 변경한다.
math.e	상수 e, 약 2.718281이다.
math.exp(x)	e의 x 승인 e^x를 계산하여 반환한다.

math.fabs(x)	x의 절대값을 계산해서 반환한다.
math.factorial(x)	x의 계승인 x!을 계산해서 반환한다.
math.floor(x)	입력한 소수보다 작은 값의 가장 큰 정수를 계산하여 반환한다. 예를 들어 math.floor(32.233)의 결과는 32이다.
math.log(x, b)	입력한 수의 기수 b의 로그 값을 계산하여 반환한다. b는 옵션이며 사용하지 않으면 e를 사용한다.
math.log10(x)	주어진 수의 기수 10의 로그 값을 계산하여 반환한다.
math.pow(x, y)	x의 y 승을 계산하여 반환한다.
math.radians(d)	"도"로 주어진 각을 "라디안"으로 변경하여 반환한다.
math.sin(x)	라디안으로 주어진 각도 x의 사인 값을 계산하여 반환한다.
math.sqrt(x)	주어진 수 x의 제곱근을 계산하여 반환한다.
math.tan(x)	라디안으로 주어진 각도 x의 탄젠트 값을 계산하여 반환한다.

핵심 개념

math는 수학과 관련한 다양한 함수들을 제공하는 라이브러리 모듈이다.

응용 **삼각형 면적 계산**

삼각형 세 변의 길이가 주어졌을 때 삼각형의 면적을 계산하는 프로그램을 함수를 활용하여 작성해 보자. 삼각형 세 변의 길이 A, B, C가 주어졌을 때 그림 7.9와 같이 헤론의 공식을 이용하여 삼각형의 면적을 계산하는 함수를 작성해 보자.

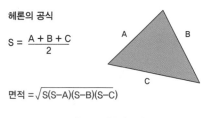

헤론의 공식

$$S = \frac{A + B + C}{2}$$

$$면적 = \sqrt{S(S-A)(S-B)(S-C)}$$

그림 7.9 헤론의 공식

이 함수는 math 모듈이 제공하는 sqrt 함수를 이용하여 프로그램 7.14와 같이 작성할 수 있다. 이 함수의 실행 과정은 다음과 같다.

❶ 세 변의 길이 A, B, C를 매개변수로 받는다.

❷ S의 값을 계산한다.

❸ sqrt 함수를 이용하여 삼각형 면적 area를 계산한다.

❹ area 값을 반환한다.

이제 이 함수를 필요할 때 언제나 호출하여 사용할 수 있다.

프로그램 7.14   헤론의 공식을 이용한 삼각형 면적 계산

```python
01  import math
02  # 헤론의 공식을 이용한 삼각형 면적 계산 함수
03
04  def heron(A, B, C):
05      S = (A + B + C)/2
06      area = math.sqrt(S * (S-A) * (S-B) * (S-C))
07      return area
```

실행 결과

```
>>> heron(3,4,5)
6.0
```

7.5 | 재귀 함수 🚀 고급주제

재귀 함수의 이해

함수를 정의하는데 자기 자신을 사용하여 정의할 수 있는데 이러한 함수를 **재귀 함수** (recursive function)라고 한다. 예를 들어, 1부터 n까지의 합을 계산하는 간단한 함수 sum를 생각해 보자.

```
sum(n) = 1 + 2 + … + n
```

이 함수는 수학적 귀납법을 적용하여 다음과 같이 재귀적으로 정의할 수 있다.

❶ 1부터 n까지 합 sum(n)은 1부터 n−1까지의 합인 sum(n−1)에 n를 더하면 된다.
❷ 1부터 1까지의 합인 sum(1)은 1이다.

```
sum(n) = n + sum(n-1)
sum(1) = 1
```

예를 들어, 이 정의에 따라 sum(4)의 값은 다음과 같이 계산된다.

```
sum(4)
= 4 + sum(3)
= 4 + (3 + sum(2))
= 4+ (3 + (2 + sum(1)))
= 4 + (3 + (2 + 1)) = 10
```

이제 이 재귀 함수를 함수 자신을 호출하는 재귀 호출을 이용하여 구현해 보자.

```
01   # sum 함수
02   def sum(n):
03       if n == 1:
04           return 1
05       else:                        재귀 호출
06           return n + sum(n-1)
```

```
>>> sum(20)
210
```

팩토리얼 함수

재귀 함수의 대표적인 예가 팩토리얼(factorial) 계산 함수이다. 여러분이 잘 아는 것처럼 자연수의 팩토리얼은 다음과 같이 정의된다.

```
n! = n * (n-1) * … * 1
```

팩토리얼의 정의를 잘 살펴보면 n 팩토리얼은 n 곱하기 n-1 팩토리얼이라는 것을 알 수 있다. 이를 수학적으로 표현하면 다음과 같다. 이 정의는 팩토리얼을 정의하는데 다시 팩토리얼을 사용한다는 면에서 재귀적이다.

```
0! = 1
n! = n * (n-1)!
```

이 정의를 이용하면 4!은 다음과 같이 계산된다.

```
4!
= 4 * 3!
= 4 * (3 * 2!)
= 4 * (3 * (2 * 1!))
```

```
= 4 * (3 * (2 * (1 * 0!)))
= 4 * (3 * (2 * (1 * 1))) = 24
```

함수를 정의하는데 자기 자신을 사용하여 정의할 수 있는데 이러한 함수를 재귀 함수(recursive function)라고 한다

이 정의를 그대로 이용하여 팩토리얼을 계산하는 함수를 정의할 수 있다. 이 함수는 fact(n)를 정의하는데 자기 자신 fact(n-1)를 사용하고 있다.

```
fact(0) = 1
fact(n) = n * fact(n-1)
```

이 함수를 프로그램 7.16과 같이 함수 정의를 거의 그대로 옮겨 작성할 수 있다. 이 함수에서는 if 문을 이용하여 n 값이 0이면 1를 반환하고 그렇지 않으면 n * (n-1)! 값을 반환하도록 작성하였다.

프로그램 7.16 팩토리얼 함수

```
01  # 팩토리얼 함수
02  def fact(n):
03      if n == 0:
04          return 1
05      else:                    재귀 호출
06          return n * fact(n-1)
```

실행 결과

```
>>> fact(4)
24
>>> fact(20)
2432902008176640000
```

이 함수를 이용하면 fact(4)의 값은 다음과 같은 과정을 거쳐 계산된다.

```
fact(4)
= 4 * fact(3)
= 4 * (3 * fact(2))
= 4 * (3 * (2 * fact(1)))
= 4 * (3 * (2 * (1 * fact(0))))
= 4 * (3 * (2 * (1 * 1))) = 24
```

그림 7.10은 fact(4) 함수 호출부터 시작하여 fact(0) 호출에 도달할 때까지의 재귀 호출 과정과 fact(0) 반환부터 시작하여 fact(4)까지의 반환 과정을 나타낸 것이다. 또한 실행 결과를 통해 fact(20)과 같은 매우 큰 팩토리얼 값도 정확히 계산하여 반환함을 확인할 수 있다.

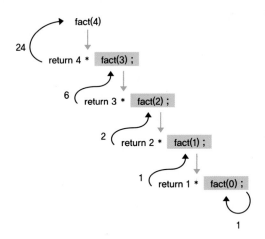

그림 7.10 팩토리얼 함수 호출

응용 재귀를 이용한 검색 함수

리스트를 이용한 재귀 함수의 예로 리스트에서 어떤 값을 검색하는 search 함수를 구현해 보자. search 함수는 리스트 내에 찾고자 하는 값이 있으면 True 없으면 False를 반환한다. 이 함수의 실행 과정은 다음과 같다.

❶ 이 함수는 찾고자 하는 값(key)을 리스트(lst)의 첫 번째 원소(lst[0])부터 비교한다.
❷ 만약 찾고자 하는 값이 첫 번째 원소와 같으면 해당 값을 찾았으므로 True를 반환한다.
❸ 그렇지 않으면 나머지 리스트(lst[1:])에 대해서 검색하도록 이 함수를 재귀 호출한다.
❹ 리스트가 빈 리스트인 경우에는 해당 값을 찾을 수 없으므로 False를 반환한다.

```
01  # 재귀를 이용한 값 검색 함수
02  def search(lst, key):
03      if lst == []:                # 빈 리스트인 경우
04          return False
05      elif lst[0] == key:          # 찾고자 하는 원소를 찾은 경우
06          return True
07      else:                        # 리스트 나머지 부분에 대해서 검색
08          return search(lst[1:], key)
09
10  # 재귀를 이용한 값의 개수 계산 함수
11  def searchn(lst, key):
12      if lst == []:
13          return 0
14      elif lst[0] == key:
15          n = searchn(lst[1:], key)
16          return n+1
17      else:
18          n = searchn(lst[1:], key)
19          return n
```

실행 결과

```
>>> search([35, 28, 30, 29, 33, 31, 30], 30)
True
>>> searchn([35, 28, 30, 29, 33, 31, 30], 30)
2
```

이 search 함수를 확장해서 리스트 내에 있는 찾고자 하는 값의 개수를 계산하는 searchn 함수를 작성해 보자.

❶ 이 함수는 찾고자 하는 값(key)을 리스트의 첫 번째 원소(lst[0])와 같은지 비교하고 어떤 경우든 나머지 리스트(lst[1:])에 대해서 재귀호출한다.

❷ 찾고자 하는 값이 첫 번째 원소와 같으면 해당 값을 찾았으므로 나머지 리스트(lst[1:]) 내에 있는 찾고자 하는 값의 개수에 1를 더해서 반환하면 된다.

❸ 그렇지 않은 경우에는 나머지 리스트(lst[1:]) 내에 있는 찾고자 하는 값의 개수를 반환하면 된다.

예를 들어 일주일 동안 최고 기온 데이터에서 30도가 있는지 검색해 보자. search 함수를 이용하면 True를 반환하고, searchn 함수를 이용하면 해당 기온이 2개 있는 것을

확인할 수 있다.

● 요약

• def 키워드를 이용해서 새로운 함수를 정의(function definition)할 수 있다.

• 정의된 함수를 호출하여 실행하는 것을 함수 호출(function call)이라고 한다.

• 함수 호출에서 매개변수는 인수로 받은 객체를 참조하게 된다.

• 함수 내에서 선언된 변수는 함수 내에서만 사용될 수 있으며 이러한 변수를 지역 변수(local variable)라고 한다. 함수 밖에서 생성된 변수는 어느 함수 내에서도 사용 가능하며 이러한 변수를 전역 변수(global variable)라고 한다.

• 함수 내에서 전역 변수 값을 수정하려면 전역 변수를 먼저 global로 선언해야 한다.

• 어떤 함수는 함수를 정의하는데 자기 자신을 사용하여 정의할 수 있는데 이러한 함수를 재귀 함수(recursive function)라고 한다.

실습 문제

01 근로소득세를 계산하는 함수를 작성하시오. 이 함수는 과세 표준금액을 받아 근로소득세를 계산하여 반환한다. 근로소득세율은 다음 표와 같다.

과세표준 금액	세율
1,200만 원 이하	과세표준 금액의 6%
1,200만 원 초과~4,600만 원 이하	72만 원 + 1,200만 원 초과 금액의 15%
4,600만 원 초과~8,800만 원 이하	582만 원 + 4,600만 원 초과 금액의 24%
8,800만 원 초과~3억 원	1,590만 원 + 8,800만 원 초과 금액의 35%
3억 원 초과	9,010만 원 + 3억 원 초과 금액의 38%

이 함수의 호출 결과는 예를 들면 다음과 같다.

```
>>> tax(55000000)
7980000
```

02 searchn 함수는 리스트 내에 찾고자 하는 값의 개수를 반환한다. 모든 값의 위치를 찾아 반환할 수 있도록 함수를 확장해서 구현해 보자.
이 함수의 호출 결과는 예를 들면 다음과 같다.

```
>>> searchn([35, 28, 30, 29, 33, 31, 30], 30)
[2, 6]
```

01 다음의 listadd 함수와 print 문의 실행 결과는 무엇인가?

```
>>> l = [1,2,3]
>>> listadd(l, 4)

>>> print(l)
```

02 프로그램 7.6의 sigma 함수의 실행 결과는 무엇인가?

```
>>> sigma()
>>> sigma(2)
>>> sigma(2,10)
>>> sigma(start=10)
>>> sigma(2, end=10)
>>> sigma(start=10, end=20)
>>> sigma(end = 20, start = 10)
```

03 다음과 같이 매개변수 값을 변경하는 함수를 생각해 보자.

```
# 매개변수 값을 변경하는 함수
def myintro(name, univ, grade):
    grade = grade + 1
    print("나의 이름은 %s입니다." %name)
    print("%s대학교 %d학년 학생입니다." %(univ, grade))
```

이 함수에 대한 다음과 같은 실행의 결과는 무엇인가? 그 결과를 설명하시오.

```
>>> mygrade = 1
>>> myintro("홍길동", "한국", mygrade)
>>> print(mygrade)
```

04 다음과 같이 매개변수 값을 변경하는 함수를 생각해 보자.

```python
# 리스트에 값을 추가하는 함수
def listadd(list, v):
    list.append(v)
    print(list)
```

이 함수에 대한 다음과 같은 실행의 결과는 무엇인가? 그 결과를 설명하시오.

```python
>>> l = [1,3,5]
>>> listadd(l, 7)
>>> print(l)
```

05 리스트 내에 있는 값들 중에 어떤 값보다 큰 값들의 개수를 계산하는 함수를 작성하시오.

```
실행 결과
```

```python
>>> def num_greater_values(l,v):
...     // 함수 정의
>>> num_greater_values([2,10, 4,11,7,6,12], 10)
2
```

06 거듭제곱을 계산하는 함수 power(n,k)를 작성하시오. 이 함수는 정수 n과 k를 받아서 n의 k승을 계산한다. Math.pow()를 사용하지 않고 구현해 보시오.

```
실행 결과
```

```python
>>> power(2,5)
32
```

07 문자열 뒤집기 함수 reverse를 작성한다. 재귀를 사용한 버전과 재귀를 사용하지 않는 버전을 작성하시오. 예를 들어 이 함수를 사용하면 결과는 다음과 같다.

```
실행 결과
```

```python
>>> reverse("apple")
elppa
```

08 프로그램 7.18의 fact 함수를 재귀를 사용하지 않고 재작성하시오.

■ 힌트: for 루프와 범위를 사용한다.

09 다음은 복리로 정기예금의 원리합계를 계산하는 방법이다. 원금(a), 연이율(r), 예치년수(n)를 인수로 받아 예치기간이 지난 뒤 총금액(원리합계)을 계산하는 함수를 작성하시오. 연이율은 r로 매년 이자를 계산하여 원금에 더하는 복리를 적용한다.

■ 원리합계 $= a * (1 + r)^n$

실행 결과

```
>>> def total(a,r,n):
...    // 함수 정의
>>> total(1000000, 5, 5)
1276281
```

10 매월초 a원씩 n개월 정기적금하였을 때 n개월 후의 원리합계 금액을 계산하는 함수를 작성하시오. 월이율은 r로 매월 이자를 계산하여 원금에 더하는 복리를 적용한다. 정기적금의 원리합계 S를 계산하는 공식은 다음과 같다.

$$S = \frac{a(1+r)\{(1+r)^n - 1\}}{r}$$

실행 결과

```
>>> def S(a,r,n):
       // 함수 정의
>>> S(100000, 0.5, 36)
3953279
```

11 학생들의 점수를 입력받아 평균과 중앙값을 출력하시오.

■ 힌트: 프로그램 7.14의 mean 함수와 median 함수를 사용하시오.

12 두 점 사이의 거리를 계산하는 프로그램을 작성하시오. 이차원 공간에서 두 점 (x_1, y_1)과 (x_2, y_2)를 사용자로부터 입력받고 이 두 점 사이의 거리를 다음 공식을 이용하여 계산한다.

$$거리 = \sqrt{(x_2-x_1)^2 + (y_2-y_1)^2}$$

실행 결과

```
X1: 2
Y1: 10
X2: 8
Y2: 16
거리: 8.48
```

GUI와
파일처리

8.1 | GUI

GUI는 그래픽 사용자 인터페이스(Graphic User Interface)의 약자로 그래픽 매체를 통해 사용자와 컴퓨터가 상호작용하는 인터페이스 방식을 의미한다. 우리가 윈도우즈 운영체제에서 대화상자와 마우스를 사용하여 명령을 내리는 방식이 대표적인 GUI의 예이다.

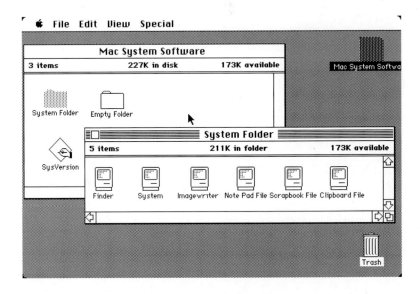

그림 8.1 클래식 Mac OS의 UI (위키백과)

파이썬에서도 명령 프롬프트에서 텍스트 명령어를 주고받는 작업을 대화상자 GUI를 통해 할 수 있으며 easygui 모듈에서 필요한 기능을 제공한다. easygui 모듈은 파이썬에 내장된 모듈이 아니므로 별도의 easygui.py 파일을 아래의 주소에 다운로드 받아서 설치해 주어야 한다(현재 0.98버전).

https://pypi.python.org/pypi/easygui

프롬프트에서 다음 명령문을 입력하면 그림과 같이 easygui 모듈이 설치된다.

```
C:\> pip install easygui
```

```
■ 명령 프롬프트                                                    —  □  ✕
Microsoft Windows [Version 10.0.19041.685]
(c) 2020 Microsoft Corporation. All rights reserved.

C:\Users\sj>pip install easygui
Collecting easygui
  Downloading easygui-0.98.1-py2.py3-none-any.whl (90 kB)
     |████████████████████████████████| 90 kB 1.4 MB/s
Installing collected packages: easygui
Successfully installed easygui-0.98.1
WARNING: You are using pip version 20.2.3; however, version 20.3.3 is available.
You should consider upgrading via the 'c:\python39\python.exe -m pip install --upgrade pip' command.

C:\Users\sj>
```

설치가 완료되면 python을 입력하여 파이썬 실행 환경으로 들어간다. 그 다음 아래와
같이 import easygui를 입력하여 아무런 오류 메시지가 나오지 않는다면 설치가 성공
한 것이다.

```
>>> import easygui
>>>
```

easygui 모듈을 사용하기 위해서는 모듈 불러오기(import)를 먼저 실행해 주어야
한다. easygui 모듈은 다양한 대화상자들을 제공하는데, 본 장에서는 buttonbox,
msgbox, enterbox, choicebox 등을 학습하기로 한다.

buttonbox

```
easygui.buttonbox( 메시지 문자열, 선택 리스트 )
기능 : 메시지 문자열을 대화상자에 출력하고, 선택 리스트를 버튼으로 제공한다.
```

buttonbox는 그림 8.2와 같이 대화상자에서 메뉴 항목을 버튼으로 표시하여 사용자가
선택한 항목을 입력받을 수 있다. 대화상자에 메시지 문자열이 표시되고, 사용자가 버튼
으로 선택할 항목은 선택 리스트(choices)에서 제공한다.

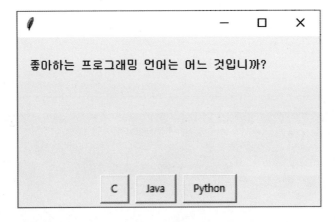

그림 8.2 buttonbox

msgbox

easygui.msgbox(메시지 문자열)
기능 : 메시지 문자열을 대화상자에 출력한다.

msgbox는 단순히 메시지 문자열을 출력하는 데 사용된다. 그림 8.2에서 사용자가 특정 버튼('python')을 선택하면 그림 8.3과 같이 msgbox를 통해 선택 결과가 출력된다.

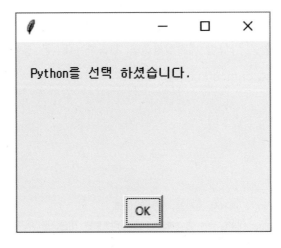

그림 8.3 msgbox

프로그램 8.1은 위의 대화상자들을 이용하는 예제이다. buttonbox 함수 호출 시 메시지 문자열과 선택할 리스트(['C', 'Java', 'Python'])를 choices 옵션에 전달한다.

buttonbox와 msgbox

```
01   # 메뉴를 버튼으로 선택하는 buttonbox
02
03   import easygui
04   lang = easygui.buttonbox("좋아하는 프로그래밍 언어는 어느 것입니까?",
05   choices = ['C', 'Java', 'Python'])
06   easygui.msgbox(lang + "를 선택하셨습니다.")
```

enterbox

easygui.enterbox(메시지 문자열)
기능 : 메시지 문자열을 출력하고 텍스트 입력상자를 통해 값을 입력받는다.

enterbox는 그림 8.4와 같이 사용자로부터 문자열을 입력받을 때 사용한다. 프로그램 8.2는 입력된 문자열을 lang 변수에 저장한 후 msgbox를 통해 대화상자로 출력하고 있다.

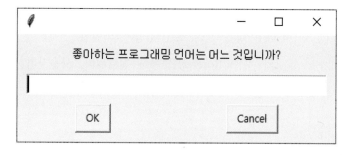

그림 8.4   enterbox

enterbox

```
01   # 입력을 받을 수 있는 enterbox
02   import easygui
03   lang = easygui.enterbox("좋아하는 프로그래밍 언어는 어느 것입니까?")
04   easygui.msgbox("당신은 "+ lang + "을 좋아하시는 군요")
```

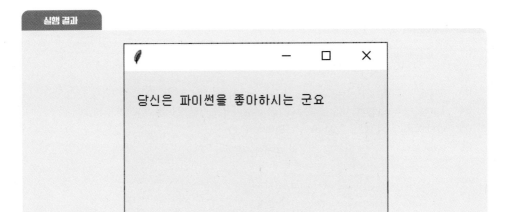

choicebox

easygui.choicebox(메시지 문자열, 선택 리스트)
기능 : 메시지 문자열을 출력하고, 선택 리스트 항목을 리스트 상자에 제시한다.

choicebox는 여러 개의 항목 리스트에서 하나의 항목을 선택하는 데 사용된다. 프로그램 8.3을 보면 3가지 메뉴 항목의 리스트(["김밥", "비빔밥", "떡볶이"])가 생성되고, 이 리스트는 choicebox의 옵션(choices)을 통해 전달된다. 사용자가 선택한 항목은 reply 변수에 저장된 후 msgbox를 통해 출력된다.

프로그램 8.3 choicebox

```
01  # 메뉴 항목을 선택하는 choicebox
02  import easygui
03  choices = ["김밥", "비빔밥", "떡볶이"]
04  reply = easygui.choicebox("무엇을 드시겠습니까?", choices = choices)
05  easygui.msgbox(reply + " 을 주문했습니다.")
```

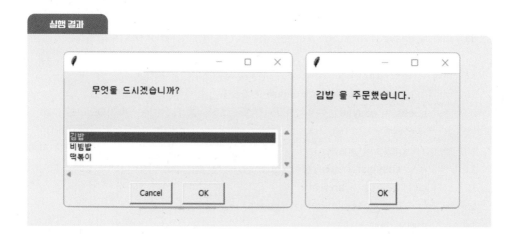

응용 숫자 맞추기

앞에서 다루었던 숫자 맞추기 예제를 easygui 모듈을 사용하여 대화상자 형식으로 다시 작성해 보도록 하자. 알고리즘은 다음과 같다.

❶ 도전 횟수(num)를 buttonbox로 입력받는다.

```
num = easygui.buttonbox("Choose max tries to guess",
choices=['5','6','7'])
```

❷ 사용자가 입력한 답(guess)을 enterbox 또는 integerbox를 통해서 입력받는다. enterbox는 입력값을 문자로 반환하는데 비해, integerbox는 정수로 반환한다.

```
guess = int(easygui.enterbox("What's your guess?"))
   or     guess = easygui.integerbox("What's your guess?")
```

❸ 입력한 답이 정답(answer)보다 큰지, 작은지 판정해서 결과를 msgbox로 출력한다.

```
easygui.msgbox(str(guess) + " is too low !")
```

❹ 정답이 아닐 경우 도전 횟수(num)를 감소시키고 도전 횟수가 0이 되면 정답(answer)을 표시한 후 종료한다.

프로그램 8.4　숫자 맞추기(GUI)

```
01  # 숫자 맞추기 예제를 easygui로 작성한 프로그램
02  import easygui
03  import random
04  answer = random.randint(1, 100)
05  guess = 0
```

```
06  num = easygui.buttonbox("도전 횟수를 선택하세요", choices = ['5', '6',
                                                                  '7'])
07  num = int(num)
08  while guess != answer and num > 0:
09      guess = easygui.integerbox("1 ~ 100 사이의 숫자를 입력하세요. 도전기회
                                                              = "+str(num))
10      if guess < answer:
11          easygui.msgbox(str(guess) + "는 정답보다 작습니다.")
12      elif guess > answer:
13          easygui.msgbox(str(guess) + "는 정답보다 큽니다.")
14      num = num - 1
15  if guess == answer:
16      easygui.msgbox("정답입니다. 잘 맞추시네요")
17  else:
18      easygui.msgbox("더이상 기회가 없습니다. 정답은 " + str(answer))
```

정수를 입력받는 대화상자

8.2 | 파일 처리

파일 읽기

파일(file)은 사용자 데이터를 디스크(disk)에 물리적으로 영구히 저장하는 기본 단위로, 컴퓨터 전원을 끄면 저장된 자료가 소멸되는 메모리(volatile memory) 저장 공간과 구별된다.

프로그램 8.5는 주어진 텍스트 파일을 열고 각 문장을 하나씩 읽어서 화면에 출력하는 예제이다. 디스크에 저장된 파일의 데이터를 읽기 위해서는 먼저 open 함수를 이용하여 파일을 읽기 가능 모드(read mode)로 열어주어야 한다. open 함수의 매개변수에 내용을 읽을 파일명을 적어주도록 한다. 폴더의 위치가 따로 지정되지 않고 파일명만 명시한 경우 현재 파이썬 소스 프로그램이 저장된 위치에서 해당 파일에 대한 탐색을 시도하고, 지정된 파일이 없을 경우 오류를 발생시킨다. 파일이 성공적으로 열리면, 파일 변수(f)를 통하여 해당 파일의 내용을 읽을 수 있다.

> 파일변수(f) = open (파일명)
> 기능 : 지정된 파일을 읽기 모드로 열고 파일변수(f)를 생성한다.

프로그램 8.5 실행 전 준비 작업으로 메모장으로 여러 줄에 걸쳐 단어를 입력한 후 'memo.txt'라는 이름으로 현재 파이썬 소스 파일과 동일한 폴더에 저장한다.

다음 문장은 파일 변수(f)로 열어 놓은 파일의 각 텍스트 라인을 읽어 들이는 명령문이다. 반복문을 통하여 한 문장씩 읽고 더 이상 내용이 없는 마지막 문장에 도달하면 반복문을 빠져나온다.

```
line = f.readline( )
```

각 문장 끝에는 new-line 특수 문자('\n')가 붙어 있는데 이것은 strip 함수를 적용하여 제거하고 온전한 텍스트만 리스트 mymemo에 추가한다. 예제의 마지막 for 반복문에서 리스트의 원소들을 출력한다.

프로그램 8.5   파일 읽기

```
01  # 텍스트 파일을 읽어서 각 문장을 출력하는 프로그램
02  def read_file():
03      f = open('memo.txt')
04      while True:
05          line = f.readline()          ← 더 이상 읽은 데이터가 없는 경우
06          if len(line) == 0: break
07          line = line.strip()          ← new line을 제거한다
08          mymemo.append(line)
09      f.close()
10  mymemo = []
11  read_file()
12  for item in mymemo:
13      msg = item + '\n'                ← new line을 추가한다
14      print(msg)
```

실행 결과

```
orange
apple
candy
noodle
```

파일 쓰기

이번에는 텍스트 파일에 데이터를 저장해 보자. 프로그램 8.6은 사용자가 구입할 물품을 입력받아 리스트에 저장한 후 각 항목들을 텍스트 파일에 저장하는 예제이다.

텍스트 파일을 생성하기 위해서는 파일을 쓰기 모드('w')로 열어야 한다. 'w' 모드로 파일을 열면 빈 파일이 생성되는데 비해, 'w'옵션을 'a'로 바꾸면 기존 텍스트 파일의 내용을 지우고 않고 추가하는(append) 모드로 파일을 열 수 있다.

```
파일변수(f) = open( 파일명, 'w' )
기능 : 지정된 파일을 쓰기모드로 열고 파일변수(f)를 생성한다.
```

파일에 데이터를 쓸 때는 문자열로 변환한 후 파일 변수(f)를 통해 write 함수를 실행한다.

```
f.write( 메시지 )
```

프로그램에서 단어 입력을 마칠 때에는 엔터키를 눌러서 빈 문자열을 반환한다.

프로그램 8.6　파일 쓰기

```
01  # 항목을 입력받아 리스트에 저장하고 파일에 출력하는 프로그램
02  def write_file():
03      f = open('memo.txt', 'w')   ⟵ 쓰기 모드로 파일을 연다
04      for item in mymemo:
05          msg = item + '\n'
06          f.write(msg)   ⟵ 파일에 msg를 쓴다
07      f.close()
08  mymemo = []
09  while True:
10      print("Write an item to buy.  Input a blank line to exit: ")
11      item = input()
12      if len(item) == 0: break
13      mymemo.append(item)
14  write_file()
15  print(len(mymemo), " items are written into file")
```

```
Write an item to buy. Input a blank line to exit:
orange
Write an item to buy. Input a blank line to exit:
apple
Write an item to buy. Input a blank line to exit:
candy
Write an item to buy. Input a blank line to exit:
noodle
Write an item to buy. Input a blank line to exit:
4  items are written into file
```

핵심 개념

파일을 읽을 경우에는 open 함수와 readline 함수를 사용하고, 파일 출력 시에는 open 함수에 'w' 옵션을 지정하고 write 함수를 사용한다.

8.3 | 파일 처리 응용

응용 **파일 내의 단어 빈도 계산하기**

텍스트 파일도 여러 줄로 이루어진 일종의 시퀀스 자료로 볼 수 있다. 따라서 for 문을 이용하여 파일의 각 줄에 대해서 명령문을 반복하는 것이 가능하다. 다음 for 문은 파일 변수가 가리키는 파일을 한 줄씩 자동적으로 읽는 역할을 한다.

```
for line in 파일변수:
기능 : 파일 변수를 통해 파일 내용을 한줄씩 읽어 들인다.
```

프로그램 8.7은 파일 이름을 받아 그 파일 내의 각 단어별 출현 횟수를 딕셔너리(dictionary)에 저장한 후 출력한다. 이 프로그램의 실행 과정은 다음과 같다.

❶ 먼저 파일 이름을 입력 받고 해당 파일을 연다(open).

❷ 파일 내의 각 줄에 대해서 다음과 같이 반복한다.

　a) 각 줄을 처리하기 위해 한 줄을 단어들의 리스트로 분리(split) 한다.

　b) 이 리스트 내의 각 단어에 대해서 해당 단어가 딕셔너리 counts에 이미 있으면 횟수를 1 증가시키고, 그렇지 않으면 처음 출현했으므로 횟수를 1로 초기화한다.

❸ 딕셔너리 word_counts의 각 단어(key)에 대해서 해당 단어의 출현 횟수를 출력한다.

다음은 "You raise me up" 노래의 가사('raiseup.txt') 파일을 이용하여 가사 내용 중에 등장하는 각 단어들의 출현 횟수를 출력하는 프로그램이다. 파일 이름은 다른 이름으로 입력받아 처리할 수 있다.

프로그램 8.7 | **파일 내의 단어 출현 횟수 계산**

```
01  # 파일 내의 단어 출현 횟수 계산 함수
02  filename = input("검색할 파일 이름을 입력하세요: ")
03  f = open(filename)
04  word_counts = {}
05  for line in f:
06      list = line.split()      ← 문장의 단어들을 공백으로 분리한다
07      for word in list:
08          if word in counts:
09              word_counts[word] += 1
10          else:
11              word_counts[word] = 1
12  for word in word_counts:
13      print(word, word_counts[word])
```

실행 결과

```
검색할 파일 이름을 입력하세요: raiseup.txt
When 2
I 19
am 10
down 1
...
walk 4
stormy 4
seas 4
strong, 4
when 4
your 4
shoulders 4
up 5
more 5
than 5
be 4
```

응용 파일 길이 계산하기

프로그램 8.8은 텍스트 파일 이름을 인수로 받아 해당 파일을 열고, 이 파일로부터 한 줄 씩 읽어서 줄의 수와 단어의 수 및 총 문자 수를 계산하여 반환한다. 이 함수에서 다음 for 문은 파일을 한 줄씩 자동적으로 읽는 역할을 한다.

```
for line in file:
```

이 프로그램의 실행 과정은 다음과 같다.

❶ 이 for 루프는 각 줄에 대해서 다음을 반복한다.

　a) 줄의 수(lc)를 1씩 증가시킨다.

　b) len 함수를 적용하여 줄의 길이를 계산하고 이 값을 문자 수(cc)에 더한다.

　c) 단어의 수를 계산하기 위해서 먼저 한 줄을 단어들의 리스트로 분할(split)한다.

　d) 이 리스트의 길이 len(list)로 단어의 수를 계산하여 단어의 수(wc)에 더한다.

❷ 모든 줄에 대해서 처리한 후에 계산된 줄의 수, 단어의 수, 문자의 수를 하나의 튜플 형태로 반환한다.

실행 결과에서 이 함수를 호출한 결과를 확인할 수 있다.

프로그램 8.　　**파일 길이 계산하기**

```
01   # 파일 길이를 계산하는 함수
02   def filecount(filename):
03       file = open(filename)
04       wc = 0
05       lc = 0
06       cc = 0
07       for line in file:
08           lc = lc + 1          ← 줄 수(line count)
09           cc = cc +  len(line)   ← 문자 수(character count)
10           list = line.split()
11           wc = wc + len(list)   ← 단어 수(word count)
12       return((lc,wc,cc))
```

실행 결과

```
>>> x = filecount("raiseup.txt")
>>> print(x)
(21, 198, 867)
```

8.4 | 모듈

모듈(module)이란 함수나 변수 또는 클래스들을 모아 놓은 파이썬 파일로 다른 파이썬 프로그램에 불러와서 사용할 수 있다. 파이썬 프로그래밍을 할 때 다른 사람들이 이미 만들어 놓은 모듈을 사용할 수도 있고 직접 모듈을 만들어서 사용할 수도 있다. 여기서는 모듈을 어떻게 만들고 사용할 수 있는지 살펴보자.

모듈은 데이터, 함수, 클래스 등이 담겨 있는 하나의 파일이다. 패키지는 연관된 모듈들의 집합이라고 할 수 있다. 따라서 패키지는 여러 개의 모듈 파일로 구성된다. 패키지는 단일 파일이 아니라 그림 8.5와 같은 폴더로 이해할 수 있다. 따라서 폴더 내에 서브 폴더를 만드는 것처럼 패키지 내에 서브 패키지를 만들 수도 있다.

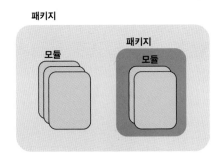

그림 8.5 패키지와 모듈

모듈 사용하기

파이썬 언어에서는 모듈 형태로 파이썬 표준 라이브러리(Python Standard Library)를 제공한다. 예를 들어, 시간과 관련된 time 모듈을 제공하고 난수(random number) 생성과 관련된 random 모듈을 제공한다. time 모듈을 이용하여 컴퓨터의 시계로부터 날짜와 시간과 같은 정보를 가져올 수 있다. 또한 random 모듈은 난수가 필요한 게임이나 시뮬레이션 등에서 많이 사용된다. 이러한 모듈을 사용하기 위해서는 먼저 해당 모듈을 다음과 같이 import 해서 불러오기를 해야 한다.

```
import 모듈이름
```

예를 들어, 프로그램 8.9와 같이 불러온 모듈 내의 함수를 사용할 수 있다. time 모듈 내의 asctime 함수는 현재 날짜와 시간을 문자열로 반환한다. 또한 sleep 함수는 해당 시간(초)만큼 프로그램을 지연시킨다. random 모듈 내의 randint 함수는 지정된 구간 내에서 정수 난수를 발생시킨다.

프로그램 8.9   **모듈 사용하기**

```
>>> import time
>>> print(time.asctime())
Mon Aug 29 10:59:08 2016
>>> print("안녕하세요")
안녕하세요
>>> time.sleep(2)
>>> print("반갑습니다")
반갑습니다
>>> import random
>>> print(random.randint(0, 1000))
352
```

---

random.randint 함수의 예처럼 모듈 내의 함수를 호출해 사용하기 위해서는 모듈이름.함수이름 형태로 호출해야 한다. 함수를 호출할 때 앞에 모듈 이름을 붙이는 것은 다소 불편할 수 있는데 이를 해소하기 위해서 다음과 같이 모듈로부터 원하는 함수를 import 하면 함수 이름만으로 해당 함수를 호출할 수 있다.

```
from 모듈이름 import 함수이름
```

예를 들어, 다음과 같이 random 모듈로부터 randint 함수를 import 하면 이 함수를 randint 이름만으로 호출해 사용할 수 있다.

```
>>> from random import randint
>>> print(randint(0, 1000)))
831
```

응용 모듈 만들기 🚀 고급 주제

앞에서 설명한 것처럼 모듈은 함수나 변수 또는 클래스들을 모아 놓은 파이썬 파일이다. 따라서 확장자가 .py인 파일 형태로 직접 파이썬 모듈을 만들 수 있다. 예를 들어 앞 장에서 작성한 평균과 중앙값 계산 함수를 mod1.py 파일 형태로 저장하면 하나의 파이썬 모듈이 된다.

mod1.py

```
01   # 평균 계산 함수
02   def mean(x):
03       return sum(x) / len(x)       ← x는 리스트 자료형
04   # 중간값 계산 함수
05   def median(x):
06       n = len(x)
07       x.sort()                     ← 리스트 x를 오름차순으로 정렬
08       mid = n // 2
09       if n % 2 == 1:               ← 원소의 수가 홀수인 경우
10           return x[mid]
11       else:                        ← 원소의 수가 짝수인 경우
12           low = mid -1
13           high = mid
14           return (x[low] + x[high])/2   ← 중앙의 2개 원소의 평균으로 한다
```

이 파일을 C:\Python\Module 디렉터리에 저장했다고 가정하자. 이 모듈을 파이썬에서 불러와 사용하려면 어떻게 해야 할까? 먼저 아래와 같이 도스 창을 열고 mod1.py를 저장한 해당 디렉터리(이 책에서는 C:\Python\Module)로 이동한 다음 파이썬 인터프리터 python을 실행한다.

```
C:\Users\...> cd C:\Python\Module
C:\Python\Module> python
```

반드시 mod1.py를 저장한 위치로 이동한 다음 이후 예제를 진행해야 파이썬 인터프리터에서 mod1.py를 읽을 수 있다. 다음과 같이 mod1 모듈을 import 해서 median함수를 호출해 사용해 보자.

```
>>> import mod1
>>> mod1.median([1, 3, 5, 7, 9])
5
```

지금까지는 도스 창을 열고 모듈이 있는 디렉터리로 이동한 후에 파이썬을 시작하여 모듈을 사용하였다. 이번에는 모듈을 저장한 디렉터리로 이동하지 않고 모듈을 사용하는 방법에 대해서 알아보자. 다음과 같은 두 가지 방법으로 특정 디렉터리에 저장된 모듈을 불러와서 사용할 수 있다.

sys.path.append 사용하기

먼저 다음과 같이 sys 모듈을 불러온다.

```
>>> import sys
```

sys 모듈은 파이썬을 설치할 때 함께 설치되는 표준 라이브러리 모듈이다. 이 sys 모듈의 sys.path에 파이썬 라이브러리가 설치되어 있는 디렉터리들이 저장되어 있다. 따라서 sys.path에 새로 작성한 모듈이 저장된 디렉터리를 추가하면 해당 모듈을 불러서 사용할 수 있다. 예를 들어 다음과 같이 sys.path에 새로운 모듈이 저장된 디렉터리 C:/Python/Module를 추가할 수 있다.

```
>>> sys.path.append("C:/Python/Module")
```

이렇게 sys.path.append를 이용해서 'C:/Python/Module' 라는 디렉터리를 sys.path에 추가한 후 다음과 같이 실제로 모듈을 불러와서 사용할 수 있는지 확인해 보자.

```
>>> import mod1
>>> mod1.median([1, 3, 5, 7, 9])
```

환경 변수 PYTHONPATH 사용하기

모듈을 불러와서 사용하는 또 다른 방법은 환경 변수 PYTHONPATH를 사용하는 것이다. 이 환경 변수에 사용하고자 하는 모듈이 저장된 디렉터리를 추가하고 해당 모듈을 불러서 사용하면 된다. 예를 들어 다음과 같이 mod1 모듈이 저장되어 있는 'C:\Python\Module' 디렉터리를 환경 변수에 설정하고 파이썬 인터프리터를 시작해서 원하는 모듈을 사용할 수 있다.

```
C:\Users\...> set PYTHONPATH=C:\Python\Module
C:\Users\...> python
```

이제 파이썬 인터프리터를 사용해서 다음과 같이 원하는 모듈을 사용할 수 있다.

```
>>> import mod1
>>> mod1.median([1, 3, 5, 7, 9])
5
```

> **● 요약**
>
> • input 함수는 문자열을 반환하므로 정수 또는 실수 등 필요한 자료형으로 변환을 해주어야 한다.
> • easygui 모듈을 이용하여 간단한 입출력 UI를 만들 수 있다.
> • 파일을 열어서 사용하고 난 후에는 반드시 파일을 닫아야 한다.

실습 문제

01 컴퓨터와 가위 바위 보 게임을 하는 프로그램을 작성해 보자. easygui 모듈을 이용하여 메뉴를 선택하고, 컴퓨터가 선택할 가위/바위/보는 random.randint(1, 3) 함수를 사용하여 선택한다.

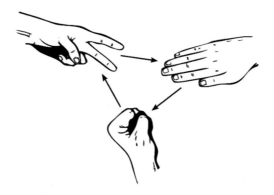

규칙

5판 3선승제로 진행하여 사용자나 컴퓨터 중 3점을 먼저 따면 승부 결과 메시지를 출력하고 게임을 종료한다. 비길 경우에는 점수 변동없이 다시 가위 바위 보를 진행한다.

실행 결과

(시작 메시지)	(이기는 경우)
1번째 판 가위 바위 보 중 하나를 선택하세요 [가위] [바위] [보]	컴퓨터는 보을 냈습니다. 당신이 이겼습니다. 컴퓨터 0 : 1 사용자 [OK]
(바위를 선택하고 비기는 경우)	(주먹을 내고 지는 경우)
모두 바위을 냈습니다. 비겼습니다. 컴퓨터 0 : 1 사용자 [OK]	컴퓨터는 보을 냈습니다. 당신이 졌습니다. 컴퓨터 1 : 0 사용자 [OK]

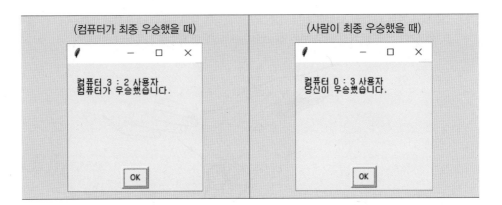

(컴퓨터가 최종 우승했을 때)　　　　　　(사람이 최종 우승했을 때)

컴퓨터 3 : 2 사용자
컴퓨터가 우승했습니다.

컴퓨터 0 : 3 사용자
당신이 우승했습니다.

02 국어와 영어 두 과목의 점수를 각각 입력받아 아래와 같은 형식으로 텍스트 파일에 저장한다. 그 다음, 저장된 파일을 읽어와서 각 과목의 평균과 두 과목 합계의 평균을 계산하여 출력하시오. 파일에서 점수를 불러올 때 각 문장의 문자열은 split 함수를 사용하여 분리한다.

```
75  90
65  85
89  76
85  80
90  93
88  92
...
```

01 홀짝 게임

난수를 발생시켜 홀수인지 짝수인지 맞추는 게임을 easygui 모듈을 사용하여 작성하시오. easygui 대화
상자를 사용하여 홀수 또는 짝수를 선택하도록 한다.

02 스트라이크–볼 게임

easygui 대화상자를 이용하여 스트라이크–볼(strike–ball) 게임을 작성하시오. 스크라이트–볼 게임은 4
자리 숫자의 난수('1234')를 발생시키고 사용자로부터 4개의 숫자('5678')를 입력받아 비교한 뒤 판정된
스트라이크와 볼의 수를 알려준다.

- 스트라이크 : 사용자가 입력한 숫자와 난수의 값과 위치가 모두 맞으면 스트라이크로 판정한다.
- 볼 : 사용자가 입력한 숫자가 정답 난수에 포함되어 있지만 자리 위치가 맞지 않으면 볼로 판정한다.
- 스트라이크가 4개이면 정답을 맞춘 것으로 판정하고 게임을 종류한다. 정해진 횟수 안에 정답을 맞추
  지 못하면 게임을 종료한다.

```
예) 정답 : 3642
     입력 : 7432
   => 판정 (스트라이크 1개, 볼 2개)
예) 정답 : 3452
     입력 : 4325
=> 판정 (스트라이크 0개, 볼 4개)
```

오류와
예외 처리

오류(error)는 프로그램이 올바르게 동작하지 않는 것을 말한다. 프로그램이 오동작한 원인은 여러 가지가 있을 수 있다.

작성한 코드가 프로그래밍 언어의 구문 규칙에 맞지 않을 수도 있는데 이러한 오류를 **구문 오류(syntax error)**라고 한다. 구문법에 맞게 작성한 프로그램이더라도 실행 시간에 예상치 못한 오류가 발생할 수 있는데 이러한 오류는 **실행시간 오류(runtime error)**라고 한다. 또한 실행 중에 오류 없이 실행되더라도 실행 결과가 올바르지 않아 원하는 결과가 아닐 수 있는데 이러한 오류는 **논리 오류(logic error)**라고 한다.

오류는 발생 시점과 원인에 따라 표 9.1과 같이 구문 오류, 실행시간 오류, 논리 오류로 분류할 수 있다.

표 9.1 오류의 종류

오류의 종류	발생 시점	원인
구문 오류	실행 전	프로그램이 구문법에 맞지 않아 발생한 오류
실행시간 오류	실행 중	프로그램 실행 중에 발생한 오류
논리 오류	실행 후	프로그램 실행 결과가 올바르지 않은 경우

구문 오류

어떤 언어든 언어를 만들 때 정해놓은 구문법(syntax)이 있다. 구문법은 문장 또는 프로그램을 작성하는 규칙으로 이해할 수 있다. 파이썬도 당연히 정해놓은 구문법이 있으며 파이썬 프로그램을 작성할 때 반드시 이 구문법에 맞게 작성해야 한다. 그렇지 않으면 구문 오류가 발생한다.

예를 들어 다음과 같은 경우에 구문 오류가 발생한다. 첫 번째 예는 수식을 잘못 작성해서 구문 오류가 발생한다. 두 번째는 if 문에 콜론(:)을 빠트려서 구문 오류가 발생한 경우이고, 세 번째는 print 문을 사용할 때 괄호를 빠트려서 구문 오류가 발생한다.

```
>>> x = (+ 1 2)
SyntaxError: invalid syntax
>>> if (x > 0)
SyntaxError: invalid syntax
>>> print 10/x
SyntaxError: Missing parentheses in call to 'print'. Did you mean
print(10/x)?
```

실행시간 오류

실행시간 오류는 프로그램 실행 중에 오류가 발생되어 프로그램의 실행을 중지시키는 오류로, 보통 연산이나 문장을 계속 실행할 수 없을 때 발생된다. 예를 들어 다음 예는 10을 0으로 나누기 때문에 프로그램 실행을 계속할 수 없으며 다음과 같이 ZeroDivisionError 오류가 발생한다.

```
>>> x = 0
>>> print(10/x)   ⟸ ( ZeroDivisionError )
Traceback (most recent call last):
File "<pyshell#2>", line 1, in <module>
print(10/x)
ZeroDivisionError: division by zero
```

논리 오류

구문 오류나 실행시간 오류가 발생하지 않지만 프로그램을 실행한 결과가 올바르지 않은 것을 논리 오류라고 한다. 논리 오류는 프로그램을 원하는 대로 제대로 작성하지 못한 경우라고 할 수 있다. 프로그램은 단지 실행되는 것만으로 완성되는 것이 아니고 원하는 실행 결과를 정확히 산출해 내야 한다.

예를 들어 다음과 같이 두 수의 평균을 구하는 함수를 작성해 보자. 이 함수는 실행하면 오류가 없이 결과값을 준다. 그러나 a + b / 2 수식에서 나눗셈을 먼저하기 때문에 그 결과값이 평균값이 아닌 잘못된 값이다. 이 함수는 (a + b) / 2 형태로 수정해야 한다.

```
>>> def average(a, b):
        return a + b / 2
>>> average(2,3)
3.5
```

예외란 무엇인가?

예외(exception)란 프로그램 실행 중에 발생하는 오류 또는 비정상적 상황이다. 예외가 발생하면 이를 처리하고 계속 수행할 수 있다. 보통 발생된 예외를 처리하지 않으면 프로그램은 종료된다. 따라서 예외에 대한 적절한 처리는 프로그램의 안전한 실행을 위해 매우 중요하다. 특히 최근에는 항공 시스템, 원전 시스템, 교통, 금융 등과 같이 안전이 중요한 분야에서 소프트웨어가 많이 사용되면서 프로그램의 안전한 실행은 더욱 중요해지고 있다.

> **핵심 개념**
>
> 예외란 프로그램 실행 중에 발생하는 오류 또는 비정상적 상황이다. 예외가 발생하면 이를 처리하고 계속 수행할 수 있다.

프로그램 실행 중에 발생할 수 있는 예외는 크게 **사용자 정의 예외**(user defined exception)와 시스템에서 정의한 **내장 예외**(built-in exception)가 있다. 사용자 정의 예외는 프로그램 실행 중에 어떤 예외적인 상황을 만나면 예외를 발생시키기 위해 프로그래머가 정의한 예외로 9.4절에서 다룬다. 내장 예외는 파이썬에서 미리 정의해 둔 예외로 프로그램 실행 중에 예외적인 상황을 만나면 시스템이 발생시키는 예외이다. 주로 수행할 수 없는 연산을 하거나 존재하지 않는 파일을 열려고 시도할 때 또는 사용자의 입력이 잘못되었을 때 발생한다. 예를 들어 표 9.2와 같은 예외가 대표적인 내장 예외이다.

표 9.2 내장 예외의 종류

예외	설명
ZeroDivisionError	수를 0으로 나눌 때 발생하는 예외
IndexError	배열의 인덱스를 잘못 사용할 때 발생하는 예외
ValueError	연산이나 내장 함수에 적절치 않은 값을 인수로 전달하면 발생하는 예외

FileNotFoundError	파일을 열 수 없으면 발생하는 예외
TypeError	피연산자 또는 함수 인수의 타입이 틀린 경우 발생하는 예외

간단한 예외 발생의 예부터 살펴보자. 발생한 예외를 처리하지 않으면 프로그램은 더 이상 실행되지 않고 종료된다.

핵심 개념

발생한 예외를 처리하지 않으면 프로그램은 더 이상 실행되지 않고 종료된다.

예외 발생의 예

첫 번째 예는 ZeroDivisionError 예외가 발생하는 경우로 9.1절에서 살펴보았다. 두 번째 예는 문자열을 정수로 변환하는 int 변환 함수를 호출할 때 발생하는 ValueError로 이 예에서는 문자열 "23.0"을 int 변환 함수에 전달할 때 발생하는 오류이다.

```
ValueError
>>> int("23.0")
Traceback (most recent call last):
  File "<pyshell#25>", line 1, in <module>
    int("23.0")
ValueError: invalid literal for int() with base 10: '23.0'
```

세 번째 예는 정수 1과 문자열 "23"을 더하는 연산에서 피연산자의 타입이 서로 달라 TypeError 예외가 발생한 경우이다.

```
TypeError
>>> 1 + "23"
Traceback (most recent call last):
  File "<pyshell#0>", line 1, in <module>
    1+"23"
TypeError: unsupported operand type(s) for +: 'int' and 'str'
```

네 번째 예는 리스트의 인덱스를 잘못 사용할 때 발생하는 IndexError이다. 이 예에서는 리스트 x의 인덱스인 0, 1, 2를 벗어난 3을 사용할 때 IndexError 예외가 발생한다.

```
>>> x = [1,2,3]    ( IndexError )
>>> print(x[3])
Traceback (most recent call last):
  File "<pyshell#22>", line 1, in <module>
    print(x[3])
IndexError: list index out of range
```

다섯 번째 예는 파일을 열 때 해당 파일이 없으면 발생하는 FileNotFoundError이다. 이 예에서는 열려고 하는 파일이 없어서 예외가 발생했다.

```
                        ( FileNotFoundError )
>>> file = open("test.txt", "r")
Traceback (most recent call last):
  File "<pyshell#2>", line 1, in <module>
    file = open("test.txt", "r")
FileNotFoundError: [Errno 2] No such file or directory: 'test.txt'
```

파이썬의 예외 관련 기능

파이썬 언어는 예외가 발생했을 때 이를 적절하게 처리하고 프로그램 실행을 계속할 수 있게 하는 예외 처리 기능을 제공한다. 이러한 예외 처리 기능은 프로그램의 안전한 실행을 지원하기 위해 매우 중요하다.

• 예외 처리(exception handling)
  발생된 예외를 처리하기 위한 기능

또한 필요에 따라 프로그래머가 새로운 예외를 정의할 수 있는 기능을 제공한다.

• 예외 정의
  프로그래머가 새로운 예외를 정의할 수 있는 기능

뿐만 아니라 예외적인 상황에서 예외를 발생시킬 수 있는 문장도 제공한다.

• 예외 발생(raise or throw exception)
  예외를 발생시킬 수 있는 문장

9.3 | 예외 처리

예외 처리

발생한 예외를 처리하려면 다음과 같이 try 블록에 실행할 코드를 작성하고 except 절에 예외가 발생했을 때 처리하는 코드를 작성한다. except 절의 예외이름은 옵션(대괄호로 표시함)인데 예외이름이 없으면 try 절의 실행 중에 발생하는 어떠한 예외도 처리할 수 있으며 예외이름이 있으면 해당 예외만 처리할 수 있다.

구문법
```
try:
    실행 코드
except [예외이름]:  ←── 옵션
    예외 처리 코드
```
의미
try 블록 실행 중에 발생한 예외를 except 절에서 처리한다.
예외이름이 없으면 어떠한 예외도 처리하며 예외이름이 있으면 해당 예외만 처리한다.

핵심 개념

try-except 문은 try 블록 실행 중에 발생한 예외를 처리할 수 있다.

예를 들어 프로그램 9.1과 같이 숫자 10을 0으로 나누었을 때 발생하는 예외를 처리해보자. 10을 0으로 나누면 ZeroDivisionError 예외가 발생하고 except 절에서 이 예외를 처리하고 '예외가 발생했습니다.'를 출력한다.

프로그램 9.1

```
01  try:
02      x = int(input('나눌 숫자를 입력하세요: '))
03      print(10/x)       ←── 예외가 발생할 수 있는 문장
04  except:
05      print('예외가 발생했습니다.')   ←── 예외 처리 코드
```

나눌 숫자를 입력하세요: 0
예외가 발생했습니다.

특히 10 / x 수식에서 예외가 발생하면 그림 9.1과 같이 해당 줄에서 코드 실행을 중단하고 바로 except 절로 가서 코드를 실행한다. 따라서 수식의 결과를 출력하는 print() 문은 실행되지 않는다.

```
try:
    x = int(input('나눌 숫자를 입력하세요: '))
    print(10 / x)
              ZeroDivisionError
except:
    print('숫자를 0으로 나눌 수 없습니다.')
```

그림 9.1 ZeroDivisionError 예외가 발생한 경우 실행 흐름

예외가 발생되고 그 예외를 처리한 후의 실행 흐름은 어떻게 될까? 실행 코드에서 예외가 발생하면 예외 처리 후 예외를 발생시킨 코드로 재개하지 않고 try-except 문을 끝내고 다음 문장을 실행한다.

특정 예외 처리

앞에서와 같이 예외이름 없이 except 절을 사용하여 예외를 처리하는 경우에는 어떤 예외든 처리할 수 있으나 각 예외에 맞는 적절한 처리를 하기는 어렵다. except 절에 예외이름을 지정하면 해당 예외만을 처리할 수 있으며 그 예외에 맞는 적절한 처리를 할 수 있다.

except 절에 예외이름을 지정하면 해당 예외만을 처리할 수 있으며 그 예외에 맞는 적절한 처리를 할 수 있다.

예를 들어 프로그램 9.2에서는 0을 입력하는 경우에 ZeroDivisionError가 발생하므로 이를 처리하기 위해 except ZeroDivisionError 형태로 처리 예외를 지정한다.

프로그램 9.2

```
01  try:
02      x = int(input('나눌 숫자를 입력하세요: '))
03      print(10 / x)       ← 예외가 발생할 수 있는 문장
04  except ZeroDivisionError:
05      print('숫자를 0으로 나눌 수 없습니다.')  ← ZeroDivisionError 처리 코드
```

실행 결과

```
나눌 숫자를 입력하세요: 0
숫자를 0으로 나눌 수 없습니다.
```

이 프로그램의 실행에서 일어날 수 있는 다음과 같은 3가지 경우를 생각해 보자.

- ZeroDivisionError 예외가 발생한 경우
- 예외가 발생하지 않은 경우
- 다른 예외가 발생한 경우

❶ 첫 번째 경우의 실행 결과를 보면 0을 입력하면 10 / 0이 수행되므로 예외가 발생하고 except ZeroDivisionError 절의 처리 코드가 실행된다는 것을 확인할 수 있다. 예외가 발생한 경우의 실행 흐름은 그림 9.2와 같다.

```
try:
    x = int(input('나눌 숫자를 입력하세요: '))
    print(10 / x)
            ZeroDivisionError
except ZeroDivisionError:
    print('숫자를 0으로 나눌 수 없습니다.')
```

그림 9.2 ZeroDivisionError2 예외가 발생한 경우 실행 흐름

❷ 두번째 경우로 0이 아닌 다른 정수를 입력하여 예외가 발생하지 않는다면 이 경우의 실행 흐름은 그림 9.3과 같다.

```
    try:
        x = int(input('나눌 숫자를 입력하세요: '))
        print(10 / x)
    except ZeroDivisionError:
        print('숫자를 0으로 나눌 수 없습니다.')
```

그림 9.3 예외가 발생하지 않은 경우 실행 흐름

❸ 세 번째 경우로 다른 예외가 발생된 경우에는 어떻게 될까? 이런 경우에는 예외가 처리되지 않고
   try 문을 빠져나오게 되는데, 처리되지 않은 예외로 인해 오류 메시지가 출력된 후 프로그램 실행
   이 중단된다. 예를 들어 다음과 같이 정수가 아닌 값을 입력하게 되면 ValueError 예외가 발생하
   게 되고 해당 처리기가 없으므로 다음과 같이 프로그램 실행이 중단된다.

실행 결과

```
나눌 숫자를 입력하세요: 9.0
Traceback (most recent call last):
File "<pyshell#15>", line 2, in <module>
x = int(input('나눌 숫자를 입력하세요: '))
ValueError: invalid literal for int() with base 10: '9.0'
```

여러 개의 except 절 사용하기

try 절 내에서 여러 개의 예외가 발생할 수 있으면 어떻게 처리해야 할까? 이런 경우에
는 다음과 같이 여러 개의 except 절을 사용하여 각각의 예외를 처리할 수 있다.

구문법
```
    try:
        실행 코드
    except 예외이름:
        예외 처리 코드
    ...
    except 예외이름:
        예외 처리 코드
```
의미
try 블록 실행 중에 발생된 예외와 첫 번째로 일치되는 except 절이 실행되어 그 예외를 처리한다.

try 블록 실행 중에 예외가 발생되면 그림 9.1과 같이 발생된 예외와 첫 번째로 일치되는 except 절이 실행되어 그 예외를 처리한다.

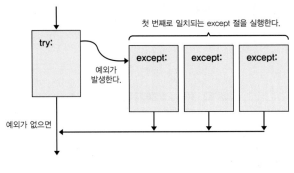

그림 9.1 예외 처리

예를 들어 프로그램 9.3에서는 두 종류의 예외가 발생할 수 있는데 하나는 0을 입력하는 경우이고 또 하나는 정수가 아닌 문자열을 입력하는 경우이다. 다음과 같이 두 개의 except 절을 사용하여 이 두 경우를 각각 ZeroDivisionError와 ValueError로 지정한다. 이 코드는 어떤 예외가 발생하든 해당 예외의 처리 코드가 실행된다.

프로그램 9.3

```
01  try:                        int 변환 함수에서 ValueError 발생 가능
02      x = int(input('나눌 숫자를 입력하세요: '))
03      print(10 / x)           0으로 나눌 때 ZeroDivisionError 발생 가능
04  except ZeroDivisionError:        # ZeroDivisionError 예외 처리
05      print('숫자를 0으로 나눌 수 없습니다.')
06  except ValueError:              # ValueError 예외 처리
07      print('입력한 값은 정수가 아닙니다.')
```

실행 결과

```
나눌 숫자를 입력하세요: 9.0
입력한 값은 정수가 아닙니다.
```

실행 결과를 보면 9.0을 입력하면 int() 함수에서 ValueError 예외가 발생하고 except ValueError 절의 처리 코드가 실행된다는 것을 확인할 수 있다. 이 예외가 발생한 경우의 실행 흐름은 그림 9.5와 같다.

```
 try:          ┌──────────┐
              │ ValueError │
    x = int(input('나눌 숫자를 입력하세요: '))
    print(10 / x)
 except ZeroDivisionError:          # 숫자를 0으로 나눌 때 실행됨
    print('숫자를 0으로 나눌 수 없습니다.')
 except ValueError:                 # 적절하지 않은 값을 int 변환 함수에 전달할 때
    print('입력한 값은 정수가 아닙니다.')
```

그림 9.5 ValueError 예외가 발생한 경우 실행 흐름

예외의 오류 메시지

특히 except 절에서 다음과 같이 as 뒤에 변수를 지정하면 이 변수에 발생한 예외의 오류 메시지를 받을 수 있다.

```
except 예외이름 [as 변수] :
    예외 처리 코드
```

예를 들어 프로그램 9.5와 같이 except에 as e를 추가해서 오류 메시지를 받아서 이를 출력하여 각 예외에 대한 오류 메시지를 확인할 수 있다.

프로그램 9.5

```
01  try:
02      x = int(input('나눌 숫자를 입력하세요: '))
03      print(10 / x)
04  except ZeroDivisionError as e:  ←─ 오류 메시지 받음
05      print('숫자를 0으로 나눌 수 없습니다: ', e)  # e에 저장된 메시지 출력
06  except ValueError as e:  ←─ 오류 메시지 받음
07      print('입력 값은 정수가 아닙니다: ', e)         # e에 저장된 메시지 출력
```

실행 결과

```
나눌 숫자를 입력하세요: 0
숫자를 0으로 나눌 수 없습니다: division by zero
```

나눌 숫자를 입력하세요: 9.0
입력 값은 정수가 아닙니다 : invalid literal for int() with base 10:'9.0'

else 절 사용하기

try 문에서는 옵션으로 else 절을 사용할 수 있는데 else 절에는 예외가 발생하지 않은 경우 실행할 코드를 작성한다. 즉 예외 처리의 대상이 되는 코드와 예외가 발생하지 않은 경우에 실행될 코드를 명시적으로 구별하는 것이다.

구문법
```
try:
    실행 코드
except 예외이름:
    예외 처리 코드
[else:
    예외가 발생하지 않은 경우 실행할 코드]
[finally:
    예외 발생 여부와 관계없이 실행할 코드]
```

실행 의미
else 절은 예외가 발생하지 않은 경우에만 실행되며 finally 절은 예외 발생 및 처리 여부와 관계없이 실행된다.

이 코드는 그림 9.2와 같이 try 블록을 실행할 때 예외가 발생하면 except 블록을 실행한다. 만약 예외가 발생하지 않으면 else 블록을 실행한다. 어떠한 경우든지 finally 블록이 있으면 실행한다.

그림 9.2 except 절과 finally 절을 사용한 예외 처리 과정

try-except-else-finally 문에서 try 블록을 실행할 때 예외가 발생하면 except 블록을 실행한다. 만약
예외가 발생하지 않으면 else 블록을 실행한다. 어떠한 경우든지 finally 블록이 있으면 실행한다.

프로그램 9.5를 프로그램 9.6과 같이 예외가 발생하지 않을 경우 실행할 코드인 print
문을 다음과 같이 else 절에 따로 작성할 수 있다. 물론 실행 결과는 두 프로그램 모두
같다.

프로그램 9.6

```
01  try:
02      x = int(input('나눌 숫자를 입력하세요: '))
03      result = 10 / x
04  except ZeroDivisionError: # 숫자를 0으로 나눌 때 실행됨
05      print('숫자를 0으로 나눌 수 없습니다.')
06  except ValueError:        # 범위를 벗어난 인덱스에 접근했을 때 실행됨
07      print('입력한 값은 정수가 아닙니다.')
08  else:                     ← 예외가 발생하지 않으면 실행된다.
09      print(result)
```

finally 절 사용하기

finally 절은 옵션으로 try 문의 마지막에 올 수 있다. finally 절은 예외의 발생 및 처
리 여부와 관계없이 try 문이 끝날 때 마지막으로 실행된다.

예를 들어 프로그램 9.7은 정수 두 개를 입력받아서 하나는 리스트의 인덱스로 사
용하고, 하나는 나누는 값으로 사용한다. 그리고 except 절을 세 개 사용하고 각각
ZeroDivisionError, IndexError, ValueError를 지정한다. 그리고 마지막으로 finally
절에서 try 문이 끝났다는 메시지를 출력한다. 이 메시지는 어떤 경우에도 출력된다.

프로그램 9.7

```
01  y = [10, 20, 30]
02  try:
03      index = int(input('인덱스를 입력하세요: '))
04      x = int(input('나눌 숫자를 입력하세요: '))
```

```
05      print(y[index] / x)
06  except ZeroDivisionError as e:
07      print('숫자를 0으로 나눌 수 없습니다: ', e)
08  except IndexError as e:
09      print('잘못된 인덱스입니다: ', e)
10  except ValueError as e:
11      print('입력한 값은 정수가 아닙니다: ', e)
12  finally:              ←[ 어떤 경우든 마지막으로 실행된다. ]
13      print('try 문 수행 완료')
```

y = [10, 20, 30]은 원소가 3개인 리스트로 인덱스는 0부터 2까지이다. 따라서 첫 번째
실행 결과의 경우에는 20 / 2가 되므로 10이 출력된다. 두 번째 실행 결과의 경우에는
인덱스 3이 리스트의 범위를 벗어나게 되며 이때는 except IndexError의 처리 코드가
실행된다. 두 경우 모두 finally 절에서 try 문이 끝났다는 메시지를 출력한다.

실행 결과

```
인덱스를 입력하세요: 1
나눌 숫자를 입력하세요: 2
10
try 문 수행 완료
```

실행 결과

```
인덱스를 입력하세요: 3
나눌 숫자를 입력하세요: 5
잘못된 인덱스입니다: list index out of range
try 문 수행 완료
```

9.4 | 예외 전파

예외 전파

함수 내에서 예외가 발생하면 함수 내에서 try-catch 문을 이용하여 처리할 수 있다. 만약 함수 내에서 발생된 예외를 그 함수 내에서 처리하지 않으면 어떻게 될까? 함수 내에서 발생된 예외는 그 함수 내에서 처리되지 않으면 그림 9.3과 같이 호출자 함수에 전파된다. 일반적으로 말하면 호출된 함수 내에서 발생된 예외는 그 함수 내에서 처리되지 않으면 호출의 역순으로 처리될 때까지 호출자 함수에게 전파되는데 이를 **예외 전파**(exception propagation)라고 한다.

> **핵심 개념**
>
> 호출된 함수 내에서 발생된 예외는 그 함수 내에서 처리되지 않으면 호출의 역순으로 처리될 때까지 호출자 함수에게 전파되는데 이를 **예외 전파**(exception propagation)라고 한다.

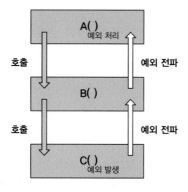

그림 9.3 예외 전파 과정

프로그램 9.8을 실행시켜 보자. 이 프로그램은 그림 9.3과 같이 A() → B() → C() 순으로 함수가 호출되고 함수 C()에서 ZeroDivisionError 예외가 발생한다. 실행 결과를 보면 이 함수 호출 과정(호출 스택 트레이스)과 C()에서 발생된 예외를 확인할 수 있다.

```
01  def C(x):
02      return 10 / x       # x가 0인 경우 오류 발생
03  def B(y):
04      return C(y - 1)     # y가 1인 경우 오류 발생
05  def A( ):
06      print(B(int(input())))
07  A( )
```

```
1
Traceback (most recent call last):
File "<pyshell#6>", line 1, in <module>
A()
File "<pyshell#5>", line 2, in c
print(B(int(input())))
File "<pyshell#3>", line 2, in b
return C(y - 1)
File "<pyshell#1>", line 2, in a
return 8 / x
ZeroDivisionError: division by zero
```

예외 전파의 특징을 이용하면 호출된 함수 내에서 발생된 예외를 호출자 함수에서 처리할 수 있다. 프로그램 9.8을 가지고 함수 C()에서 발생된 예외를 호출자인 함수 A()에서 처리하도록 재작성해 보자. 프로그램 9.9는 A() 함수에서 0으로 나누는 오류를 처리한다. C()에서 예외가 발생하더라도 그림 9.3과 같이 그 예외가 호출의 역순을 따라 결국 A() 함수까지 전파되어 A() 함수에서 처리된다.

```
01  def C(x):
02      return 10 / x       # x가 0인 경우 오류 발생
03  def B(y):
04      return C(y - 1)     # y가 1인 경우 오류 발생
05  def A():
06      try:
07          print(B(int(input())))
```

```
08      except ZeroDivisionError as e:
09          print(e, '오류 발생')
10  A()            # 함수 A 호출
```

```
1
division by zero 오류 발생
```

9.5 | 예외 정의

예외 계층 구조

파이썬에서 예외는 클래스 상속으로 구현되며 그림 9.4와 같은 계층 구조로 이루어진다. BaseException은 내장 예외를 포함한 모든 예외 클래스의 최상위 클래스이다. Exception 클래스는 시스템 오류를 제외한 모든 예외 클래스의 최상위 클래스로, 이 클래스의 하위 클래스로 새로운 예외를 정의할 수 있다.

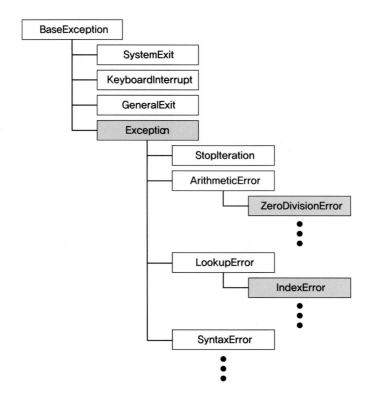

그림 9.4 예외 계층 구조

예외 발생과 예외 정의

프로그램에서 예외적인 상황을 만나게 되면 일부로 예외를 발생시킬 수 있다. 파이썬은

raise 문을 사용해 다음과 같이 예외를 발생시킬 수 있다. 이 경우에 예외이름은 이미 정의된 내장된 예외이름도 가능하고 사용자가 정의한 예외이름도 가능하다. 메시지는 발생한 예외의 오류 메시지를 나타낸다.

```
raise 예외이름 또는
raise 예외이름(메시지)
```

예를 들어 다음과 같이 어떤 예외든 발생시킬 수 있다.

```
>>> raise ZeroDivisionError('0으로 나눌 수 없음')
Traceback (most recent call last):
File "<stdin>", line 1, in <module>
ZeroDivisionError: 0으로 나눌 수 없음
```

핵심 개념

raise 문을 사용해 예외를 발생시킬 수 있다.

프로그래머는 프로그램 수행 중에 나타날 수 있는 특수한 예외 상황에 맞게 예외 처리를 하기 위해서 이에 맞는 새로운 예외를 정의해서 사용하면 된다. 보통 새로운 예외는 다음과 같이 Exception 클래스를 상속받아서 구현한다.

예외 정의

```
class 예외이름(Exception):
    ...
```

직접 예외를 정의해 보자. 다음과 같이 내장 클래스인 Exception 클래스를 상속하여 음수 입력을 나타내는 새로운 예외 NegativeInputException을 정의할 수 있다. 여기서 pass는 실행할 것이 없다는 의미이다.

음수 입력 예외 정의

```
class NegativeInputException(Exception):
    pass
```

핵심 개념

Exception 클래스를 상속받아 새로운 예외를 정의할 수 있다.

응용 **입력 점수 합계 계산**

프로그램 9.10의 input_total() 함수는 점수를 입력받아 합계를 계산하여 출력한다. 입력된 점수가 정수가 아니면 오류 메시지를 출력하고 다시 입력을 받는다. 입력된 점수가 음수이면 유효하지 않은 점수이므로 예외를 발생시키고 그때까지 입력된 점수의 합을 반환한다.

프로그램 9.10

```
01  class NegativeInputException(Exception):
02      pass
03
04  def input_total( ):
05      try:
06          total = 0
07          while True:
08              try:
09                  score = int(input( ))
10                  if score < 0 :
11                      raise NegativeInputException
12                  total = total + score
13              except ValueError:
14                  print('입력한 값은 정수가 아닙니다. 다시 입력해 주세요')
15      except NegativeInputException as e:
16          print(e)
17          return total
```

실행 결과

```
>>> input_total()
10
20.0
입력한 값은 정수가 아닙니다. 다시 입력해 주세요
20
30
-1

60
```

하지만 이 프로그램을 실행해 보면 print(e)로 오류 메시지가 출력되지 않는 것을 확인할 수 있다. 이는 이 예외의 오류 메시지가 정의되지 않았기 때문이다. 오류 메시지를 출력하려면 두 가지 방법이 있다.

❶ 첫 번째 방법은 다음과 같이 메시지와 함께 예외를 생성하여 예외를 발생시키는 것이다.

```
raise NegativeInputException("음수 입력입니다.")
```

❷ 두 번째 방법은 예외 클래스에 다음과 같은 __str__ 메소드를 구현하는 것이다. __str__ 메소드는 print(e)처럼 스트링을 출력할 때 자동으로 호출되는 메소드이다.

```
class NegativeInputException(Exception):
    def __str__(self):
        return "음수 입력입니다."
```

프로그램을 다시 실행해 보면 "음수 입력입니다."라는 오류메시지가 출력되는 것을 확인할 수 있다.

● 요약

- 예외란 프로그램 실행 중에 발생하는 오류 혹은 비정상적 상황이다.
- 발생한 예외를 처리하지 않으면 프로그램은 더 이상 실행되지 않고 종료된다.
- try-except 문은 try 블록 실행 중에 발생한 예외를 처리할 수 있다.
- try-except-else-finally 문에서 try 블록을 실행할 때 예외가 발생하면 except 블록을 실행한다. 만약 예외가 발생하지 않으면 else 블록을 실행한다. 어떠한 경우든지 finally 블록이 있으면 실행한다.
- 호출된 함수 내에서 발생된 예외는 그 함수 내에서 처리되지 않으면 호출의 역순으로 처리될 때까지 호출자 함수에게 전파되는데 이를 예외 전파(exception propagation)라고 한다.
- raise 문을 사용해 예외를 발생시킬 수 있다.
- Exception 클래스를 상속받아 새로운 예외를 정의할 수 있다.

실습 문제

01 사용자로부터 점수들을 입력받아, 최저 점수와 최고 점수, 합계와 평균을 계산하여 출력하는 프로그램을 작성하시오. 점수는 0점부터 100점까지의 값만 입력받으며 −1을 입력받으면 결과를 출력하고 프로그램을 종료하도록 예외 처리한다. 뿐만 아니라 정수가 아닌 문자열을 입력을 받으면 오류 메시지를 출력하고 다시 입력하도록 예외 처리한다. 실행 결과의 예는 다음과 같다.

> **실행 결과**
>
> 점수 입력
> 80
> 90
> &*
> 잘못된 입력입니다. 다시 입력하세요.
> 95
> 690
> 유효한 점수가 아닙니다. 다시 입력하세요.
> 69
> 88
> 0
> 최고 점수 : 95
> 최저 점수 : 69
> 합계 : 576
> 평균 : 82.28

02 사용자로부터 텍스트 파일명을 입력받아 해당 파일을 열고 파일 내용에 줄번호를 붙여서 출력하는 프로그램을 작성하시오. 파일을 열 때 혹은 파일로부터 내용을 읽을 때 다음과 같은 예외가 발생하면 이를 처리할 수 있도록 작성하시오.

- FileNotFoundError
- EOFError

01 다음 중 파이썬에서 예외를 강제로 발생시키는 키워드는 무엇인가?

(1) throw   (2) raise   (3) throws   (4) error

02 다음 코드를 실행하고 결과를 설명하시오.

```
>>> list = [1,2,3,4,5]
>>> print(list[5])
```

03 다음 입력에 대한 이 프로그램의 실행 결과는 무엇인가?

```
try:
    x = int(input('나눌 숫자를 입력하세요: '))
    print(10 / x)
except ZeroDivisionError:
    print('숫자를 0으로 나눌 수 없습니다.')
except ValueError:
    print('입력한 값은 정수가 아닙니다.')
```

(1) 10   (2) 10.0   (3) 0   (4) 3.14

04 다음 입력에 대한 이 프로그램의 실행 결과는 무엇인가?

```
y = [10, 20, 30]
try:
    index = int(input('인덱스를 입력하세요: '))
    x = int(input('나눌 숫자를 입력하세요: '))
    print(y[index] / x)
except ZeroDivisionError as e:
    print('숫자를 0으로 나눌 수 없습니다: ', e)
except IndexError as e:
    print('잘못된 인덱스입니다: ', e)
except ValueError as e:
    print('입력한 값은 정수가 아닙니다: ', e)
finally:
    print('try 문 수행 완료')
```

(1) 1 10   (2) 2 10   (3) 2 0   (4) 3 10

연습 문제

05 다음 프로그램에서 발생 가능한 예외들은 무엇인가? 예외를 처리하도록 프로그램을 재작성하시오.

```
>>> def divide(x,y)
        return x/y
>>> a = int(input())
>>> b = int(input())
>>> print(divide(a,b))
```

06 리스트와 리스트 내에서 찾고자 하는 값을 매개변수로 받아 해당 값이 있는 위치(인덱스)를 반환하는 함수를 작성하시오. 리스트 내에 해당 값이 없는 경우에는 예외로 처리하고 적절한 오류 메시지를 출력한다.

```
>>> value_in_list([1,2,3,4,5], 10)
ValueError: 10 is not in list
def value_in_list(list, value):
```

- 리스트(list)에서 값(value)이 있는 위치(인덱스)를 반환한다.
- 리스트에 값이 존재하지 않는 경우에는 None을 반환한다.

07 딕셔너리와 키를 매개변수로 받아 딕셔너리에서 키에 해당하는 값을 반환하는 함수를 작성하시오. 딕셔너리에 키가 존재하지 않은 경우에는 예외로 처리하고 적절한 오류 메시지를 출력한다.

```
def get(key, dict):
```

- 딕셔너리(dict)에서 키에 해당하는 값을 반환한다.
- 딕셔너리에 키가 존재하지 않는 경우에는 None을 반환한다.

MEMO

객체와 클래스

10.1 | 객체지향 프로그래밍

객체지향 개념

객체지향 프로그래밍(Object-Oriented Programming, OOP)에서 프로그램이란 실세계에 있는 객체들을 표현하고 이들 사이의 상호작용을 시뮬레이션하기 위한 것이다. 실제로 많은 소프트웨어 예를 들어, 인터넷 뱅킹, 수강 신청 등을 위한 소프트웨어들은 실세계에 존재하는 객체들을 프로그램상에 표현하고 이들 사이에 상호작용을 프로그램 상에서 시뮬레이션 한다.

객체지향 프로그래밍에서 객체는 실세계의 사물 혹은 물체를 나타내는 데 사용된다. 예를 들어 자동차, 은행계좌, 학생, 직원 등은 모두 객체이다. 예를 들어 그림 10.1과 같은 3개의 자동차 객체를 생각해 보자. 이러한 객체를 표현하려면 먼저 그 객체의 상태나 특성을 나타내는 속성을 표현해야 하고 그 객체가 할 수 있는 행동들이 있으므로 이를 표현해야 한다.

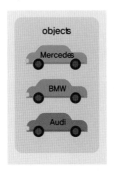

그림 10.1 자동차 객체

일반적으로 객체는 그 객체의 상태나 특성을 나타내는 **속성**(attribute)과 그 객체의 **행동**(behavior)으로 이루어진다. 객체의 행동은 그 객체가 할 수 있는 연산 혹은 동작을 의미하며, 객체가 어떤 행동을 함으로써 변경될 수 있다. 또한 객체의 속성이 행동에 영향을 줄 수도 있다. 예들 들어 주행거리를 중심으로 자동차를 표현하면 속성으로는 소유자명, 주행거리 등이 있으며, 행동은 주행, 주행거리 조회 등이 있다. 자동차가 주행하게 되면 객체의 속성인 주행거리가 변경된다.

클래스

프로그램상에 객체를 표현하려면 어떻게 하여야 할까? 먼저 객체의 속성과 행동을 정의 하여야 하는데 이렇게 객체를 정의한 것을 **클래스(class)**라고 한다. 클래스는 객체에 대한 설계도라고 할 수 있으며 객체지향 언어에서 일종의 자료형(data type)이라고 할 수 있다.

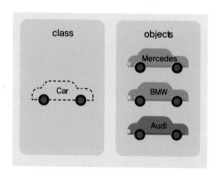

그림 10.2 자동차 클래스와 객체

클래스는 객체에 대한 설계도이므로 결국 객체의 속성과 행동을 나타내야 하는데 객체의 속성은 필드 변수로 나타내고 행동은 메소드로 나타낸다.

- 속성: 필드 변수(filed variable)
- 행동: 메소드(method)

예를 들어 자동차 객체를 정의하는 클래스는 그림 10.3과 같이 속성을 나타내는 필드 변수 name, mileage와 행동을 나타내는 메소드 drive, getMileage 등으로 정의할 수 있다.

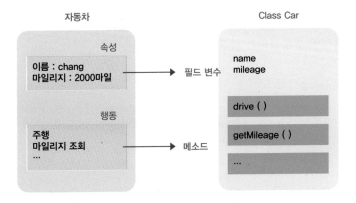

그림 10.3 자동차 클래스 정의

파이썬에서 클래스 내의 필드 변수는 두 종류가 있다. 하나는 **객체 변수**(object variable)이고 다른 하나는 **클래스 변수**(class variable)이다. 객체 변수는 10.2절에서 클래스 변수는 10.4절에서 자세히 살펴본다.

객체의 생성과 사용

클래스는 객체에 대한 설계도라고 할 수 있다. 하나의 자동차 설계도로 여러 대의 자동차를 만드는 것처럼 한 클래스로부터 여러 개의 객체들을 생성할 수 있다. 이와 같이 클래스로부터 객체들을 생성해내는 것을 **실체화**(instantiation)라고 하며 객체는 클래스의 하나의 **인스턴스**(instance)라고 한다. 예를 들어 Car 클래스로부터 여러 대의 자동차 객체들을 생성할 수 있다.

> **핵심 개념**
>
> 클래스로부터 객체들을 생성해내는 것을 실체화라고 하며 객체는 클래스의 하나의 인스턴스라고 한다.

지금까지 배운 것 중에서 객체를 생성하여 사용하는 예를 살펴보자. tkinter 모듈 안에 있는 Tk 클래스가 윈도우를 정의하고 있다. Tk 클래스의 객체를 생성하면 화면에 하나의 윈도우가 생성된다. Tk 클래스를 이용하여 3개의 윈도우 객체를 생성해 보자.

```
from tkinter import *
window1 = Tk()          # 윈도우 객체를 생성한다.
window2 = Tk()          # 윈도우 객체를 생성한다.
```

```
window3 = Tk()                    # 윈도우 객체를 생성한다.
```

그림 10.4 윈도우 객체

터틀 그래픽에서 그림을 그리는 거북도 모듈 형태로 제공되는 일종의 객체로 다음과 같
이 거북 객체를 생성하여 이 객체를 이용하여 그림을 그릴 수 있다.

```
from turtle import *
t = Turtle()              # 거북 객체를 생성한다.
t.forward(100)            # forward는 거북 객체의 메소드
t.right(90)               # right는 거북 객체의 메소드
t.forward(100)
```

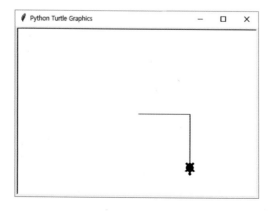

그림 10.5 터틀 그래픽 객체

문자열이나 리스트도 파이썬 언어가 제공하는 일종의 객체로 이해할 수 있다. 다음과 같이 빈 리스트 객체를 생성하여 이 리스트에 항목을 추가하기 위해서는 append, extend 또는 insert 등의 메소드를 사용할 수 있다.

```
>>> word = []
>>> word.append('I')
>>> word.extend(['love', 'programming'])
>>> word.insert(2, '파이썬')
>>> word
['I', 'love', '파이썬', 'programming']
```

뿐만 아니라 정렬, 반전 등의 행동을 위한 sort, reverse 메소드도 사용할 수 있다.

```
>>> word.sort()
>>> word
['I', 'love', 'programming', '파이썬']
>>> word.reverse()
>>> word
['파이썬', 'programming', 'love', 'I']
```

10.2 | 클래스 정의

클래스 정의

파이썬에서는 새로운 클래스를 정의할 수 있다. 일반적으로 하나의 클래스는 객체의 속성을 나타내는 필드 변수인 **객체 변수들**(object variable)과 객체의 행동을 나타내는 메소드(함수) 정의들로 구성된다. 예를 들어 은행 계좌를 표현하기 위한 속성으로는 소유자명, 계좌번호, 잔액 등이 있으며, 계좌에 대해 취할 수 있는 행동은 입금, 출금, 잔액조회 등이 있다. 구체적으로 은행 계좌 클래스는 그림 10.6과 같이 객체의 속성을 나타내는 객체 변수 name, balance와 행동을 나타내는 메소드 deposit, withdraw, getBalance 등으로 정의할 수 있다.

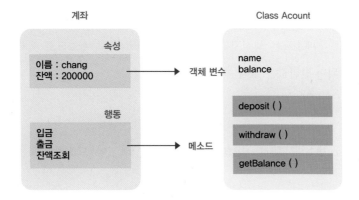

그림 10.6 Account 클래스 정의

클래스 정의는 다음과 같이 __init__ 메소드와 다른 여러 개의 메소드(함수)들로 구성된다. 모든 메소드는 자신 객체를 나타내는 self 참조를 첫 번째 매개변수로 받는다.

구문법   클래스 정의
```
class 클래스명:
    def __init__(self, 매개변수):
        ...
```

```
        def 메소드명(self, 매개변수):
            ...
의미
    클래스명을 갖는 새로운 클래스를 정의한다.
```

self는 자신 객체를 나타내는 참조 변수이며 모든 메소드는 self를 첫 번째 매개변수로 받는다.

파이썬에서는 변수를 선언할 필요가 없으므로 객체의 속성을 나타내는 필드 변수인 객체 변수도 선언하지 않고 사용한다. 객체 변수(object variable)는 각 객체마다 변수를 위한 메모리가 할당된다.

객체 변수(object variable)는 각 객체마다 변수를 위한 메모리가 별도로 존재하는 필드 변수로, 인스턴스 변수(instance variable)라고도 한다.

객체 변수는 __init__ 메소드에서 초기화하며 메소드 내에서 "self.변수이름" 형태로 사용한다. __init__ 메소드는 생성자(constructor)라고 특수 메소드로 객체가 생성된 후 자동으로 호출되며 반환값은 없다.

객체 변수는 "self.변수이름" 형태로 사용할 수 있으며 생성자 __init__ 메소드에서 초기화한다.

Account 클래스 정의

Account 클래스를 작성하면 프로그램 10.1과 같다. 그림 10.7은 Account 클래스의 구조를 보여준다. 이 예를 중심으로 클래스 선언에 대해서 알아보도록 하자.

프로그램 10.1

```
01  class Account:
02      def __init__(self, name):        생성자 정의
03          self.name = name
                                          객체 변수
```

```
04          self.balance = 0
05                          객체 변수
06      def getBalance(self):      ← 메소드 정의
07          return self.balance
08
09      def deposit(self, amount):      ← 메소드 정의
10          self.balance += amount
11          return self.balance
12
13      def withdraw(self, amount):      ← 메소드 정의
14          if amount <= self.balance:
15              self.balance -= amount
16          else:
17              print("잔액 부족")
18          return self.balance
```

프로그램 10.1의 Account 클래스는 객체 변수로 name과 balance를 사용한다.

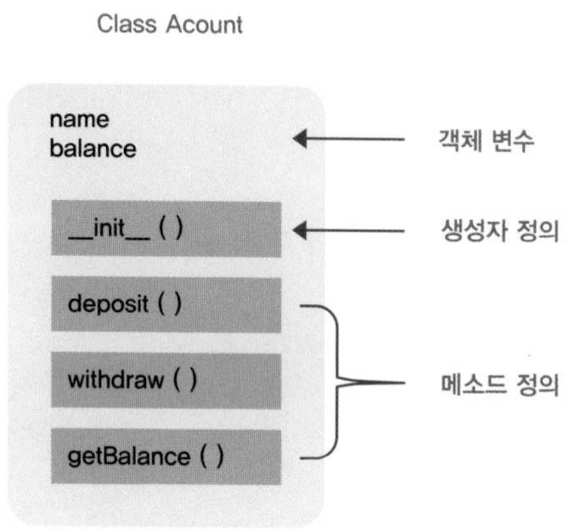

Class Acount

name
balance   ← 객체 변수

__init__ ( )   ← 생성자 정의

deposit ( )

withdraw ( )   메소드 정의

getBalance ( )

그림 10.7   Account 클래스 정의

Account 클래스의 생성자는 이름을 인수로 받아 객체 변수 name를 초기화하며 잔액을 나타내는 balance는 0으로 초기화한다. 이 메소드는 자신 객체를 나타내는 self를 매개변수로 받으며 self는 자신 객체를 나타내므로 "self.변수이름"은 객체의 객체 변수를 나타낸다.

```
def __init__(self, name):
    self.name = name
```

```
        self.balance = 0
```

이름뿐만 아니라 초기화할 잔액을 매개변수로 받아 다음과 같이 초기화 하는 것도 가능하다.

```
def __init__(self, name, balance):
    self.name = name
    self.balance = balance
```

이 클래스의 getBalance 메소드는 잔액을 알려준다. deposit 메소드는 입금 후 잔액을 리턴한다. withdraw 메소드는 출금하고 남은 잔액을 리턴하는데 잔액이 부족할 때는 "잔액 부족"이라는 메시지를 출력한다.

10.3 | 객체 생성 및 메소드 호출

객체 생성

클래스를 사용하여 원하는 수만큼의 객체를 생성할 수 있다. 다음과 같이 하나의 객체를 생성할 수 있으며 이 변수는 생성된 객체를 가리키므로 **객체 참조 변수**(object reference variable)라고 한다.

> **구문법** 〔객체 생성〕
>
> 　　변수 = 클래스명(인수)
>
> **의미**
>
> 　　클래스명을 갖는 클래스의 객체를 생성하고 이를 변수가 참조한다.

하나의 클래스로부터 여러 개의 객체를 생성할 수 있다. 예를 들어, 그림 10.8과 같이 세 번 사용하면 하나의 Account 클래스로부터 세 개의 Account 객체가 생성된다. 한 클래스로부터 생성되는 각 객체는 객체 변수들을 위한 기억공간을 각각 별도로 갖는다. 따라서 Account 객체가 생성될 때마다 객체 변수 name, balance를 위한 기억공간이 별도로 할당된다.

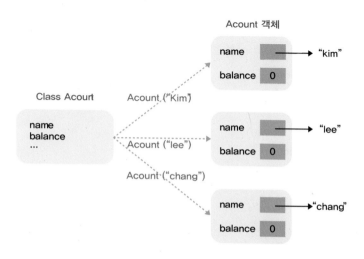

그림 10.8 Account 클래스로부터 객체 생성

예를 들어, 다음 코드는 이 클래스로부터 Account 객체를 하나 생성하고 이를 참조 변수 acc1에 대입한다. 이 객체는 객체 변수 name과 balance를 위한 기억공간을 갖고 있다. 참조 변수 acc1은 그림 10.9와 같이 새로 생성된 객체를 참조한다.

```
>>> acc1 = Account('kim')
```

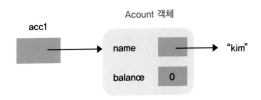

그림 10.9 Account 객체 생성과 참조

메소드 호출

생성된 객체에 대해서 다음과 같이 객체의 객체 변수를 접근하고 메소드를 호출할 수 있다.

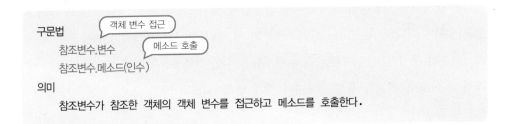

예를 들어 acc1이 참조하는 객체에 deposit 함수를 호출하여 금액를 추가한 후 getBalance 함수를 호출하여 이를 확인할 수 있다. 또한 객체 변수를 직접 접근하여 이름과 금액을 확인할 수 있다.

```
>>> acc1.deposit(100000)
>>> acc1.getBalance()
100000
>>> acc1.name
'kim'
>>> acc1.balance
100000
```

필요한 만큼 Account 객체를 생성할 수 있다. 예를 들어 또 하나의 Account 객체를 생성하고 이를 acc2 변수가 가리킨다. 이후에 acc2.deposit 메소드를 호출하여 200000원을 입금하고 잔액을 출력한다.

```
>>> acc2 = Account('lee')
>>> acc2.deposit(200000)
>>> acc2.getBalance()
200000
```

또한 다음과 같이 세 번째 Account 객체를 생성하여 사용할 수 있다.

```
>>> acc3 = Account('chang')
>>> acc3.deposit(300000)
>>> acc3.getBalance()
300000
```

객체 출력을 위한 __str__() 메소드

객체를 출력하면 어떻게 될까? 예를 들어 acc1 변수가 가리키는 객체를 출력하면 객체의 클래스와 위치 등에 관한 정보를 다음과 같이 출력해 준다.

```
>>> print(acc1)
<__main__.Account object at 0x000001A2ACC7CC48>
```

그렇다면 객체를 출력할 때 내가 원하는 대로 출력하려면 어떻게 하여야 할까? 이러한 목적을 위한 특수 메소드로 __str__ 메소드를 제공한다. 이 메소드를 구현하여 객체를 출력하고자 하는 내용을 원하는 문자열 형태로 반환하면 된다. 예를 들어 다음과 같이 Account 클래스 내에 정의하여 Account 객체를 print 하면 계좌 소유주 이름의 객체라고 출력된다.

```
def __str__(self):
    msg = self.name + "의 계좌"
    return msg
```

10.4 | 객체 변수와 클래스 변수

파이썬에서 클래스 내의 필드 변수는 두 종류가 있다. 하나는 객체 변수이고 다른 하나는 클래스 변수이다. 지금까지 사용한 필드 변수들은 모두 객체 변수로 각 객체마다 이들을 위한 기억공간이 별도로 존재한다. 따라서 한 클래스의 여러 객체들은 객체 변수를 공유해서 사용할 수 없다.

그렇다면 한 클래스의 모든 객체들이 어떤 값을 공유하여 사용하려면 어떻게 하여야 할까? 이러한 경우에 **클래스 변수(class variable)**가 필요하다. 즉 클래스를 설계할 때 모든 객체가 공유해서 사용하는 필드 변수가 필요하다면 이러한 변수들은 클래스 변수로 먼저 선언해야 한다.

> **핵심 개념**
>
> **클래스 변수(class variable)**는 클래스에 하나 존재하여 그 클래스의 모든 객체가 공유하는 필드 변수로 정적 변수(static variable)라고도 한다.

파이썬에서 클래스 변수는 객체 변수와 달리 self를 붙이지 않고 다음과 같이 클래스 내에 선언해야 하며 수식의 값으로 초기화된다.

```
class 클래스명:
    변수명 = 수식
```

또한, 다음과 같이 클래스명으로 클래스 변수에 접근할 수 있다.

```
클래스명.변수명
```

예를 들어 프로그램 10.3에서 counter는 클래스 변수로 이 클래스로부터 생성된 객체의 개수를 세는 데 사용된다. 이 클래스의 객체가 생성될 때마다 __init__ 메소드에서 1

씩 증가시키고 객체가 소멸될 때마다 호출되는 **소멸자**(destructor) 메소드인 __del__ 메소드에서 1씩 감소시킨다. getCounter 메소드는 이 개수를 리턴한다.

프로그램 10.3

```
01  class Account:        클래스 변수
02      counter = 0
03      def __init__(self, myname):
04          self.name = myname
05          self.balance = 0
06          Account.counter += 1
07
08      def __del__(self):
09          Account.counter -= 1
10
11      def getCounter(self):
12          return Account.counter
13  ...
```

다음과 같이 세 개의 객체를 생성한 후에 클래스 변수 counter는 그림 10.10과 같다. getCounter 메소드를 호출하여 Account.counter에 저장된 객체의 개수를 확인할 수 있다. 또한 Account.counter를 직접 접근하여 이를 확인할 수도 있다. 또한 del을 사용하여 객체를 하나 삭제한 후에 Account.counter 값을 확인할 수 있다.

```
>>> kim = Account('kim')
>>> lee = Account('lee')
>>> chang = Account('chang')
>>> kim.getCounter()
3
>>> Account.counter
3
>>> del kim
>>> Account.counter
2
```

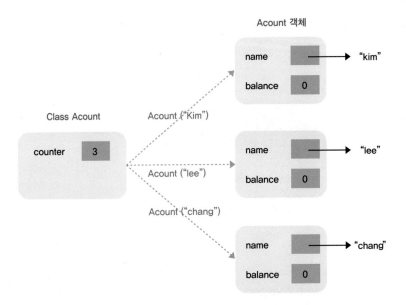

그림 10.10 클래스 변수와 Account 객체 생성

10.5 | 캡슐화 🚀 고급 주제

캡슐화의 필요성

캡슐화는 중요한 데이터를 보존, 보호하기 위한 것이다. **캡슐화(encapsulation)**는 연관 있는 필드 변수와 메소드들을 클래스로 묶고 내부 구현 내용을 외부에 감추는 것을 말한다. 캡슐화는 마치 필드 변수와 관련 메소드들을 그림 10.11과 같이 캡슐에 넣는 것처럼 생각할 수 있다.

> **핵심 개념**
>
> 캡슐화는 일반적으로 연관 있는 필드(속성)와 메소드를 클래스로 묶고 내부 구현 내용을 외부에 감추는 것을 말한다.

캡슐화는 정보 은닉을 위해 클래스의 내부 구현 내용을 외부에서 접근하지 못하게 한다. 객체의 내부 구현 내용을 캡슐화하여 보호하는 이유는 외부의 잘못된 사용으로 인해 객체가 손상되지 않도록 하는 데 있다. 외부 객체(클라이언트)는 객체의 내부를 접근하지 못하며 외부에 제공하는 필드와 메소드만 이용할 수 있다. 객체가 외부에 제공하는 메소드는 창구 역할을 하므로 인터페이스 메소드(interface method)라고 한다.

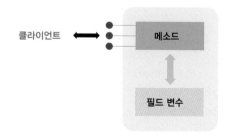

그림 10.11 캡슐화 개념

접근 제어

클래스를 정의할 때 **접근 제어(access modifier)**를 사용하여 클래스를 캡슐화할 수 있다. 파이썬에서는 3가지 접근 제어를 제공한다.

- 공용(public) 접근 제어
- 보호(protected) 접근 제어
- 전용(private) 접근 제어

이들 접근 제어는 데이터나 메소드의 가시성을 구체적으로 결정한다. 공용(**public**) 필드 변수와 메소드는 프로그램 내의 어느 곳에서나 접근이 가능하다. 전용(**private**) 필드 변수와 메소드는 클래스 내부에서만 접근 가능하다.

파이썬은 기본적으로 Java나 C++ 언어에 있는 접근 제어자(public, private, protected)가 별도로 없고 다음과 같은 작명법으로 접근 제어를 한다. 언더바로 시작하지 않는 이름들은 기본적으로 모두 public이다.

표 10.1 파이썬의 접근 제어 작명법

공용(public)	전용(private)	보호(protected)
언더바로 시작하지 않는 이름	두 개의 언더바 __로 시작하는 이름	한 개의 언더바 _로 시작하는 이름

접근 제어를 이용하여 적절하게 캡슐화할 수 있다. 예를 들어 Account 클래스의 계좌 소유자의 이름(name)과 잔액(balance) 정보는 매우 중요하고 민감한 정보들이다. 따라서 이러한 정보는 다른 클래스에서 임의로 접근하지 못하도록 해야 한다. 프로그램 10.4와 같이 필드 변수 이름을 __name 이나 __balance로 변경하면 이 이름은 클래스 내부에서만 사용될 수 있는 전용 변수가 된다.

프로그램 10.4

```
01  class Account:
02      def __init__(self, name):
03          self.__name = name
04          self.__balance = 0
05
06      def getBalance(self):
07          return self.__balance
08
09      def deposit(self, amount):
10          self.__balance += amount
```

```
11          return self.__balance
12  ...
```

이 전용 변수들을 외부에서 접근하거나 수정하려면 반드시 보호(protected) 또는 공용 (public) 메소드들을 사용해야 한다. 예를 들어 공용 메소드인 deposit, withdraw, getBalance 메소드를 호출하여 전용 변수 balance 값을 접근하거나 수정할 수 있다. 그림 10.12는 Account 클래스의 공용 메소드들을 보여주고 있다.

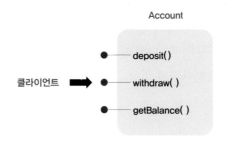

그림 10.12 Account 클래스의 공용 메소드

다음과 같이 테스트 해 보면 해당 변수는 외부에서 접근할 수 없음을 알 수 있다(정확히는 해당 변수가 없는 것처럼 오류 메시지가 나온다). 또한 이 변수를 deposit, getBalance와 같은 공용 메소드를 사용하여 접근할 수 있다.

```
>>> my = Account('kim')
>>> my.__balance
Traceback (most recent call last):
File "<stdin>", line 1, in <module>
AttributeError: 'Account' object has no attribute '__balance'
>>> my.deposit(300000)
>>> my.getBalance()
300000
```

10.6 | 상속 🚀 고급 주제

상속의 기본 개념

새로운 클래스를 정의할 때 상속을 사용하면 기존 클래스를 상속받아 새로운 클래스를 정의할 수 있다. 기존 클래스는 **부모 클래스(parent class)**라고 하고 상속받아 새로 정의된 클래스는 **자식 클래스(child class)**라고 한다. 자식 클래스가 부모 클래스의 기능을 상속받아 쓰는 것이라고 이해하면 쉽다.

> **핵심 개념**
>
> 상속을 이용해 자식 클래스를 새로 정의하면 자식 클래스는 부모 클래스의 필드 변수와 메소드들을 상속받아 갖게 되며 필요에 따라 새로운 필드 변수나 메소드들을 추가할 수 있다.

보다 쉽게 말하면 자식 클래스는 그림 10.13과 같이 부모 클래스를 확장한(extend) 클래스라고 할 수 있다. 부모 클래스는 **슈퍼클래스(superclass)**라고도 하고 자식 클래스는 **서브클래스(subclass)**라고도 한다.

그림 10.13 부모 클래스와 자식 클래스

기존 클래스를 상속받아 새로운 클래스를 정의하고자 할 때 아무 클래스나 상속받아 정의할 수는 없을 것이다. 그렇다면 어떤 클래스를 상속받을 수 있을까?

부모 클래스와 이를 상속받아 정의하려는 자식 클래스 사이에는 반드시 is-a 관계가 성립해야 한다.

is-a 관계(relationship)는 영어의 "Dog is an animal"과 같은 문장에서 사용되는 것과 같은 관계로 "A is a B" 문장은 "A는 B이다" 혹은 "A는 B 중의 하나이다" 정도의 의미이다. A와 B 사이에 is-a 관계가 성립하면 B가 보다 일반적인 것을 나타내는 반면에 A는 B 중의 하나로 보다 구체적인 것이라고 할 수 있다. 따라서 A는 B의 일반적인 특성을 모두 포함하며 추가적으로 A만의 속성을 갖게 되므로 B 클래스를 상속받아 확장하여 A 클래스를 정의할 수 있다.

상속의 예

상속의 예를 생각해 보자. 사람과 학생, 학생과 대학생, 직원과 관리자, 동물과 고양이, 도형과 삼각형 등이 is-a 관계가 성립하는 상속의 예라고 할 수 있다. 예를 들어 직원(Employee)이 보다 일반적인 것이고 관리자(Manager)는 직원 중의 하나로 보다 구체적인 것이다. 이 경우에 관리자는 직원의 일반적인 속성을 모두 포함하고 추가적으로 관리자만의 속성을 갖고 있다. 따라서 그림 10.14와 같이 Employee 클래스를 상속받아 (확장해서) Manager 클래스를 정의할 수 있다.

그림 10.14   Employee 클래스와 Manager 클래스

이렇게 is-a 관계가 성립할 때 부모 클래스를 상속받아 자식 클래스를 정의하므로 자식 클래스는 부모 클래스보다 구체적인 버전("The child is a more specific version of the parent")이라고 볼 수 있다.

그렇다면 상속을 사용했을 때 이점은 무엇일까? 예를 들어 상속을 사용하지 않고도 Employee 클래스와 Manager 클래스를 따로 정의할 수도 있을 것이다. 그러나 상속을 사용하면 기존의 클래스를 확장해서 새로운 클래스를 정의하는데 이는 기존의 클래스인 소프트웨어를 재사용하는 것으로 이를 **소프트웨어 재사용**(software reuse)이라고 한다. 이렇게 기존 소프트웨어를 재사용함으로써 기존 소프트웨어에 들인 모든 노력을 낭비하지 않고 재사용할 수 있다.

단일 상속

다음과 같이 기존 클래스(부모 클래스)를 상속받아 새로운 클래스(자식 클래스)를 정의할 수 있다.

구문법　　　(상속)

```
class 자식클래스(부모클래스):
    ...
```

의미
　　부모클래스를 상속받아 새로운 자식클래스를 정의한다.

예를 들어 관리자를 나타내는 Manager도 일종의 Employee이므로 is-a 관계가 성립한다. 따라서 Manager 클래스는 프로그램 10.5와 같이 Employee 클래스를 상속하여 정의할 수 있다. Manager 클래스는 Employee 클래스의 필드를 상속받고 여기에 getBonus 메소드를 추가하고 pay 메소드는 재정의하였다.

상속받은 객체 변수는 반드시 자식 클래스의 생성자 내에서 초기화되어야 한다. 이를 위해서 다음과 같이 부모 클래스의 생성자를 호출하여 초기화한다.

```
super().__init__(…) 또는
Employee.__init__(…)
```

프로그램 10.5

```
01  class Employee:          # 일반 직원(Employee)을 정의한다.
02      def __init__(self, name, salary):
03          self.name = name;
04          self.salary = salary;
05
06      def pay(self):
```

```
07            return self.salary
08                      상속
09  class Manager(Employee): # 관리자(Manager)를 정의한다.
10      def __init__(self, name, salary, bonus):
11          super().__init__(name, salary)
12          self.bonus = bonus
13                      메소드 재정의
14      def pay(self):
15          return self.salary + self.bonus  # 보너스를 추가하여 급여를 계산한다.
16
17      def getBonus(self):
18          return self.bonus
```

메소드 재정의

Manager 클래스는 상속받은 pay 메소드를 다음과 같이 재정의하였으므로 재정의한 pay 메소드만 포함한다.

```
def pay(self):
    return self.salary + self.bonus
```

이 예에서 보는 것처럼 자식 클래스는 부모 클래스로부터 상속받은 메소드를 그대로 사용할 수도 있지만 자식 클래스의 상황이나 필요에 따라 이를 다시 정의해서 사용하는 것도 가능하다.

> **핵심 개념**
>
> 자식 클래스는 부모로부터 상속받은 메소드를 자신이 원하는 대로 재정의할 수 있는데 이를 메소드 **재정의(method overriding)**라고 한다.

예를 들어, Manager 클래스의 pay 메소드는 보너스를 포함한 급여를 반환해야 하기 때문에 일반적인 Employee 클래스의 pay 메소드와는 다를 것이다. 따라서 Manager 클래스는 상속받은 pay 메소드를 그대로 사용하지 않고 이를 재정의하였다. 재정의된 메소드는 부모로부터 상속받은 메소드와 이름과 서명이 같아야 한다. 메소드의 **서명(signature)**은 그 메소드의 매개변수 이름, 개수, 순서, 타입 등을 종합하여 이르는 말

이다.

다음과 같이 이 클래스의 객체를 생성하여 사용할 수 있다. 첫 번째 e.pay()는 e가 Employee 객체를 가리키고 있으므로 Employee 클래스의 pay 메소드를 호출한다. 두 번째 e.pay()는 e가 Manager 객체를 가리키고 있으므로 Manager 클래스에서 재정의된 pay 메소드를 호출한다.

```
>>> e = Employee('kim', 300)
>>> e.pay()
300
>>> e = Manager('lee', 300, 100)
>>> e.pay()
400
```

응용 터틀 그래픽 객체 응용 프로그램

터틀그래픽 객체를 상속받아 새로운 클래스 my_turtle을 만들어 보자. 8장에서 소개한 것과 같이 터틀 그래픽을 사용하기 위해서는 터틀 그래픽 모듈을 import 해서 현재 프로그램에 불러들인 후 사용해야 한다. 다음과 같이 turtle 클래스를 상속하여 my_turtle 클래스를 작성해 보자.

```
from turtle import *
                    상속
class my_turtle(Turtle):
    pass
```

이 클래스를 만든 후 다음과 같이 여러 개의 거북을 하나의 캔버스 위에 만들 수 있다.

```
>>> t1 = my_turtle()
>>> t2 = my_turtle()
```

이 때 t1은 my_turtle 클래스로 파이썬의 내장 클래스 turtle의 모든 속성과 메소드를 상속 받는다. forward() 메소드를 사용하면 다음과 같다.

```
>>> t1.forward(100)
```

여기서 우측의 화살표 머리는 t1이고 가운데 화살표 머리는 t2이다. 거북 객체를 화살표의 모양이 아닌 원하는 색상의 거북 모양으로 변경해주는 set_turtle 메소드를 my_turtle 클래스에 추가해 프로그램 10.6과 같이 다시 정의해 보자.

프로그램 10.6 **my_turtle 클래스**

```
01  from turtle import *
02  class my_turtle(Turtle):
03      def set_turtle(self, color):
04          self.color(color)
05          self.shape('turtle')
```

프로그램 10.6에서 set_turtle() 메소드는 컬러를 사용자로부터 받아 색을 변경해 주고 객체의 커서 모양은 shape() 메소드를 이용해서 거북 모양으로 바꿔주는 메소드다. 인자 'turtle'이 거북 모양을 나타낸다.

프로그램 10.7은 이 새로운 클래스를 활용하여 다른 색을 갖는 네 마리 거북 객체를 생성하고, 이들을 각각 움직여 사각형을 반복해서 그린다. 이 프로그램의 실행 과정은 다음과 같다.

❶ 4마리의 거북 객체를 생성한다.
❷ 4마리의 거북 객체에 각기 다른 컬러를 준다.
❸ 4마리의 거북 객체에 처음 향하는 방향을 동서남북 다른 방향을 향하도록 각도를 주어 회전한다.
❹ for 반복문을 이용해서 0부터 199까지의 길이의 선분을 긋고 75도 왼쪽으로 회전을 시키는 것을 반복 수행한다.

이 프로그램을 실행하면 그림 10.15와 같은 결과를 얻을 수 있다.

프로그램 10.7 **네 마리 turtle**

```
01  # 다른 색을 갖는 네 마리 거북 객체를 움직여 그리는 반복 사각형
02  t1 = my_turtle()
03  t2 = my_turtle()
```

```
04  t3 = my_turtle()
05  t4 = my_turtle()
06  t1.set_turtle('Red')
07  t2.set_turtle('Blue')
08  t3.set_turtle('Green')
09  t4.set_turtle('Yellow')
10  t2.left(90)
11  t3.left(180)
12  t4.right(90)
13  angle=75
14  t1.speed(0)
15  t2.speed(0)
16  t3.speed(0)
17  t4.speed(0)
18  for x in range(200):
19      t1.forward(x)
20      t2.forward(x)
21      t3.forward(x)
22      t4.forward(x)
23      t1.left(angle)
24      t2.left(angle)
25      t3.left(angle)
26      t4.left(angle)
```

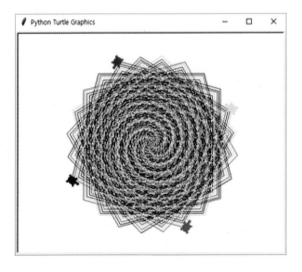

그림 10.15   4마리의 거북 객체

다중 상속

파이썬에서는 단일 상속 외에 여러 개의 클래스를 상속받는 **다중 상속**(multiple inheritance)도 가능하다.

다중 상속도 단일 상속과 마찬가지 형식으로 표현할 수 있는데 다음과 같이 괄호 안의 여러 개의 부모 클래스를 콤마(,)로 나누어 열거해 주면 된다.

구문법　　　　　다중 상속

```
class 자식클래스(부모클래스1, …, 부모클래스N):
    …
```

의미

여러 부모클래스를 상속받아 새로운 자식클래스를 정의한다.

예를 들어, 학생이면서 근로자인 알바 학생을 다중 상속을 이용해서 프로그램 10.8과 같이 정의할 수 있다. 이 프로그램에서 Student와 Worker는 Person을 상속하며 Arbeit 클래스는 Student와 Worker 클래스를 다중 상속한다. 이 프로그램의 상속 관계는 그림 10.16과 같다. 또한 Student와 Worker 클래스에 모두 play 메소드가 정의되었으므로 이 두 메소드는 모두 Arbeit 클래스에 상속되어 **이름 충돌**(name conflict) 문제가 발생한다는 점을 유의하자.

프로그램 10.8

```
01  class Person:
02      def sleep(self):
03          print('잠을 잡니다.')
04
05  class Student(Person):
06      def study(self):
07          print('공부합니다.')
08      def play(self):
09          print('친구와 놉니다.')
10
11  class Worker(Person):
12      def work(self):
13          print('일합니다.')
14      def play(self):
```

```
15          print('술을 마십니다.')
16                  다중 상속
17  class Arbeit(Student, Worker):
18      def myjob(self):
19          print('나는 알바 학생입니다:')
20          self.sleep()
21          self.play()
22          self.study()
23          self.work()
```

이 클래스를 사용하여 Arbeit 객체를 생성하고 myjob() 메소드를 호출하여 실행 결과를 확인해 보자.

실행 결과

```
>>> a = Arbeit()
>>> a.myjob()
나는 알바 학생입니다:
잠을 잡니다.
친구와 놉니다.
공부합니다.
일합니다.
```

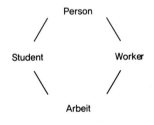

그림 10.16 다중 상속 예

그렇다면 파이썬의 다중 상속에서는 이러한 이름 충돌 문제를 어떻게 해결할까? 많은 프로그래밍 언어들이 다중 상속에서 이름 충돌 문제나 죽음의 다이아몬드 문제에 대한 나름대로 해결책을 제시하고 있는데, 파이썬에서는 **메소드 탐색 순서**(Method Resolution Order, MRO)에 따라 호출될 메소드를 결정한다.

파이썬은 class C(A, B) 형태의 다중 상속을 하는 경우에 이름 충돌이 일어나면 부모 클래스 목록 중 왼쪽에서 오른쪽 순서로 메소드를 찾는다. 즉 A 클래스와 B 클래스 내의 같은 이름의 멤버를 C 클래스에서 상속받아 사용하는 경우에 A 클래스의 멤버를 B 클래스의 멤버에 우선한다. 따라서 Arbeit 클래스 내에서 play 메소드를 호출하면 Student의 play 메소드가 호출된다.

만약 상속 관계가 복잡하면 MRO를 살펴보는 것이 편리한데 메소드 탐색 순서는 다음과 같이 클래스에 메소드 mro를 사용하여 확인할 수 있다.

```
구문법
    클래스명.mro()
실행 의미
    클래스의 메소드 탐색 순서를 보여준다.
```

```
>>> Arbeit.mro()
[<class '__main__.Arbeit'>, <class '__main__.Student'>, <class '__main__.Worker'>, <class '__main__.Person'>, <class 'object'>]
```

MRO에 따르면 Arbeit의 메소드 호출 순서는 자기 자신, Student, Worker, Person 순이다. 예를 들어 myjob 메소드 내에서 sleep 메소드를 호출하면 이 순서에 따라 찾아서 Person 클래스에서 정의된 sleep 메소드를 호출한다.

- 객체는 그 객체의 특성을 나타내는 속성(attribute)과 그 객체의 행동(behavior)으로 이루어진다. 속성은 객체의 상태 혹은 데이터를 나타내며 행동은 그 객체가 할 수 있는 연산 혹은 동작을 의미한다.
- 클래스로부터 객체들을 생성해내는 것을 실체화라고 하며 객체는 클래스의 하나의 인스턴스라고 한다
- self는 자신 객체를 나타내는 참조 변수이며 모든 메소드는 self를 첫 번째 매개변수로 받는다.
- 객체 변수(object variable)는 각 객체마다 이 변수를 위한 기억공간이 별도로 존재하는 필드 변수로 인스턴스 변수(instance variable)라고도 한다.
- 객체 변수는 "self.변수이름" 형태로 사용할 수 있으며 __init__ 메소드에서 초기화한다.
- 클래스 변수(class variable)는 클래스에 하나 존재하여 그 클래스의 모든 객체가 공유하는 필드 변수로 정적 변수(static variable)라고도 한다.
- 캡슐화는 일반적으로 연관 있는 필드(속성)와 메소드를 클래스로 묶고 내부 구현 내용을 외부에 감추는 것을 말한다
- 상속을 이용해 자식 클래스를 새로 정의하면 자식 클래스는 부모 클래스의 필드 변수와 메소드들을 상속받아 갖게 되며 필요에 따라 새로운 필드 변수나 메소드들을 추가할 수 있다.
- 부모 클래스와 이를 상속받아 정의하려는 자식 클래스 사이에는 반드시 is-a 관계가 성립해야 한다.
- 자식 클래스는 부모로부터 상속받은 메소드를 자신이 원하는 대로 재정의할 수 있는데 이를 **메소드 재정의(method overriding)**라고 한다.

01 계좌 생성, 입금, 출금, 잔액조회 등의 기능을 갖는 은행계좌 관리 프로그램을 작성하시오. 하나의 계좌
는 계좌 번호, 소유자명, 잔액 등의 속성을 갖는 객체로 표현할 수 있으며, 여러 개의 계좌는 딕셔너리를
이용하여 저장하고 검색할 수 있다.

이 프로그램은 시작하면 다음과 같이 계좌 생성, 입금, 출금, 잔액조회, 종료 메뉴를 제공하고 이 중 어
떤 메뉴를 선택하면 해당 기능을 수행한 후에 다시 메뉴로 되돌아가서 이 과정을 반복한다. 종료를 선택
하면 프로그램을 종료한다.

실행 결과

```
계좌 관리 프로그램
계좌 생성
입금
출금
잔액 조회
종료
2
```

메뉴를 선택하면 필요한 정보를 묻고 해당 작업을 수행한 후 결과를 출력한다. 예를 들어 2번 입금 메뉴
를 선택하면 계좌번호와 소유자명 그리고 입금액을 입력받은 후에 해당 계좌에 입금 작업을 수행하고
잔액을 출력한다.

01 다음 괄호 안을 채우시오.

1) 클래스로부터 객체들을 생성해내는 것을 (　　)라고 하며 객체는 클래스의 하나의 (　　)라고 한다
2) 부모 클래스와 이를 상속받아 정의하려는 자식 클래스 사이에는 반드시 (　　)가 성립해야 한다.
3) 부모 클래스의 메소드를 자식 클래스에서 다시 정의하는 것을 (　　)라고 한다.

02 다음 프로그램에서 오류는 무엇인가?

```python
class A:
    def __init__(self, a):
        self.a = a
    def inc(self):
        self.b += 1
        return self.b
```

03 다음 프로그램의 출력은 무엇인가?

```python
class A:
    def __init__(self, a):
        self.a = a
    def inc(self):
        self.a += 1
        return self.a

X = A(0)
print(X.inc())
Y = A(1)
print (Y.inc())
```

04 다음 프로그램의 출력은 무엇인가?

```python
class B:
    b = 0
    def inc(self):
        B.b += 1
        return B.b

X = B()
print(X.inc())
Y = B()
print(Y.inc())
```

05 다음 프로그램에서 오류는 무엇인가?

```python
class A:
    def __init__(self, a):
        self.a = a
    def inc(self):
        self.a += 1
        return self.a


class B(A):
    def __init__(self, b):
        self.b = b
    def inc(self):
        self.a += self.b
        return self.a
```

06 다음 프로그램의 출력은 무엇인가?

```python
class A:
    def __init__(self, a):
        self.a = a
    def inc(self):
        self.a += 1
        return self.a

class B(A):
    def __init__(self, a, b):
        super().__init__(a)
        self.b = b
    def inc(self):
        self.a += self.b
        return self.a

X = A(1)
print (X.inc())
Y = B(1, 2)
print (Y.inc())
```

07 다중 상속이 필요한 경우를 예를 들어 설명하시오.

연습 문제

08 다중 상속에서 발생하는 이름 충돌에 대해서 설명하고 이를 해결하기 위한 mro에 대해서 설명하시오.

09 파이썬 언어에서 객체 변수와 클래스 변수의 차이점에 대해서 설명하시오. 클래스 변수가 필요한 예와 이유에 대해서 설명하시오.

10 이름과 전화번호 필드로 구성되는 Phone 클래스를 정의하시오. 사용자로부터 이름과 전화번호를 입력 받을 때마다 Phone 객체를 생성하여 전화번호부를 완성하시오. 이 전화번호부에서 이름으로 전화번호를 검색하여 출력하시오.

11 실수부와 허수부로 구성되는 복소수를 정의하는 클래스를 작성하시오. 이 클래스는 복소수의 사칙연산을 위한 4개의 메소드를 제공한다.

12 도형(Shape) 클래스를 정의하시오. 도형 클래스를 상속받아 삼각형, 직사각형, 원 등의 클래스를 정의한다. 각 클래스는 면적을 계산하는 메소드를 제공하고 면적을 계산하는데 필요한 필드 변수들을 갖는다.

13 영어, 수학, 과학 점수로 정의되는 학점(Grade) 클래스를 작성하시오. 이 클래스는 총점과 평균를 계산하는 메소드를 제공한다.

14 사람(Person) 클래스를 정의하고 이를 상속하여 학생(Student) 클래스를 정의하시오. 또한학생(Student) 클래스를 상속하여 대학생(College_Student) 클래스를 정의하시오. 이 클래스들은 적절한 필드 변수와 메소드를 제공한다.

15 사람(Person) 클래스를 상속하여 여성(Woman) 클래스를 정의하시오. 연습문제 14의 대학생(College_Student) 클래스와 여성(Woman) 클래스를 상속하여 여대생 클래스를 정의하시오. 이 클래스들은 적절한 필드 변수와 메소드를 제공한다.

MEMO

그래픽스 응용

SECTION
11.1 | 그래픽스 개요

컴퓨터 그래픽스는 컴퓨터 소프트웨어와 하드웨어를 사용하여 가상의 이미지를 생성 처리하는 과정을 말한다. 컴퓨터 그래픽스는 픽셀(pixel) 기반의 래스터 그래픽스(raster graphics)와 정점(vertex) 기반의 벡터 그래픽스(vector graphics) 시스템으로 구분한다.

래스터 그래픽스는 픽셀로 구성되는 비트맵(bitmap)으로 이미지를 처리하기 때문에 내용의 복잡도에 관계없이 일정한 처리 시간이 걸리는 장점이 있지만 확대 축소시 이미지가 왜곡되는 단점이 있다. 이에 반해 벡터 그래픽스는 정점과 스크립트 명령어로 객체를 표현하기 때문에 내용이 많을수록 처리 시간이 증가하지만 확대 축소시에도 원본의 질을 유지할 수 있는 장점이 있다.

앞에서 터틀 그래픽 모듈을 이용하여 간단한 그리기 기능을 학습하였다. 이번 장에서 소개하는 tkinter 모듈은 터틀 그래픽보다 고수준의 그래픽 응용 개발을 위해서 제공되는 파이썬 내장 그래픽 모듈이다.

11.2 | tkinter 그래픽 모듈

모든 tkinter 그래픽 도형은 Tk 클래스의 객체(tk)를 생성하면서 시작된다. tkinter 모듈 함수로 만들어지는 도형은 캔버스(canvas)라고 하는 별도의 그래픽 공간에 그려진다. 캔버스는 텍스트 문자가 출력되는 기존의 파이썬 출력 공간과는 분리된 별도의 그래픽 공간이다.

Canvas 클래스를 통하여 canvas 위젯이 생성되면 이후 그래픽 함수는 이 canvas 위젯을 통해서 호출되어야 한다. tkinter 모듈을 통해 윈도우상에 표현되는 객체들을 위젯(widget)이라고 부른다. 캔버스, 버튼, 엔트리 상자 등이 모두 위젯에 해당된다.

그림 11.1은 tkinter 모듈이 사용하는 그래픽 공간과 좌표계(coordinate system)를 나타낸 것이다. tkinter 프로그램이 실행되는 공간을 윈도우(window)라고 부르고, 윈도우는 그림이 그려지는 공간인 캔버스(canvas)를 포함한다.

tkinter에서 사용하는 좌표계는 왼쪽 상단을 기준점으로 하여 오른쪽 방향으로 X축이 증가하고, 아래쪽으로 Y축이 증가한다.

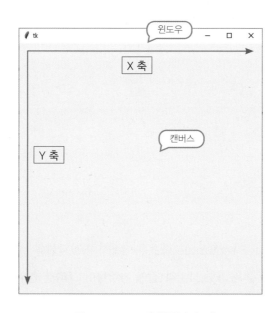

그림 11.1 tkinter 그래픽 공간과 좌표계

선 그리기

프로그램 11.1의 선 그리기 예제를 살펴보자. 먼저, Canvas 생성자 메소드에 tkinter 객체(tk)를 전달하여 500 x 500 크기의 canvas 위젯을 생성한다. pack은 이 함수를 호출하는 위젯(canvas)을 화면에 출력해주는 함수이다. canvas의 create_line 함수에서 4개의 인수는 좌상단(x1, y1)과 우하단(x2, y2)의 좌표를 의미하며, 실행 결과와 같이 이 두 점이 선분으로 연결된다.

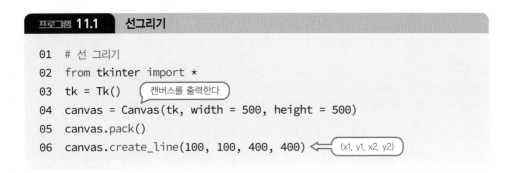

```
01   # 선 그리기
02   from tkinter import *
03   tk = Tk()              캔버스를 출력한다
04   canvas = Canvas(tk, width = 500, height = 500)
05   canvas.pack()
06   canvas.create_line(100, 100, 400, 400)  ← (x1, y1, x2, y2)
```

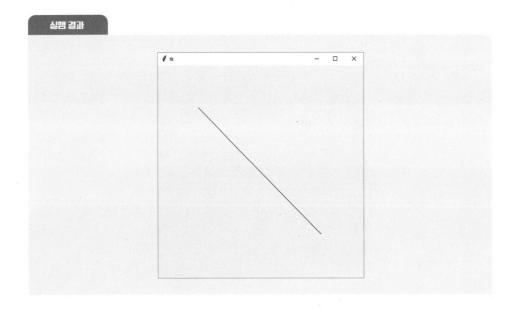

사각형 그리기

프로그램 11.2는 create_rectangle 함수를 이용하여 사각형을 그리는 예제이다. 이 함수에 전달되는 4개의 값은 그림 11.2와 같이 사각형이 그려질 영역의 좌상단(x1, y1)과 우하단(x2, y2) 좌표이다.

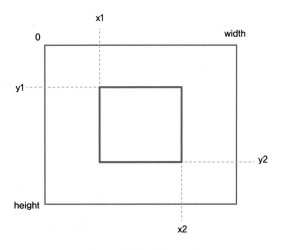

그림 11.2 사각형의 영역 지정하기

사각형 그리기

```
01  # 사각형 그리기
02  from tkinter import *
03  tk = Tk()
04  canvas = Canvas(tk, width = 500, height = 500)
05  canvas.pack()
06  canvas.create_rectangle(100, 100, 400, 400)
```

실행 결과

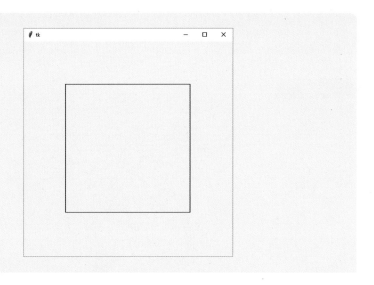

예제 **무작위 직선 그리기**

random 모듈을 이용하여 임의의 위치에 다양한 길이의 선분 200개를 그려 보자. 프로그램 11.3은 선분의 양 끝점 좌표 (x1, y1)과 (x2, y2)를 난수로 생성하기 위해서 random 모듈의 randrange 함수를 호출한다.

randrange(n)은 0 ~ n-1 사이의 난수를 발생시켜서 반환한다. 선분의 한 점 (x1, y1)은 각각 randrange(400) 함수로 생성하고, 다른 끝점(x2, y2)은 x1+randrange(200)-100의 식으로 계산한다. 따라서, randrange(200)-100은 (-100 ~ 99) 사이의 값을 반환한다.

프로그램 11. **무작위 직선 그리기**

```
01  # 무작위로 직선 그리기
02  from tkinter import *
03  import random
04  tk = Tk()
05  canvas = Canvas(tk, width = 500, height = 500)
06  canvas.pack()
07  for i in range(200):                       0 ~ 399
08      x1 = random.randrange(400)
09      y1 = random.randrange(400)             x1 + (-100 ~ 99)
10      x2 = x1 + random.randrange(200) - 100
11      y2 = y1 + random.randrange(200) - 100
12      canvas.create_line(x1, y1, x2, y2)
```

실행 결과

예제 **무작위 사각형 그리기**

유사한 방식으로 무작위 사각형을 그려보자. 프로그램 11.4의 예제는 프로그램 11.3
의 선분 예제와 도형 호출 함수만 다르고 나머지는 동일하다. 사각형도 선분의 경우와
마찬가지로 2개의 양끝점 좌표(x1, y1)와 (x2, y2)가 필요하다. 프로그램을 실행하면
create_rectangle 함수를 이용하여 100개의 사각형이 랜덤하게 그린다.

프로그램 11.4 **무작위 사각형**

```
01  # 무작위로 사각형을 그리기
02  from tkinter import *
03  import random
04  tk = Tk()
05  canvas = Canvas(tk, width = 500, height = 500)
06  canvas.pack()
07  for i in range(100):
08      x1 = random.randrange(400)
09      y1 = random.randrange(400)
10      x2 = x1 + random.randrange(200) - 100
11      y2 = y1 + random.randrange(200) - 100
12      canvas.create_rectangle(x1, y1, x2, y2)
```

실행 결과

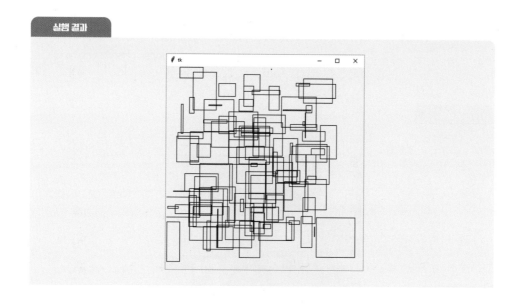

예제 **여러 가지 색상으로 사각형 칠하기**

프로그램 11.5에서 사각형 함수 create_rentangle은 fill 옵션에 지정된 색상으로 도

형 내부를 칠한다. 다음 코드는 색상 리스트에서 임의의 색상 하나를 선택할 때 필요한 적절한 표현이다. random.choice 함수는 리스트(colors)의 원소 중 임의의 색상을 선택하여 반환한다.

```python
colors = ['red','pink','blue','purple','violet','orange','yellow','green']
fill = random.choice(colors)
```

프로그램 11.5   무작위 사각형 칠하기

```python
01  # 무작위로 사각형을 그리고 칠하기
02  from tkinter import *
03  import random
04  tk = Tk()
05  canvas = Canvas(tk, width = 500, height = 500)
06  canvas.pack()
07  colors = ['red','pink','blue','purple','violet','orange','yellow','green']
08  for i in range(200):
09      x1 = random.randrange(400)
10      y1 = random.randrange(400)
11      x2 = x1 + random.randrange(200) - 100
12      y2 = y1 + random.randrange(200) - 100
13      canvas.create_rectangle(x1, y1, x2, y2, fill = random.choice(colors))
```

실행 결과

예제 동심원 그리기

크기가 다른 여러 개의 동심원을 그리는 예제를 살펴보자. 원은 arc 함수를 이용하여 그릴 수 있는데, 먼저 도형이 그려질 영역을 4개의 변수(x1, y1, x2, y2)로 지정한다. 그림 11.3과 같이 동심원이 그려질 영역을 좌상단(x1, y1)과 우하단(x2, y2) 좌표로 지정하고, 가장 작은 원에서 큰 원 순서로 그려준다. 반복문을 이용하여 원이 그려질 영역을 step만큼 증가시킨다.

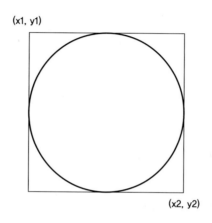

그림 11.3 동심원이 그려질 좌표 공간

arc 함수의 옵션 extent는 호의 중심 각도 지정에 사용되는데 원을 그릴 때는 359도로 지정해야 한다. arc 함수에서 360도는 0도와 동일한 것으로 간주되어 아무것도 그려지지 않는다. tk.update 함수가 호출되면 현재 캔버스에 그려진 내용이 실제로 화면에 나타나는 역할을 한다. 따라서 update 함수가 있을 때는 0.05초마다 동심원이 그려지는 중간 과정이 화면에 나타나지만, update 함수가 없다면 모든 코드 실행이 완료된 최종 화면만 보이게 된다. tk.update 명령문을 주석 처리(#)한 후 실행해서 결과를 비교해 보라.

그림 11.4는 원이 그려지는 영역의 좌표를 계산하기 위한 개념도이다. 반복문으로 변수 i를 증가시켜 중심점 좌표(width/2, height/2)로부터 원이 그려질 영역을 점점 넓혀 나간다.

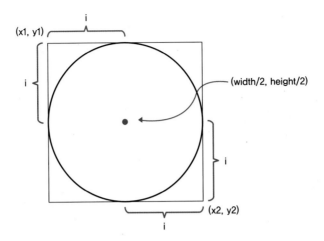

그림 11.4 원이 그려질 좌표 계산 방법

```
01  # 동심원 그리기
02  from tkinter import *
03  import random
04  import time
05  tk = Tk()
06  canvas = Canvas(tk, width = 500, height = 500)
07  canvas.pack()
08  width = 500
09  height = 500
10  step = 5
11  for i in range(10, 250, step):
12      x1 = width / 2 - i
13      y1 = height / 2 - i
14      x2 = width / 2 + i
15      y2 = height / 2 + i
16      canvas.create_arc(x1, y1, x2, y2, extent = 359, style = ARC)
17      tk.update()
18      time.sleep(0.05)
```

사각형 범위 안에 동심원 그리기

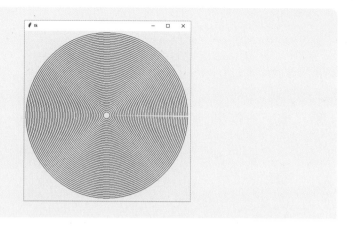

예제 반복 사각형

프로그램 11.7에서 canvas.create_arc 함수 대신 canvas.create_rectangle 함수를 사용하여 사각형을 그려보자. 마찬가지로 사각형 영역을 점진적으로 증가시키기 위하여 반복문의 step을 사용한다. 이 예제에서 tk.update 함수가 주석 처리되어 있는데 프로그램 11.6과 실행 결과가 어떻게 다르게 나타나는지 비교해 보자.

프로그램 11.7   반복 사각형

```
01  # 반복적으로 사각형을 같은 중심에 그리기
02  from tkinter import *
03  import random
04  import time
05  tk = Tk()
06  canvas = Canvas(tk, width = 500, height = 500)
07  canvas.pack()
08  width = 500
09  height = 500
10  step = 5
11  for i in range(10, 250, step):
12      x1 = width / 2 - i
13      y1 = height / 2 - i
14      x2 = width / 2 + i
15      y2 = height / 2 + i
16      canvas.create_rectangle(x1, y1, x2, y2)
17      #tk.update()
18      time.sleep(0.05)
```

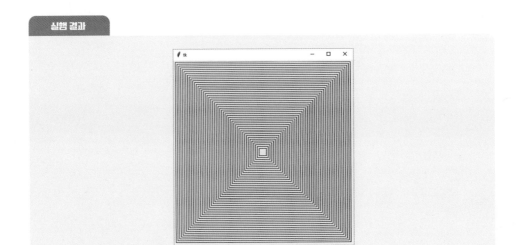

11.3 | tkinter 그래픽 활용

애니메이션

정지된 그래픽 이미지(still image)를 일정 시간에 걸쳐 움직이게 만드는 일련의 작업을 애니메이션(animation)이라고 한다. 애니메이션의 사전적 의미는 '생기를 불어 넣는다(animate)'는 뜻이다. 그려진 그래픽 이미지를 지우고 새로운 위치에 변화된 모습을 다시 그리는 이미지 잔상 효과(afterimage effect)를 활용하는 기술이다. 이번에는 애니메이션이 포함된 그래픽 예제들을 살펴보자.

응용 움직이는 도형 만들기

프로그램 11.8은 삼각형이 아래쪽에서 위쪽 방향으로 서서히 이동하는 애니메이션 프로그램이다. 물체가 움직이는 효과를 내려면 짧은 시간에 여러 개의 이미지 프레임을 보여주어야 하는데, 애니메이션은 보통 초당 24 ~ 30 프레임을 재생한다. 많은 프레임을 화면에 출력하면 부드러운 움직임을 표현할 수 있지만 데이터의 양도 함께 증가한다.

본 예제에서 70개의 이미지 프레임이 나타나는 시간 간격을 조절하기 위하여 time 모듈의 sleep 함수를 사용하였다. sleep(0.05)는 0.05초 동안 잠시 멈추라는 의미이다. 이 값이 클수록 도형이 그려지는 속도가 느려진다. move 함수는 객체(object)를 x축과 y축 방향으로 지정된 값만큼 이동시킨다. 이 함수에서 매개변수 객체(object)의 번호는 프로그램이 그리는 순서대로 부여된다. 프로그램을 수정하여 삼각형이 움직이는 속도와 방향을 변경해 보자.

```
canvas.move(object, x, y)
기능 : 객체를 x축 방향으로 x만큼, y축 방향으로 y만큼 이동시킨다.
```

```
01   # 삼각형 도형을 아래서 위로 움직이기
02   from tkinter import *
03   import random
04   import time
05   tk = Tk()
06   canvas = Canvas(tk, width = 500, height = 500)
07   canvas.pack()
08   canvas.create_polygon(250, 400, 275, 450, 225, 450)
09   for y in range(0, 70):        객체(1)를 x축으로 0, y축으로 −5만큼 이동시킨다.
10       canvas.move(1, 0, -5)
11       tk.update()
12       time.sleep(0.05)
```

실행 결과

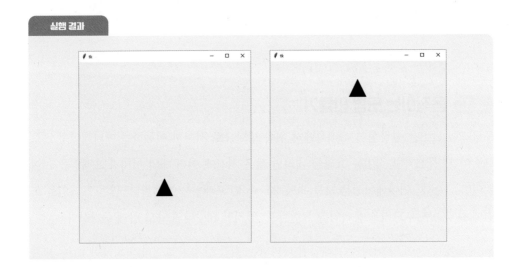

응용 점수 그래프 만들기

입력 값을 그래프 형식의 애니메이션으로 표현하는 예제를 살펴보자. 프로그램 11.9는 canvas.create_rectangle 함수를 사용하여 입력 점수를 막대 그래프로 표현하고 그 옆에 해당 점수를 텍스트로 표시한다.

캔버스 화면에 텍스트를 표현할 때는 print 함수 대신 별도의 캔버스용 함수인 canvas. create_text를 사용해야 한다. 이 함수의 첫 번째 2개 인자는 텍스트가 출력될 캔버스 상의 좌표이며, 세 번째 인자는 텍스트 문자열에 해당한다.

❶ 먼저 입력값을 리스트에 저장한다.

❷ 그 다음 점수를 그래프로 그리기 위해 그래프가 그려질 영역 좌표(x1, y1) ~ (x2, y2)를 계산한다.

그래프의 두 번째 좌표를 계산할 때 점수(score)와 막대의 두께(i)를 반영한다.

❸ 점수(score)를 텍스트 출력 함수에 전달하기 전에 문자 형식으로 변환한다. sleep 함수의 지연 시간을 바꾸면 막대 그래프가 그려지는 속도를 조절할 수 있다.

프로그램 11.9 점수 그래프

```
01  # 점수를 입력받아 그래프로 출력하기
02  from tkinter import *
03  import time
04  tk = Tk()
05  canvas = Canvas(tk, width = 800, height = 800)
06  canvas.pack()
07  scores = []
08  print("input 5 scores (0~100): ")
09  for k in range(5):
10      score = int(input())
11      scores.append(score)
12  i = 0
13  for score in scores:
14      x1 = 100
15      y1 = 100 + i          막대 그래프 가로 길이
16      x2 = 100 + score * 3
17      y2 = 100 + 50 + i  ←  막대 그래프 세로 두께
18      canvas.create_rectangle(x1, y1, x2, y2, fill = "blue")
19      canvas.create_text(x2 + 40, y1 + 20, text = str(score))
20      i = i + 100
21      tk.update()
22      time.sleep(0.5)
```

실행 결과

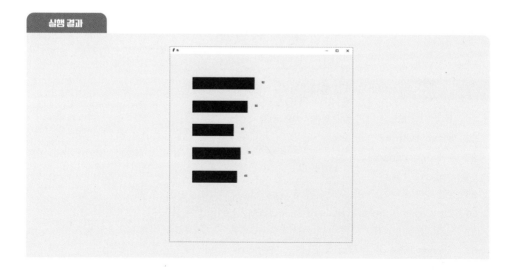

응용 이미지 파일 출력하기

tkinter 모듈은 이미지 파일을 출력하는 PhotoImage 함수를 제공한다. 주의할 점은 이 함수가 gif 형식만 지원하기 때문에 다른 형식의 이미지는 gif 형식으로 변환하여 사용해야 한다.

프로그램 11.10을 실행하면, 2개의 이미지를 3초마다 번갈아가면서 화면에 보여준다. 무한 반복을 위해 while True: 문을 사용하였다.

❶ 사용할 gif 이미지 파일을 파이썬 소스 프로그램과 동일한 폴더에 저장한다.

❷ 이미지 파일 이름을 리스트에 항목으로 저장한다.

❸ PhotoImage 함수에 file 옵션을 사용하여 이미지 파일의 경로와 이름을 지정한다.

❹ 반환되는 이미지 객체(myimage)를 canvas.create_image 함수의 image 옵션에 할당한다.

anchor 옵션은 이미지가 나타날 기준점으로 그림 11.5와 같이 9가지 옵션이 있다. 예를 들어, 좌표가 (10, 10)이고 anchor가 'NW'로 지정되면, 출력할 이미지의 NW 위치가 캔버스의 (10, 10) 위치에 표시된다는 의미이다.

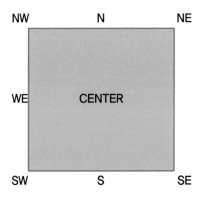

그림 11.5 Anchor 옵션

프로그램 11.10   이미지 파일 출력하기

```
01  # 이미지 파일을 불러와서 화면에 출력하기
02  from tkinter import *
03  import random
04  import time
05  tk = Tk()
06  canvas = Canvas(tk, width = 1000, height = 1000)
07  canvas.pack()
08  image_list = ['Koala.gif', 'Penguins.gif']
```

```
09  while True:
10      for img in image_list:
11          myimage = PhotoImage(file = img)
12          canvas.create_image(10, 10, anchor = NW, image = myimage)
13          tk.update()
14          time.sleep(3)
```

이미지의 NW 지점이 (10, 10)에 표시된다

실행 결과

11.4 | 프랙탈 그래픽

프랙탈(fractal)은 작은 일부분이 전체와 비슷한 기하학적 형태를 말하며 이런 특징을 **자기 유사성(self-similarity)**이라고 한다. 프랙탈 구조는 자연물뿐만 아니라 수학적 분석, 생태학적 계산, 위상 공간에 나타나는 운동 모형 등 곳곳에서 발견되며 자연이 가지는 기본적인 구조이다. 프랙탈 그래픽 도형은 컴퓨터 소프트웨어를 이용하여 재귀적이거나 반복적인 작업을 통해 만들어지는 패턴의 도형이다. 대표적인 프랙탈 도형에는 만델브로 집합(Mandelbrot set), 칸토어 집합(Cantor set), 시어핀스키 삼각형(Sierpinski triangle), 페아노 곡선(Peano curve), 코흐 눈송이(koch snowflake) 등이 있다.

그림 11.6은 멘델브로의 프랙탈 패턴으로, 복소수(complex number)의 실수부(real part)와 허수부(imaginary part)에 변환 메소드(method)를 반복적으로 적용하고 그 수렴, 발산 속도에 따라 다른 색상으로 해당 좌표의 픽셀을 표현한 결과물이다. 특정 부분을 확대했을 때 새로운 유사한 프랙탈 패턴을 얻을 수 있다.

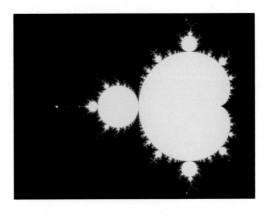

그림 11.6 멘델브로 프랙탈

그림 11.7은 프랙탈 삼각형(fractal triangle) 또는 시어핀스키 개스킷(Sierpinski gasket)을 나타낸 것이다. 이전에 배웠던 예제들은 특정 도형을 그리는 전용 함수를 사

용하는데 비하여, 프랙탈 도형은 수학적 계산을 통해 픽셀을 그리는 과정을 무수히 반복한 결과라는 점에서 차이가 있다.

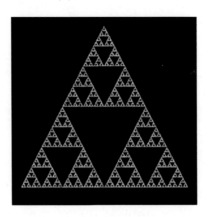

그림 11.7 프랙탈 삼각형

응용 **프랙탈 삼각형 그리기**

그림 11.8을 통하여 프랙탈 삼각형이 만들어지는 과정을 살펴보자.

❶ 세 점 P1, P2, P3과 기준점 0이 주어진다.

❷ 난수를 발생시켜 세 점 중 하나를 선택한다.

❸ 그림과 같이 P1이 선택되었다면, 기준점 0과 선택된 점 P1사이의 중점을 계산한다. 아래의 경우는 중점 1을 특정 색상으로 칠한다.

❹ 다시 난수를 발생시켜 P1, P2, P3 중 한 점을 선택하고, 선택된 점과 중점 1과의 또 다른 중점 2를 계산하고 이 점을 칠한다.

❺ 위의 과정을 원하는 패턴이 나올 때까지 n번 반복한다.

임의로 점을 선택하여 그렸기 때문에 불규칙한 도형이 나타날 것으로 생각할 수 있지만 의외로 규칙적인 형태의 삼각형이 나타나는 것을 알 수 있다. 이것이 바로 프랙탈 그래픽의 특징으로 '불규칙한 상황을 무한히 반복하면 규칙적인 결과에 도달한다'는 카오스 이론(chaos theory)의 사례이다.

프로그램 11.11은 프랙탈 삼각형을 그리는 알고리즘을 코드로 구현한 것이다. 세 점 중 하나를 선택하기 위해서 난수 발생 함수 randint(1, 3)를 사용하였다.

```
dice = random.randint(1, 3)
```

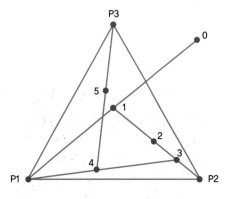

그림 11.8 프랙탈 삼각형 알고리즘

프로그램 11.11을 실행하면 컴퓨터의 사양에 따라 처리 속도가 너무 빠르거나 느릴 수 있다. 자신의 컴퓨터 속도에 맞도록 지연 함수(sleep)를 이용하여 삼각형이 그려지는 속도를 조절하자. time.sleep 함수의 인수는 초(second) 단위로 지정된다.

> time.sleep(시간)
> 기능 : 프로그램을 지정된 시간동안 지연시킨다.

프로그램 11.11을 살펴보면, 초기점의 좌표는 (250, 250)이고, 총 50,000번 주사위를 던져 삼각형을 그린다. 선택된 꼭지점마다 다른 색상으로 픽셀을 칠하게 되면 실행 결과와 같이 (Red, Green, Blue) 색상의 프랙탈 삼각형을 얻을 수 있다. canvas. configure 함수는 캔버스의 배경색을 지정하는 데 사용한다.

프로그램 11.11   프랙탈 삼각형

```
01  #프랙탈 삼각형
02  from tkinter import *
03  import random
04  import time
05  tk = Tk()
06  canvas = Canvas(tk, width = 500, height = 500)
07  canvas.configure(background = 'light gray')
08  canvas.pack()
09  x = 250
10  y = 250
11  for i in range(50000):
```

```
12        dice = random.randint(1, 3)
13        if dice == 1:
14            px = 250
15            py = 50
16            mycolor = 'red'
17        elif dice == 2:
18            px = 50
19            py = 450
20            mycolor = 'green'
21        else:
22            px = 450
23            py = 450
24            mycolor = 'blue'
25        x = (x + px) / 2
26        y = (y + py) / 2
27        canvas.create_line(x, y, x + 1, y + 1, fill = mycolor)
28        tk.update()
29        time.sleep(0.005)
```

실행 결과

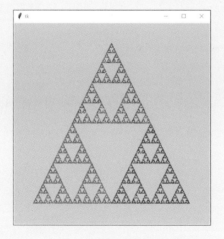

핵심 개념

프랙탈 그래픽은 "불규칙한 상황을 무한히 반복하면 규칙적인 결과에 도달한다"는 카오스 이론(chaos theory)의 한 예이다.

11.5 | tkinter GUI 🚀고급 주제

이번 절에서는 tkinter의 위젯들을 사용하여 프로그램의 GUI를 구현하고자 한다. tkinter 모듈은 버튼(button), 캔버스(canvas), 체크버튼(checkbutton), 입력창(entry), 레이블(label) 등 다양한 위젯들을 제공한다. 앞 장(반복)에서 학습한 BMI 계산 프로그램을 tkinter 위젯을 사용하여 GUI 버전으로 변환해 보자.

그림 11.9에는 텍스트 출력을 위한 레이블(label) 위젯과, 텍스트 입력을 위한 상자인 엔트리(entry) 위젯 그리고 하단에 함수 실행을 위한 버튼(button) 위젯이 존재한다.

다음은 레이블 위젯을 생성하는 명령문이다. Label 클래스 함수에 Tk 클래스에서 생성된 window 객체를 인수로 전달하고, 레이블에 표시할 텍스트(text)를 옵션으로 지정한다.

```
lb1 = Label(window, text="키")
```

다음은 입력창에 해당하는 엔트리 위젯이다. 레이블 위젯과 마찬가지로 엔트리 위젯을 생성하여 window 위젯에 연결한다.

```
en1 = Entry(window)
```

다음은 버튼 위젯을 생성하는 명령문이다. 버튼 위젯을 window 위젯과 연결하고, 버튼에 표시할 텍스트(text)와 버튼 클릭 시 실행할 함수(bmi)를 command 옵션을 통하여 설정한다. 이 버튼 위젯을 클릭하면 사용자가 정의한 bmi 함수가 실행된다.

```
bt1 = Button(window, text="Calculate BMI", command = bmi)
```

다음으로 윈도우 상에 각 위젯을 표시할 그리드(grid) 좌표를 지정해 주어야 한다.

```
lb1.grid(row=0, column=0)
```

그림 11.9에서 점선 사각형은 각 위젯이 놓일 위치를 지정하는 단위로 그리드(grid)라고 부른다. 그리드 좌표는 행(row)과 열(column)로 지정하는데, 위에서 아래로 행 번호가 증가하고, 왼쪽에서 오른쪽 방향으로 열 좌표가 증가한다. 예를 들어, 프로그램 11.12에서 몸무게(weight) 레이블2의 그리드 좌표는 (1행, 0열)이 된다.

키(height) 레이블에 해당하는 그리드 좌표는 (0행, 0열)이고, 키 입력을 위한 엔트리 위젯의 그리드 좌표는 (0, 1)이다. 또한, 몸무게의 레이블과 입력창 엔트리의 그리드 좌표는 각각 (1, 0)과 (1, 1)이다. BMI 출력을 위한 레이블은 (2, 0)이고, 계산된 BMI 수치가 표시될 그리드 좌표는 (2, 1)이다. BMI 계산을 위한 버튼 위젯을 가운데 위치로 이동하기 위해 그리드 좌표 (3, 1)로 지정하였다.

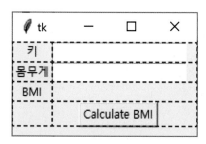

그림 11.9   tkinter 위젯의 그리드 좌표

프로그램 11.12에서 윈도우 객체를 Tk 클래스를 통해서 생성한다. 이후 모든 위젯들은 연결된 window 위젯상에 연결된다.

```
window = Tk()
```

프로그램 마지막 줄에 있는 다음 명령문은 무한 루프를 실행하면서 사용자의 입력을 대기한다.

```
window.mainloop()
```

bmi 함수는 bmi 계산식을 이용하여 구현하였다. en1.get 함수는 엔트리 창에 입력된 값을 반환해준다.

```
height = float(en1.get())
```

마지막으로, bmi 계산 결과값을 표시하기 위하여 수치를 문자열로 변환한 뒤 레이블 위젯(lb4)으로 전달한다. 다음 프로그램을 실행한 후, 자신의 키와 몸무게 값을 입력하여 자신의 bmi 지수를 확인해 보자.

프로그램 11.12   tkinter GUI를 이용한 BMI 계산기

```python
01  # tkinter BMI계산기
02  from tkinter import *
03  def bmi():
04      height = float(en1.get())
05      weight = float(en2.get())
06      bmi = weight / (height/100 * height/100)
07      lb4 = Label(window, text=str(bmi))
08      lb4.grid(row=2, column=1)
09  window = Tk()
10  lb1 = Label(window, text="키")
11  lb2 = Label(window, text="몸무게")
12  lb3 = Label(window, text="BMI")
13  lb4 = Label(window, text="           ")
14  lb1.grid(row=0, column=0)
15  lb2.grid(row=1, column=0)
16  lb3.grid(row=2, column=0)
17  lb4.grid(row=2, column=1)
18  en1 = Entry(window)
19  en2 = Entry(window)
20  en1.grid(row=0, column=1)
21  en2.grid(row=1, column=1)
22  bt1 = Button(window, text="Calculate BMI", command = bmi)
23  bt1.grid(row=3, column=1)
24  window.mainloop()
```

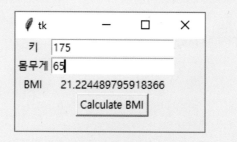

요약

- 1과 x사이의 임의의 정수를 발생시키고 싶을 때 random 모듈의 randint(1, x) 함수를 호출한다.
- 프랙탈 그래픽은 "불규칙한 상황을 무한히 반복하면 규칙적인 결과에 도달한다"는 카오스 이론 (chaos theory)의 한 예이다.

실습 문제

01 원이 점점 커지다가 다시 작아지는 프로그램을 작성하시오.

02 점수 그래프 애니메이션 프로그램을 수정하여 점수 구간에 따라 다른 색상으로 그리는 프로그램을 작성하시오.

(예, 90 이상 : 녹색, 80 이상 : 파란색, 60 이상 : 주황색, 60 점 미만 : 빨간색)

실행 결과

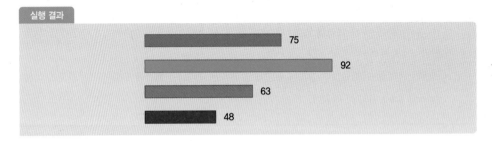

03 프랙탈 삼각형 예제에서 픽셀의 수를 10,000개와 50,000개로 각각 변경하여 그려보자. 삼각형이 그려지는 속도를 변경해보자.

01 다음 괄호 안을 채우시오.

1) 정점 기반으로 물체를 생성하는 방식을 (   ) 그래픽스 시스템이라고 부르고, 픽셀 단위로 이미지를 생성하는 방식을 (   ) 그래픽스라고 부른다.

2) 컴퓨터 소프트웨어를 이용하여 (   ) 이거나 반복적인 작업을 통해 만들어지는 패턴의 도형을 (   ) 도형이라고 한다. 이것은 '불규칙한 상황을 무한히 반복하면 규칙적인 결과에 도달한 다'는 (   )의 한 예이다.

02 움직이는 삼각형 예제를 변경하여 좌우로 삼각형이 이동하도록 프로그램을 수정해 보자.

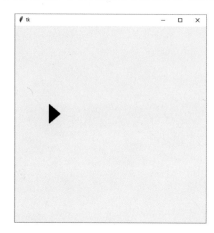 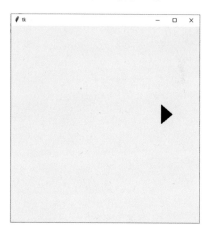

03 tkinter GUI 위젯을 사용하여 숫자 맞추기 게임을 재작성해 보자.

애니메이션과 게임

12.1 | 시간 출력하기

시간 출력하기

파이썬의 time 모듈을 이용하여 컴퓨터 시스템의 시간을 출력하는 방법을 알아보자. time 모듈의 asctime 함수는 현재 컴퓨터의 시간(년, 월, 일, 요일, 시, 분, 초) 정보를 하나의 문자열로 만들어서 반환해 준다. 프로그램 12.1을 실행하면 1초마다 현재 컴퓨터 시간이 출력된다.

프로그램 12.1 날짜와 시간 출력

```
01  # 1초마다 현재 날짜와 시간을 출력한다.
02  import time
03  for i in range(10):        컴퓨터의 현재 시간 정보
04      print(time.asctime())
05      time.sleep(1)
```

실행 결과

```
Fri Apr 30 11:48:47 2021
Fri Apr 30 11:48:48 2021
Fri Apr 30 11:48:49 2021
Fri Apr 30 11:48:50 2021
Fri Apr 30 11:48:51 2021
Fri Apr 30 11:48:52 2021
Fri Apr 30 11:48:53 2021
```

```
Fri Apr 30 11:48:54 2021
Fri Apr 30 11:48:55 2021
Fri Apr 30 11:48:56 2021
```

위 예제를 발전시켜 실제 시계처럼 바늘이 움직이는 아날로그 시계를 만들어 보도록 하자. 먼저, 각각의 독립된 시간 요소가 필요하므로 asctime 함수보다는 time 모듈의 localtime 함수를 이용하는 것이 좋다. 이 함수를 호출하면 프로그램 12.2의 실행 결과와 같이 현재 컴퓨터의 9가지 시간 정보를 담고 있는 구조체가 반환된다. 이 구조체(t)에서 t[0] ~ t[8]로 각 시간 요소를 조회할 수 있다. 이를 사용하여 디지털 시계와 아날로그 시계 프로그램을 각각 작성하도록 하자.

프로그램 12.2   시간 출력하기

```
>>> import time
>>> time.localtime()
time.struct_time(tm_year=2021, tm_mon=4, tm_mday=30, tm_hour=12, tm_
min=1, tm_sec=1, tm_wday=4, tm_yday=120, tm_isdst=0)
>>> t = time.localtime()     ← 컴퓨터의 현재 시간 정보를 리스트로 반환
>>> t[0]
2021
>>> t[1]
4
>>> for item in t:
        print(item)

2021   # year
4   # month
30  # date
12  # hour
2   # min
39  # second
4   # Friday
120 # year day
0   # summer time
```

응용 디지털 시계 만들기

1초마다 현재 시간을 출력하는 디지털 시계를 만들어 보자.

❶ time.localtime 함수를 호출하면 현재 컴퓨터 시계의 (시, 분, 초)가 저장되어 있는 튜플(tutple)이 반환된다.

❷ 시간은 무한히 표시되어야 하므로 while True 문장을 사용하여 무한 반복문을 만든다. 이 블록 안에 현재 시간을 받아오는 부분, 문자열을 캔버스(canvas)에 출력하는 부분, 화면 갱신 부분이 포함된다.

❸ 현재 시, 분, 초 값을 가지고 출력할 문자열을 생성한다. 캔버스는 그림을 그리는 공간으로 캔버스에 문자열을 출력할 때는 print 함수를 사용할 수 없고 전용 함수인 canvas.create_text를 사용해야 한다. 이 함수에 출력할 문자열(myclock), 폰트('Arial')와 크기(25)를 전달한다.

❹ 1초마다 화면을 지우고 새롭게 시간을 출력해야 하므로 time.sleep(1)과 canvas.delete("all")을 실행한다. canvas.delete("all")은 현재 캔버스의 모든 객체를 삭제한다.

프로그램 12.3 　 디지털 시계

```
01  # 1초마다 변경되는 디지털 시계를 작성한다.
02  from tkinter import *
03  import time
04  tk = Tk()
05  canvas = Canvas(tk, width = 500, height = 500)
06  canvas.pack()
07  width = 500
08  height = 500

09  while True:
10      t = time.localtime()
11      hour = t[3]        시, 분, 초 데이터
12      minute = t[4]
13      second = t[5]
14      canvas.delete("all")
15      myclock = str(hour) + ":" + str(minute) + ":" + str(second)
16      canvas.create_text(250, 250, text = myclock, font=('Arial', 25))
```

```
17        time.sleep(1)
18        tk.update()
```

12.2 | 아날로그 시계 만들기 [프로젝트]

이번에는 시계 바늘(시, 분, 초)이 실제로 회전하는 아날로그 시계에 도전해 보자. 먼저 디지털 시계와 마찬가지로, time 모듈의 localtime 함수로부터 현재의 시간 정보 값을 얻는다.

초침 만들기

시계의 중심 좌표(cx, cy)는 윈도우의 너비(width)와 높이(height)를 2로 나눈 값으로 지정한다.

```
cx = width / 2
cy = height / 2
```

먼저, 현재 시간(초)을 회전하는 선분으로 표현하기 위해서는 현재 초를 각도(angle)로 변환하는 계산이 필요하다. 초(second)의 범위는 (0~60)이고, 원의 한 바퀴는 360도 이므로 1초는 6도(=360/60)에 해당한다. 다음 예와 같이 초에 해당하는 t[5] 값이 8초 이므로 이는 8*6=48도에 해당한다. 표 12.1은 time.localtime 함수의 속성을 정리한 것이다.

```
t = time.localtime()
>>> t
time.struct_time(tm_year=2021, tm_mon=4, tm_mday=30, tm_hour=12, tm_
min=1, tm_sec=8, tm_wday=4, tm_yday=120, tm_isdst=0)
>>> t[5]
8
>>> second = t[5] * 6
48
```

표 12.1 time.localtime 함수의 속성

인덱스	속성	의미
t[0]	tm_year	연도
t[1]	tm_mon	월
t[2]	tm_mday	일
t[3]	tm_hour	시
t[4]	tm_min	분
t[5]	tm_sec	초
t[6]	tm_wday	요일(0=월요일)
t[7]	tm_yday	연중 일수(1~365)
t[8]	tm_isdst	섬머타임 여부(-1, 0, 1)

시계 중심과 연결될 시계 바늘의 끝 좌표를 계산하기 위해 수학 함수 모듈 math의 sin
과 cos 함수를 이용한다. 이 함수의 입력값은 각도(degree)가 아니라 라디안(radian)
값임에 주의하자. 다음 계산식으로 각도를 라디안 값으로 변환할 수 있다.

```
radian = (degree / 360) * 2 * pi
```

다음과 같이 삼각함수 값에 바늘의 길이(sr)를 곱하여 초침의 끝 좌표(sx, sy)를 계산한
다. second는 현재 초를 각도로 변환한 값이다.

```
import math
sx = sr * math.sin(second / 360 * 3.14 * 2)
sy = sr * math.cos(second / 360 * 3.14 * 2)
```

시계 바늘의 끝 좌표는 바늘의 회전 각도를 라디안(radian)으로 변환한 삼각함수 값과 바늘의 길이(r)를 곱하여 계산한다.

그림 12.1에는 원주상에서 바늘의 끝 위치 좌표를 계산하는 공식을 표시하였다. 시계의 중심 좌표(cx, cy)와 초침의 끝 좌표(cx+sx, cy−sy)를 선분으로 연결하면 초침이 완성된다.

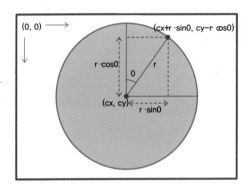

그림 12.1   원주상의 좌표 계산

매 1초마다 화면을 갱신해야 하므로 time.sleep(1)을 호출하여 지연시킨 후 화면을 지우고 회전된 시계 바늘을 그려준다. 프로그램 12.4를 실행하면 1초마다 회전하는 초침을 볼 수 있다.

프로그램 12.4   초침 만들기

```
01   # 회전하는 시계 초침을 그리는 프로그램
02   from tkinter import *
03   import time
04   import math
05   tk = Tk()
06   canvas = Canvas(tk, width = 500, height = 500)
07   canvas.pack()
08   width = 500
09   height = 500
10   cx = width / 2
11   cy = height / 2
12   sr = height / 2 - 50
13   while 1:
```

```
14      t = time.localtime()
15      second = t[5] * 6          ←  초의 라디안 변환 값
16      sx = sr * math.sin(second / 360 * 3.14 * 2)
17      sy = sr * math.cos(second / 360 * 3.14 * 2)
18      canvas.delete("all")
19      canvas.create_line(cx, cy, cx + sx, cy - sy, fill = 'Red')
20      time.sleep(1)
21      tk.update()
```

실행 결과

분침, 시침 만들기

분침도 초침과 마찬가지로 1분이 6도에 해당하므로 현재 분(t[4]) 값에 6을 곱하여 분침의 각도를 구한다. 다만 분과 분 사이의 경과한 초를 각도에 반영하려면 초 값(t[5])을 분으로 환산한 뒤 현재 분에 더하여 6을 곱해주어야 한다. 예를 들어, 현재 시간이 10분 30초라면 10.5분에 해당하므로 10.5에 6을 곱하여 각도로 변환한다.

```
t = time.localtime()
# hour : t[3], minute : t[4], second : t[5]
minute = (t[4] + t[5]/60) * 6          ←  ( 분 + 초 / 60 ) * 6
```

현재 시(t[3])를 각도로 변환하는 것도 동일하다. 1시간은 30도(=360도/12시)에 해당된다. 시간과 시간 사이의 값을 표현하기 위해서는 마찬가지로 현재 분(t[4])을 시간으로 환산한 뒤 30을 곱한다.

```
hour = (t[3] + t[4]/60) * 30    ⟵ ( 시 + 분 / 60 ) * 30
```

프로그램 12.5에서 (cx, cy)는 시계의 중심 좌표이고, sr, mr, hr은 각각 초침, 분침, 시침의 길이이다. 그리고 (hx, hy), (mx, my), (sx, sy)은 각각 시침, 분침, 초침의 끝 좌표이다.

프로그램 12.5	시계 분침과 시침 만들기

```
01  # 시계의 초침, 분침, 시침이 추가된 프로그램
02  from tkinter import *
03  import time
04  import math
05  tk = Tk()
06  canvas = Canvas(tk, width = 500, height = 500)
07  canvas.pack()
08  width = 500
09  height = 500
10  cx = width / 2
11  cy = height / 2
12  sr = height / 2 - 50
13  mr = height / 2 - 80
14  hr = height / 2 - 110
15  while True:
16      t = time.localtime()
17      hour = (t[3] + t[4]/60) * 30
18      minute = (t[4] + t[5]/60) * 6
19      second = t[5] * 6
20      canvas.delete("all")      # 캔버스 지우기
21      hx = hr * math.sin(hour / 360 * 3.14 * 2)
22      hy = hr * math.cos(hour / 360 * 3.14 * 2)
23      canvas.create_line(cx, cy, cx + hx, cy - hy, fill = 'Blue', width = 8)
24      mx = mr * math.sin(minute / 360 * 3.14 * 2)
25      my = mr * math.cos(minute / 360 * 3.14 * 2)
26      canvas.create_line(cx, cy, cx + mx, cy - my, fill = 'Green', width = 5)
27      sx = sr * math.sin(second / 360 * 3.14 * 2)
28      sy = sr * math.cos(second / 360 * 3.14 * 2)
```

```
29        canvas.create_line(cx, cy, cx + sx, cy - sy, fill = 'Red', width = 2)
30        time.sleep(1)
31        tk.update()
```

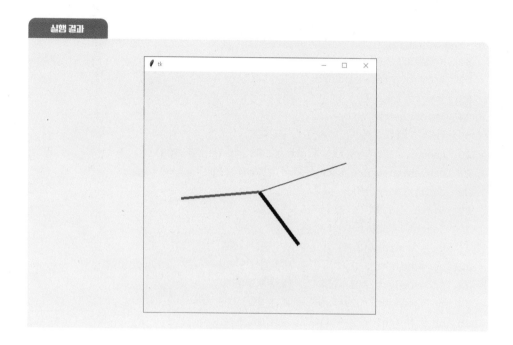

테두리 만들기

시계의 테두리를 표현하기 위하여 create_arc 함수를 사용해 원을 그린다.

❶ 함수에 전달되는 첫 4개의 값은 원이 그려질 영역의 좌상단(10, 10)과 우하단(width-10, height-10) 좌표이다.

❷ extent는 호가 그려지는 중심각인데 원은 359도로 지정한다.

❸ style = CHORD는 원을 그리는 선분의 스타일 옵션(보통 선분)으로, 두께(width)는 2로 지정한다.

```
canvas.create_arc(10, 10, width - 10, height - 10, extent = 359,
style = CHORD, width = 2)
```

(cx, cy)는 시계 중심이고, (cx + hx, cy - hy)는 각 침의 끝 좌표이다. 시침, 분침, 초침의 색상(fill)과 두께(width)는 아래와 같이 각각 다르게 지정하였다.

```
canvas.create_line(cx, cy, cx + hx, cy - hy, fill = 'Blue' , width = 10)
canvas.create_line(cx, cy, cx + mx, cy - my, fill = 'Green', width = 6)
canvas.create_line(cx, cy, cx + sx, cy - sy, fill = 'Red'  , width = 2)
```

프로그램 12.6	아날로그 시계 완성하기

```
01  # 테두리가 포함된 완성된 시계 프로그램
02  from tkinter import *
03  import time
04  import math
05  tk = Tk()
06  canvas = Canvas(tk, width = 500, height = 500)
07  canvas.configure(background = 'white')
08  canvas.pack()
09  width = 500
10  height = 500
11  cx = width / 2        # 시계 중심 x좌표
12  cy = height / 2       # 시계 중심 y 좌표
13  sr = height / 2 - 50     # 초침의 반지름
14  mr = height / 2 - 80     # 분침의 반지름
15  hr = height / 2 - 110    # 시계의 반지름
16  while 1:
17      t = time.localtime()
18      hour = (t[3] + t[4] / 60) * 30
19      minute = (t[4] + t[5] / 60) * 6
20      second = t[5] * 6
21      canvas.delete("all")
22      canvas.create_arc(10, 10, width-10, height-10, extent=359,
                          style= CHORD, width=2) # 시계 테두리
23      hx = hr * math.sin(hour / 360 * 3.14 * 2)
24      hy = hr * math.cos(hour / 360 * 3.14 * 2)
25      # 시침
26      canvas.create_line(cx, cy, cx + hx, cy - hy, fill = 'Blue',
                          width = 10)
27      mx = mr * math.sin(minute/360 * 3.14 * 2)
28      my = mr * math.cos(minute/360 * 3.14 * 2)
29      # 분침
30      canvas.create_line(cx, cy, cx + mx, cy - my, fill = 'Green',
                          width = 6)
31      sx = sr * math.sin(second / 360 * 3.14 * 2)
32      sy = sr * math.cos(second / 360 * 3.14 * 2)
33      # 초침
```

```
34      canvas.create_line(cx, cy, cx + sx, cy - sy, fill = 'Red',
                                                      width = 2)
35      canvas.create_arc(cx - 10, cy - 10, cx + 10, cy + 10, extent
        = 359, style = CHORD, width = 2, fill = 'black')      # 시계 중심
36      time.sleep(1)
37      tk.update()
```

12.3 | Frog 게임 만들기 [프로젝트]

Frog 게임(본명 : Frogger)은 유명한 아케이드 게임으로 개구리가 차도에서 움직이는 차를 피해서 집으로 무사히 도착하도록 조작하는 형식의 게임이다. 그림 12.2는 오리지 널 Frogger 아케이드 게임의 실행 화면이고, 이번 절에서는 Frog 게임의 아이디어를 파이썬으로 구현하려고 한다.

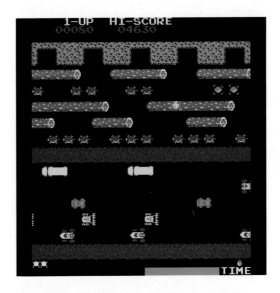

그림 12.2 오리지널 Frogger 아케이드 게임 (위키백과)

Frog 게임은 기본적인 게임 구성 요소들을 모두 포함하고 있어서 게임의 전체 제작 과정을 연습하는 데 도움이 되리라 생각한다. 본 게임은 Frog 클래스와 Car 클래스로 구성된다.

Frog 클래스

Frog 클래스에는 Frog 객체 초기화를 위한 init 함수, 충돌 감지를 위한 hit_car 함수, 화면에 객체를 그리기 위한 draw 함수, 방향키를 통해 이동하기 위한 move_up, move_left, move_right 함수가 포함된다.

초기화(init)

init 함수는 개구리를 초기 위치로 이동시키고 객체 변수를 초기화한다. 개구리를 up, left, right 방향키를 이용해 이동하기 위해서 아래 코드를 통해 키보드 이벤트 처리기와 연결이 필요하다. canvas.bind_all 함수는 특정 키보드 이벤트와 객체의 메소드 함수를 연결해주는 역할을 담당한다.

```
self.canvas.bind_all('<KeyPress-Up>', self.move_up)
self.canvas.bind_all('<KeyPress-Left>', self.move_left)
self.canvas.bind_all('<KeyPress-Right>', self.move_right)
```

충돌검사(hit_car)

hit_car 함수는 개구리와 자동차와의 충돌을 검사하는 부분이다. 자동차가 각 차선별로 모두 3종류가 있으므로 각각 충돌 여부를 검사해야 한다.

❶ 개구리 또는 자동차 객체의 좌표인 (pos[0], pos[1])와 (pos[2], pos[3])는 각각 좌상단(x1, y1)과 우하단(x2, y2) 좌표에 해당한다. 아래 canvas.coords 함수를 통하여 객체의 현재 위치 좌표를 얻어온다.

❷ pos[0], pos[2]는 개구리의 x1, x2 좌표를 의미하고, pos[1]는 y1 좌표에 해당한나. pos[2]가 car_pos[0]보다 크면서 pos[0]가 car_pos[2]보다 작으면 개구리의 x좌표가 자동차의 x축 범위에 포함된 것으로 판정한다.

❸ 동시에 개구리의 y1 좌표가 자동차의 y1과 y3사이에 있다면 충돌이 발생한 것으로 판단하여 True를 반환한다.

다음 코드로 충돌 여부를 판단한다.

```
car_pos = self.canvas.coords(self.car1.id)
if pos[2] >= car_pos[0] and pos[0] <= car_pos[2]:
    if pos[1] >= car_pos[1] and pos[1] <= car_pos[3]:
        return True
return False
```

개구리 객체 그리기

다음 문장은 개구리 객체를 현재 위치에서 x축 방향으로 x만큼, y축 방향으로 y만큼 이동하라는 의미이다.

```
self.canvas.move(self.id, self.x, self.y)
```

개구리가 가장 상단에 도달하면 10점을 얻고, 자동차와 충돌을 하면 라이프(life)를 1개 줄인다. 다음과 같이 코드로 구현된다.

```
elif pos[1] < 60:
    self.score = self.score + 10
if self.hit_car(pos) == True:
    self.life = self.life - 1
```

개구리를 이동하기 위해서 다음의 3개의 함수가 사용된다. up 방향키를 누르면 개구리의 y좌표에서 step만큼을 빼주고 left와 right 방향키를 누르면 step의 절반 만큼을 이동시킨다.

```
def move_up(self, evt):
    self.y = - self.step
def move_left(self, evt):
    self.x = - self.step / 2
def move_right(self, evt):
    self.x = self.step / 2
```

Car 클래스

각 차선별로 다른 방향과 이동 속도를 갖는 3개의 자동차(car1, car2, car3)가 생성된다. 다음은 자동차 클래스로부터 객체를 생성하는 문장으로, canvas 다음 두 개의 인자는 자동차의 초기 위치이며, 그 다음은 색상, 마지막 숫자는 자동차의 이동 속도(거리)이다. 이 값이 양수이면 왼쪽에서 오른쪽으로, 음수이면 오른쪽에서 왼쪽 방향으로 자동차가 이동한다.

```
car1 = Car(canvas, 10, 60, "red", 2)
car2 = Car(canvas, 500, 180, "green", -3)
car3 = Car(canvas, 10, 300, "yellow", 1)
```

자동차가 오른쪽 또는 왼쪽 경계에 도달하면 화면에서 사라지는 것으로 간주하여 새로운 위치로 변경한다. 다음 문장에서 자동차가 오른쪽에서 왼쪽 방향으로 이동하다가 x좌표가 −100보다 작으면 화면의 왼쪽 경계를 벗어난 것으로 판단하여 다시 오른쪽 방향으로 600만큼 이동시킨다. 마찬가지로 자동차가 왼쪽에서 오른쪽 방향으로 이동하다가 x좌표가 700을 넘어서면 왼쪽으로 700만큼 이동시켜서 다시 시작하도록 한다.

```
if pos[0] <= -100:
    self.canvas.move(self.id, 600, 0)
elif pos[2] >= 700:
    self.canvas.move(self.id, -700, 0)
```

점수와 라이프 수 표시하기

점수와 개구리의 라이프(life) 수를 화면에 표시할 때는 이전 글자를 지워야 하므로 사각형으로 배경을 먼저 지워준다.

outline = tk.cget("bg")은 배경화면과 동일한 색상을 얻어오기 위한 함수로, 이 함수의 반환값을 rectangle 함수의 outline 옵션에 전달하여 배경을 지운다. 이후 그 위치에 다시 새로운 점수를 표시한다.

```
canvas.create_rectangle(10, 10, 200, 60, outline = tk.cget("bg"),
```

```
fill = tk.cget("bg"))
canvas.create_text(90, 40, text = "score : " + str(self.score))
```

메인 루프

다음은 본 게임의 메인 루프(main loop)에 해당하며 개구리의 라이프 개수가 0이상이면 게임을 지속시키고, 라이프가 0개 미만이면 모든 객체의 움직임을 중지시키고 게임을 종료한다. update_idletasks와 update는 캔버스의 내용을 즉시 화면에 출력하라는 명령어이다. time.sleep(0.01)은 게임의 속도를 조절하는 부분으로 0.01초를 더 작은 값으로 바꾸면 게임속도가 빨라진다.

```
while True:
    if frog.life >= 0:
        car1.draw()
        car2.draw()
        car3.draw()
        frog.draw()
    tk.update_idletasks()
    tk.update()
    time.sleep(0.01)
```

다음 프로그램 12.7은 Frog 게임의 전체 소스 코드이다.

프로그램 12.7   **Frog 게임**

```
01  # Frog 게임
02  from tkinter import *
03  import random
04  import time
05  class Frog:  # Frog 클래스
06      def __init__(self, canvas, car1, car2, car3, color):  # 초기화 메소드
07          self.canvas = canvas
08          self.car1 = car1
09          self.car2 = car2
10          self.car3 = car3
11          self.id = canvas.create_oval(10, 10, 50, 50, fill = color)
```

```
12          self.canvas.move(self.id, 250, 420)
13          self.x = 0                    (객체, x축 이동거리, y축 이동거리)
14          self.y = 0
15          self.step = 60
16          self.life = 5
17          self.score = 0                        캔버스의 width 값 알아내기
18          self.canvas_width = self.canvas.winfo_width()
19          self.canvas.bind_all('<KeyPress-Up>', self.move_up)
20          self.canvas.bind_all('<KeyPress-Left>', self.move_left)
21          self.canvas.bind_all('<KeyPress-Right>', self.move_right)
22          canvas.create_text(90, 40, text = "score : " + str(self.score))
23          canvas.create_text(400, 40, text = "life : " + str(self.life))
24      def hit_car(self, pos): # 충돌 검사 메소드
25          car_pos = self.canvas.coords(self.car1.id)
26          if pos[2] >= car_pos[0] and pos[0] <= car_pos[2]:
27              if pos[1] >= car_pos[1] and pos[1] <= car_pos[3]:
28                  return True
29          car_pos = self.canvas.coords(self.car2.id)
30          if pos[2] >= car_pos[0] and pos[0] <= car_pos[2]:
31              if pos[1] >= car_pos[1] and pos[1] <= car_pos[3]:
32                  return True
33          car_pos = self.canvas.coords(self.car3.id)
34          if pos[2] >= car_pos[0] and pos[0] <= car_pos[2]:
35              if pos[1] >= car_pos[1] and pos[1] <= car_pos[3]:
36                  return True
37          return False
38      def draw(self): # 화면 출력 메소드
39          self.canvas.move(self.id, self.x, self.y)
40          self.x = 0
41          self.y = 0
42          pos = self.canvas.coords(self.id)
43          if pos[0] <= 0:
44              self.canvas.move(self.id, self.step / 2, self.y)
45              self.x = 0
46          elif pos[2] >=self.canvas_width:
47              self.canvas.move(self.id, -self.step / 2, self.y)
48              self.x = 0
49          elif pos[1] < 60:      # 개구리가 집에 도착
50              self.score =self.score + 10
51              canvas.create_rectangle(10, 10, 200, 60, outline =
                                    tk.cget("bg"), fill = tk.cget("bg"))
52              canvas.create_text(90, 40, text = "score : " +
                                            str(self.score))
```

```python
53              self.canvas.move(self.id, 250 - pos[0], 420)
54          if self.hit_car(pos) == True:     # 차가 개구리와 충돌
55              self.life = self.life - 1
56              if self.life < 0:
57                  canvas.create_text(250, 260, text = "G A M E  O V E
R")
58              else:
59                  canvas.create_rectangle(300, 10, 550, 60, outline =
                            tk.cget("bg"), fill = tk.cget("bg"))
60                  canvas.create_text(400, 40, text = "life : " +
                                            str(self.life))
61                  self.canvas.move(self.id, 250 - pos[0], 430 - pos[1])
62      def move_up(self, evt): # 위, 왼쪽, 오른쪽 이동 메소드
63          self.y = -self.step
64      def move_left(self, evt):
65          self.x = -self.step / 2
66      def move_right(self, evt):
67          self.x = self.step / 2
68  class Car:    #자동차 클래스
69      def __init__(self, canvas, x, y, color, speed):  # 자동차 초기화 메소드
70          self.canvas = canvas
71          self.id = canvas.create_rectangle(10, 10, 100, 60, fill = color)
72          self.canvas.move(self.id, x, y)
73          self.speed = speed
74          self.x = speed
75          self.y = 0
76      def draw(self): # 자동차 출력 메소드
77          self.canvas.move(self.id, self.x, self.y)
78          pos = self.canvas.coords(self.id)
79          if pos[0] <= -100:
80              self.canvas.move(self.id, 600, 0)
81          elif pos[2] >= 700:
82              self.canvas.move(self.id, -700, 0)
83  tk = Tk()
84  tk.title("Frog")
85  tk.resizable(0, 0)
86  tk.wm_attributes("-topmost", 1)
87  canvas = Canvas(tk, width = 500, height = 500)
88  canvas.pack()
89  tk.update()
90  car1 = Car(canvas, 10, 60, "red", 2)
91  car2 = Car(canvas, 500, 180, "green", -3)
92  car3 = Car(canvas, 10, 300, "yellow", 1)
```

윈도우를 최상단에 놓는다

자동차, 위치, 색상, 속도

```
93   frog = Frog(canvas, car1, car2, car3, "blue")
94   while True:
95       if frog.life >= 0:
96           car1.draw()
97           car2.draw()
98           car3.draw()
99           frog.draw()                      ← 캔버스 내용 화면 즉시 출력
100      tk.update_idletasks()
101      tk.update()
102      time.sleep(0.01)    ← 게임 속도 조절
```

실행 결과

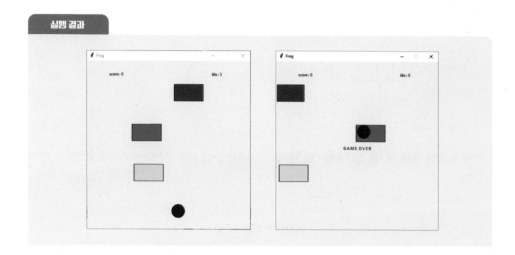

● 요약

• 시계 초침, 분침, 시침 바늘의 끝 좌표는 각 바늘이 회전하는 각도를 라디안 값으로 변환한 후
math.sin과 math.cos 함수를 적용한 후 바늘의 길이(r)를 곱해준다.

01 다음은 총 시간(hr)을 입력받아 일(day) 수와 년(year) 수를 계산하여 실행 결과와 같이 출력하는 프로그램이다. 빈칸에 알맞은 명령문을 채우시오.

```
hr = int (input ("enter hour : "))
----------------------------------------
----------------------------------------
----------------------------------------
----------------------------------------
print (hr, "시간은", year, "년", day, "일", hour, "시간입니다")
```

실행 결과

```
enter hour : 10000
10000 시간은 1 년 51 일 16 시간입니다
```

02 다음과 같이 현재 년, 월, 일, 요일, 시, 분, 초가 출력되고 1초마다 갱신되는 시계 프로그램을 작성하시오.

03 다음 실행 결과와 같이 시계의 눈금을 그리는 프로그램을 완성하시오.

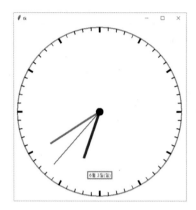

```
for i in _____:
    angle = _____
    val_sin = math.sin(angle)
    val_cos = math.cos(angle)
    if _____:
            canvas.create_line(250+225*val_sin, 250-225*val_cos,
                            250+240*val_sin, 250-240*val_cos, width=5)
    else:
            canvas.create_line(250+230*val_sin, 250-230*val_cos,
                            250+240*val_sin, 250-240*val_cos, width=2)
```

01　1초마다 초침이 움직이는 것이 아니라 더 부드럽게 초침이 회전하도록 코드를 수정해 보자.

02　시계가 매시 30분이 되면 1번, 매시 정각이 되면 해당 시 만큼 알림벨이 울리도록 확장시켜보자.

03　개구리 게임에 속도 조절 기능을 추가해 보자.

(예, 〈space〉바를 눌러서 게임 속도를 3 단계로 조절하기)

속도 단계 : normal -〉 fast -〉 faster -〉 normal

힌트

```
canvas.bind_all('<space>', change_speed)

def change_speed(evt):
    global game_speed
    ..........
```

04　개구리 게임에 다음 기능을 추가하여 확장하시오.

(1) 화면에서 1열과 2열에 자동차를 1개씩 더 추가한다.

(2) 개구리 게임에서 자동차와 개구리를 캐릭터 이미지(gif)로 교체하시오.

MEMO

데이터과학 기초

SECTION

13.1 | Matplotlib

Matplotlib는 파이썬을 이용하여 주어진 데이터를 정적, 동적, 대화식 그래프 형식으로 시각화해 주는 통합 라이브러리 패키지이다. 공식 사이트인 http://matplotlib.org에서 최신 버전을 설치할 수 있다.

matplotlib

설치

관리자 모드로 명령 프롬프트 앱을 실행한 후 다음 명령어를 입력한다.

```
C:\>pip install matplotlib
```

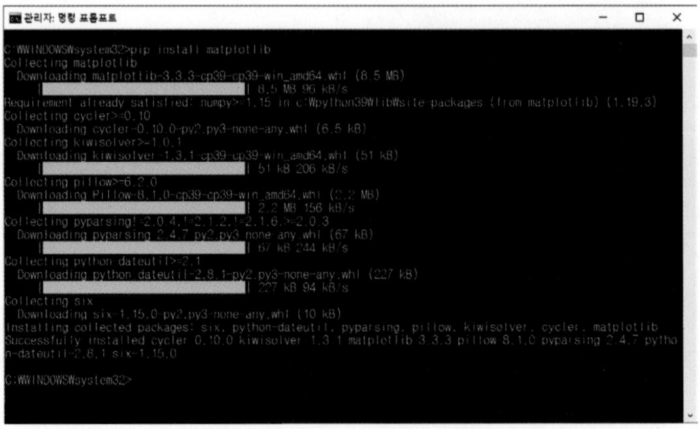

그림 13.1　matplotlib 패키지 설치 화면

다음과 같이 입력하여 오류가 발생하지 않으면 설치가 성공한 것이다.

```
>>> import matplotlib.pyplot as plt
```

간단한 리스트를 만들어 matplotlib 패키지로 그래프를 그려 보자. matploitlib는 기본적으로 선 그래프, 막대 그래프, 점 그래프를 지원한다.

```
plt.plot(리스트 또는 배열)
기능 : 주어진 리스트 또는 배열을 이용하여 matplotlib 그래프를 생성한다.
```

다음과 같이 리스트(B)를 생성하여 matploitlib에 전달하면 리스트의 각 원소에 대해 (인덱스, 원소값)의 좌표점을 만들어 선분으로 연결하는 그래프가 그려진다. 다음은 선분으로 연결된 점들의 좌표이다.

(0, 2), (1,4), (2, 6), (3, 8), (4, 10)

```
>>> B = [2, 4, 6, 8, 10]
>>> plt.plot(B)
[<matplotlib.lines.Line2D object at 0x000001B4A206D640>]
>>> plt.show()
```

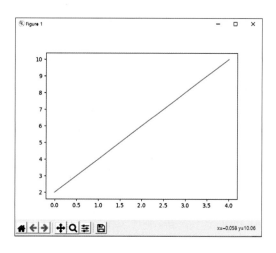

그림 13.2 선 그래프 출력

다음 예제는 x축과 y축 값들이 모두 지정된 경우로, 순서쌍(x, y)에 해당하는 지점을 연결하는 그래프가 그려진다. xlabel과 ylabel 함수는 각각 x축과 y축의 이름을 지정하는 함수이다.

프로그램 13.1   **선 그래프 출력하기**

```
01  # 선 그래프 출력하기
02  import matplotlib.pyplot as plt
03  X = [10, 20, 30, 40, 50, 60, 70, 80, 90, 100]
04  Y = [0, 2, 1, 3, 2, 4, 7, 12, 15, 5]
05  plt.plot(X, Y)          ← x축과 y축 값 할당
06  plt.xlabel("score")
07  plt.ylabel("count")
08  plt.show()
```

실행 결과

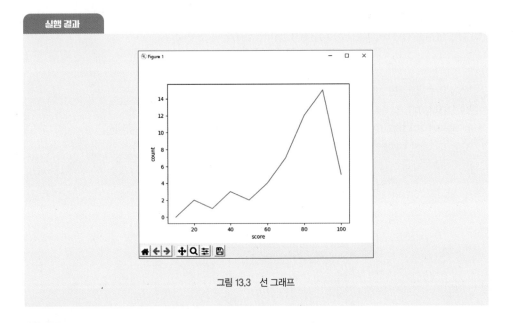

그림 13.3   선 그래프

핵심 개념

파이썬 라이브러리 모듈은 사용 전에 미리 윈도우 프롬프트 상에서 pip 명령문으로 설치한다.

프로그램 13.1에서 plt.plot 함수를 plt.bar 함수로 변경하면 다음과 같이 막대 그래프가 그려진다.

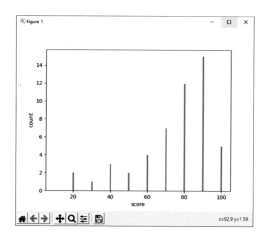

그림 13.4 막대 그래프

응용 강수량 그래프 그리기

다음은 서울 지역의 2011과 2020년도의 월별 강수량을 그래프로 그려 비교하는 예제이다.

한 그래프에 2개의 데이터 값을 동시에 표현할 수 있다. label 인수로 각 데이터의 레이블을 지정하고, legend 함수로 범례의 위치(loc = "upper right")를 지정한다.

프로그램 13.2 강수량 그래프 그리기

```
01  # 강수량 그래프 그리기
02  import matplotlib.pyplot as plt
03  X = [1, 2, 3, 4, 5, 6, 7, 8, 9, 10, 11, 12]
04  Y2011 = [9, 29, 15, 110, 53, 405, 1131, 167, 26, 32, 56, 7]
05  Y2020 = [61, 53, 16, 17, 112, 40, 270, 676, 182, 0, 120, 5]
06  plt.plot(X, Y2011, label="2011")
07  plt.plot(X, Y2020, label="2020")
08  plt.xlabel("Month")
09  plt.ylabel("Precipitation(mm)")
10  plt.legend(loc="upper right")        ← 범례, 제목 붙이기
11  plt.title("Precipitations in Seoul")
12  plt.show()
```

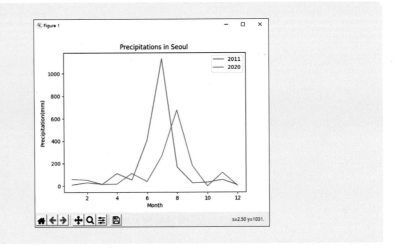

13.2 | NumPy

NumPy는 Numerical Python의 약자로 행렬 연산을 쉽게 해주는 파이썬 라이브러리 패키지이다. 대부분의 기계 학습을 위한 응용 프로그램에서 데이터는 NumPy가 제공하는 행렬을 이용하여 처리한다.

설치

명령 프롬프트 앱을 시작 메뉴에서 찾아서 오른쪽 버튼을 누른 후 관리자 모드로 실행한다. 그 다음 아래의 명령문을 입력하여 Numpy를 설치한다.

```
시작 메뉴 > Windows 시스템 > 명령 프롬프트
C:\>pip install numpy
```

```
📼 명령 프롬프트
C:\Users\Wsj>pip install numpy
Collecting numpy
  Downloading numpy-1.19.4-cp39-cp39-win_amd64.whl (13.0 MB)
     |                                    | 13.0 MB 192 kB/s
Installing collected packages: numpy
Successfully installed numpy-1.19.4
```

그림 13.5 Numpy 설치 화면

설치가 완료된 후 파이썬에서 다음 명령어를 입력하여 설치가 성공했는지 확인한다.

```
>>import numpy as np
>>_
```

만약 넘파이 모듈을 인식하지 못하는 오류가 발생한다면, 현재 설치된 파이썬(3.9.1) 버전이 넘파이 최신 버전(1.19.4)을 아직 지원하지 못하는 것이므로 아래와 같이 낮은 버전(numpy 1.19.3)을 설치해 보기 바란다. 현재 자신의 파이썬 버전을 지원하는 numpy 버전을 확인해야 한다.

```
C:\>pip install numpy==1.19.3
```

핵심 개념

NumPy는 Numerical Python의 약자로 행렬 계산이 편리한 파이썬 라이브러리 패키지이다.

1차원 넘파이 배열

np.array 함수를 사용하여 리스트를 인수로 전달하면 넘파이 배열이 생성된다.

```
np.array(리스트)
기능 : 주어진 리스트로 넘파이 배열을 생성한다.
```

다음 예와 같이 넘파이 배열은 수학의 행렬(matrix)과 동일하기 때문에 산술 연산자를 사용하여 배열 간, 또는 배열 원소 간 연산이 가능하다.

```
>>> temp = [1, 3, 5, 7, 9]
>>> A = np.array(temp)
>>> print(A)
[1, 3, 5, 7, 9]
>>> print(A * 2)
[ 2, 6, 10, 14, 18]
>>> print(A)
[1, 3, 5, 7, 9]
>>> A = A * 0.3
>>> print(A)
```

```
[0.3, 0.9, 1.5, 2.1, 2.7]
```

다음 예를 보면 넘파이 배열과 일반 리스트와의 차이점을 알 수 있다. 리스트에 곱하기 연산을 적용하면 넘파이 배열과는 전혀 다르게 기존 리스트와 동일한 원소들이 추가된다.

```
>>> print([1, 2, 3, 4] * 2)
[1, 2, 3, 4, 1, 2, 3, 4]
```

넘파이 배열 연산

넘파이 배열은 배열 간의 연산도 가능하다. 다음은 자산에서 대출을 모두 공제한 후 자산 잔액을 계산하는 예제이다. 아래 예제에서 balance는 넘파이 배열 asset에서 debt를 뺀 결과로 생성된 또다른 넘파이 배열이다.

```
balance = asset - debt
```

또한 넘파이 배열에 산술 연산을 적용하면 개별 원소에 대해 연산이 발생한다. 예를 들어, 넘파이 배열 asset에서 500을 빼면, 배열 asset의 각 원소에서 500씩 공제된다. 넘파이 배열의 개별 원소를 접근하거나 출력할 때는 asset[0]와 같이 인덱스를 이용한다.

프로그램 13.3 **넘파이 배열 간 연산하기**

```
01  # 배열 연산하기
02  import numpy as np
03  asset = np.array([1000, 2000, 1500, 900])  ← 넘파이 1차원 배열 생성
04  debt = np.array([300, 1200, 0, 1500])
05  print("asset", asset)
06  print("debt ", debt)
07  asset = asset - 500  ← asset 배열의 각 원소값을 500씩 공제
08  print("500 deducted each")
09  print("asset", asset)
10  print("balance after debt deduction")
```

```
11   balance = asset - debt      ← asset에서 debt를 공제한 후 balance 배열 생성
12   print("balance", balance)
13   print("asset", asset)
14   print("balances over 1000")
15   print(balance > 500)        ← 각 원소의 값이 500 이상인지 확인 출력
16   asset = balance
17   debt = debt - debt
18   print("asset", asset[0], asset[1], asset[2], asset[3])
19   print("debt ", debt)
```

```
asset [1000 2000 1500  900]
debt  [ 300 1200    0 1500]
500 deducted each
asset [ 500 1500 1000  400]
balance after debt deduction
balance [  200   300  1000 -1100]
asset [ 500 1500 1000  400]
balances over 1000
[False False  True False]
asset 200 300 1000 -1100
debt  [0 0 0 0]
```

넘파이 arange

넘파이 함수인 np.arange(start, stop, step)는 주어진 범위에서 값을 생성한다. 예를 들어 start에서 stop-1 범위까지 step 간격만큼 값을 생성하여 넘파이 배열로 반환한다.

```
np.arange(start, stop, step)
기능 : start ~ stop-1 범위에서 step 간격으로 값을 생성하여 넘파이 배열을 생성한다.
```

인자 중 step을 생략하면 1로 간주하여 처리한다. arange 함수를 'arrange'로 쓰지 않도록 스펠링에 주의한다. 다음 명령문의 실행 결과를 확인해 보자. 다음 명령문은 1에서 99 사이의 홀수로 구성된 배열을 생성 반환한다.

```
odd = np.arange(1, 100, 2)
```

반면, 다음 명령문은 2부터 99까지 짝수만으로 배열을 생성한다.

```
even = np.arange(2, 100, 2)
```

```
>>> num = np.arange(1, 100)          1에서 99사이의 정수로 넘파이 배열 생성
[ 1  2  3  4  5  6  7  8  9 10 11 12 13 14 15 16 17 18 19 20 21 22
 23 24 25 26 27 28 29 30 31 32 33 34 35 36 37 38 39 40 41 42 43 44 45
 46 47 48 49 50 51 52 53 54 55 56 57 58 59 60 61 62 63 64 65 66 67 68
 69 70 71 72 73 74 75 76 77 78 79 80 81 82 83 84 85 86 87 88 89 90 91
 92 93 94 95 96 97 98 99]          1~99 범위에서 2씩 증가하여 홀수 배열 생성
>>> odd = np.arange(1, 100, 2)
[ 1  3  5  7  9 11 13 15 17 19 21 23 25 27 29 31 33 35 37 39 41 43
 45 47 49 51 53 55 57 59 61 63 65 67 69 71 73 75 77 79 81 83 85 87 89
 91 93 95 97 99]          2~99 범위에서 2씩 증가하여 짝수 배열 생성
>>> even = np.arange(2, 100, 2)
[ 2  4  6  8 10 12 14 16 18 20 22 24 26 28 30 32 34 36 38 40 42 44
 46 48 50 52 54 56 58 60 62 64 66 68 70 72 74 76 78 80 82 84 86 88 90
 92 94 96 98]
```

응용 넘파이로 구구단 출력하기

넘파이 모듈의 arange 함수를 이용하여 구구단을 출력해 보자.

프로그램 13.4에서 first 배열은 구구단의 단(2~9)에 해당하고 second 배열(1~9)은 각 단에 곱해지는 수를 의미한다. first.size에서 size는 해당 넘파이 배열의 원소 수를 반환한다.

프로그램 13.4   넘파이로 구구단 출력하기

```
01  # 넘파이로 구구단 출력하기
02  import numpy as np
03  first = np.arange(2, 10)
04  second = np.arange(1, 10)
```

```
05   for i in range(first.size):
06       print(first[i] * second)
```

실행 결과

```
[ 2  4  6  8 10 12 14 16 18]
[ 3  6  9 12 15 18 21 24 27]
[ 4  8 12 16 20 24 28 32 36]
[ 5 10 15 20 25 30 35 40 45]
[ 6 12 18 24 30 36 42 48 54]
[ 7 14 21 28 35 42 49 56 63]
[ 8 16 24 32 40 48 56 64 72]
[ 9 18 27 36 45 54 63 72 81]
```

linspace 함수

linspace 함수는 start~end 범위를 level-1개의 구간으로 분할하고 level 개의 각 구간 경계값을 배열로 반환한다.

```
np.linspace(start, end, level)
기능 : start ~ end 범위를 level-1 구간으로 분할하는 level 개의 경계값을 배열로 반
환한다.
```

예를 들어, np.linspace(1, 100, 7)을 실행하면, 1 ~ 100 범위를 6개의 구간으로 분할하고 각 구간의 경계값(boundary value)을 넘파이 배열로 반환한다.

```
a = np.linspace(1, 100, 7)
```

한 구간의 범위는 계산식 (99/6=16.5)으로 계산한다.

이 함수의 세 번째 인수(level)가 생략되면 디폴트 값(50)을 사용한다. 다음 명령문에서 배열 b에는 50~1000 범위를 49개의 구간으로 분할하는 50개의 경계값이 저장된다.

```
b = np.linspace(50, 1000)
```

```
01  # 구간 분할하기
02  import numpy as np
03  a = np.linspace(1, 100, 7)
04  b = np.linspace(50, 1000)
05  print(a)
06  print(b)
```

1~100 범위를 6개 구간으로 분할

5~1000 범위를 50개 구간으로 분할

실행 결과

```
[  1.    17.5    34.     50.5    67.     83.5    100. ]
[  50.            69.3877551    88.7755102    108.16326531   127.55102041
   146.93877551   166.32653061   185.71428571   205.10204082   224.48979592
   243.87755102   263.26530612   282.65306122   302.04081633   321.42857143
   340.81632653   360.20408163   379.59183673   398.97959184   418.36734694
   437.75510204   457.14285714   476.53061224   495.91836735   515.30612245
   534.69387755   554.08163265   573.46938776   592.85714286   612.24489796
   631.63265306   651.02040816   670.40816327   689.79591837   709.18367347
   728.57142857   747.95918367   767.34693878   786.73469388   806.12244898
   825.51020408   844.89795918   864.28571429   883.67346939   903.06122449
 922.44897959   941.83673469   961.2244898    980.6122449    1000.        ]
```

넘파이 배열 생성

np.full 함수는 원소의 초기값을 지정하여 배열을 생성한다.

```
x = np.full(n, value)
기능 : 초기값 value로 n개의 원소를 갖는 1차원 넘파일 배열을 생성한다.
```

예를 들어, 다음 문장 np.full(2, 5)은 값이 5인 원소 2개로 구성된 1차원 배열을 생성한다. 그러나 2차원 배열을 생성할 때는 형식이 달라진다. 2차원 배열부터는 fill_value라는 옵션에 초기값이 지정된다.

```
y = np.full((행, 열), fill_value = 초기값)
기능 : 2차원 배열(행, 열)의 원소를 지정된 값으로 초기화하여 생성하라.
```

```
z = np.full((1차, 2차, 3차), fill_value = 초기값)
기능 : 3차원 배열의 원소를 지정된 값으로 초기화하여 생성하라.
```

다음 첫 번째 문장은 초기값 1로 3행 4열의 2차원 배열을 생성한다. 그 다음 문장은 초기값 2로 3차원 배열(4행 5열의 2차원 배열을 3개 생성)을 생성한다.

```
y = np.full((3, 4), fill_value = 1)
z = np.full((3, 4, 5), fill_value = 2)
```

다음 프로그램에서 주어진 배열의 차원(ndim), 배열의 차원별 크기(shape) 그리고 배열의 전체 원소의 수(size)를 출력해준다.

프로그램 13.6   다양한 차원의 행렬 생성하기

```
01   # 다양한 차원의 행렬 생성하기
02   import numpy as np
03   x = np.full(2, 5)          ← 값이 5인 원소 2개로 구성된 1차원 배열
04   y = np.full((3, 4), fill_value = 1)    ← 원소값이 1인 3행 4열의 2차원 배열
05   z = np.full((3, 4, 5), fill_value = 3)
06   print(x, end='\n\n')       ← 원소값이 3이고 4행 5열 평면이 3개인 3차원 배열
07   print(y, end='\n\n')
08   print(z, end='\n\n')       ← 배열의 차원
09   print("ndim ", x.ndim, y.ndim, z.ndim)
10   print("shape ", x.shape, y.shape, z.shape)   ← 배열의 차원별 크기
11   print("size ", x.size, y.size, z.size)
                                 ← 배열의 전체 원소의 수
```

실행 결과

```
[5 5]
[[1 1 1 1]
 [1 1 1 1]
 [1 1 1 1]]
[[[3 3 3 3 3]
  [3 3 3 3 3]
  [3 3 3 3 3]
  [3 3 3 3 3]]
 [[3 3 3 3 3]
```

```
    [3 3 3 3 3]
    [3 3 3 3 3]
    [3 3 3 3 3]]
  [[3 3 3 3 3]
    [3 3 3 3 3]
    [3 3 3 3 3]
    [3 3 3 3 3]]]
ndim  1 2 3
shape  (2,) (3, 4) (3, 4, 5)
size  2 12 60
```

예제 배열 원소의 최대값, 최소값 찾기

배열 생성 시 원소의 값을 난수로 할당할 수 있다. random 모듈의 randint 함수에 난수의 범위(range)와 배열 차원의 수(size)를 각각 입력하여 난수 배열을 생성할 수 있다.

```
np.random.randint(범위, size=(row, col))
기능 : 범위 내에서 난수를 발생시켜 row행, col열의 2차원 난수 배열을 생성한다.
```

다음은 넘파이 배열(x)에서 각 열(axis=0)과 행(axis=1)의 원소 중 최대값(amax)과 최소값(amin)을 찾아서 리스트 형식으로 반환하는 문장이다. 행과 열을 구분할 때 axis 옵션이 사용된다.

```
col_max = np.amax(x, axis=0)
row_min = np.amin(x, axis=1)
```

또한, 배열 전체에서 최대값과 최소값 원소의 위치를 찾을 때는 argmax 또는 argmin 함수를 이용한다. 이 함수들은 탐색한 원소의 인덱스를 반환하는데, 인덱스는 왼쪽에서 오른쪽 방향으로, 위에서 아래 방향으로 진행하면서 1씩 증가된다. 배열의 가장 왼쪽 상단이 0이다. 예를 들어, 다음 프로그램의 실행 결과에서 최대값(9)의 인덱스는 5이고, 최소값(0)의 인덱스는 4이다.

```
max_pos = np.argmax(x)
min_pos = np.argmin(x)
```

같은 원리로 다음 문장은 각 행에서 최대값 원소의 위치(인덱스)를 리스트로 반환한다.

```
col_max_pos = np.argmax(x, axis=0)
```

프로그램 13.7   배열 원소의 최대값, 최소값 찾기

```
01  # 난수로 배열 생성하기
02  import numpy as np
03  x = np.random.randint(10, size=(3, 4))  ⟵ 0~9 난수로 3행 4열 배열 생성
04  print(x)
05  col_max = np.amax(x, axis=0)   # 각 열의 최대값
06  print("col_max", col_max)
07  row_max = np.amax(x, axis=1)   # 각 행의 최대값
08  print("row_max", row_max)
09  col_min = np.amin(x, axis=0)   # 각 열의 최소값
10  print("col_min", col_min)
11  row_min = np.amin(x, axis=1)   # 각 행의 최소값
12  print("row_min", row_min)
13  max_pos = np.argmax(x)            # 배열의 최대값의 위치
14  min_pos = np.argmin(x)            # 배열의 최소값의 위치
15  col_max_pos = np.argmax(x, axis=0)   # 배열의 열에서 최대값의 위치
16  row_min_pos = np.argmin(x, axis=1)   # 배열의 행에서 최소값의 위치
17  print("max_pos", max_pos)
18  print("min_pos", min_pos)
19  print("col_max_pos", col_max_pos)
20  print("row_min_pos", row_min_pos)
```

실행 결과

```
[[4 2 2 1]
 [0 9 0 1]
 [8 1 8 7]]
col_max [8 9 8 7]
row_max [4 9 8]
col_min [0 1 0 1]
```

```
row_min [1 0 1]
max_pos 5
min_pos 4
col_max_pos [2 1 2 2]
row_min_pos [3 0 1]
```

예제 배열 원소의 합 구하기

넘파이 배열에서 전체 원소의 합은 sum 함수를 사용하여 계산한다. 또한, 특정 행 또는 열 원소의 합을 구할 때는 axis 옵션을 지정한다(0:열, 1:행). 이 밖에 넘파이는 평균(mean), 표준편차(std), 분산(var) 함수들을 제공하고 있다. 다음은 난수로 발생된 1차원 배열(x)과 2차원 배열(y)에서 전체 원소의 합(x_sum, y_sum), 열 원소의 평균(col_mean) 그리고 행 원소의 평균(row_mean)을 계산하는 프로그램이다.

프로그램 13.8 배열의 합 구하기

```
01  # 배열의 합 구하기
02  import numpy as np
03  x = np.random.randint(10, size=5)
04  y = np.random.randint(10, size=(3, 4))
05  print(x)
06  print(y)                        배열 원소의 합 구하기
07  x_sum = np.sum(x)
08  y_sum = np.sum(y)
09  col_mean = np.mean(y, axis = 0)   ← 열 원소의 평균 구하기
10  row_mean = np.mean(y, axis = 1)
11  print(x_sum)                    행 원소의 평균 구하기
12  print(y_sum)
13  print(col_mean)
14  print(row_mean)
```

실행 결과

```
[6 2 7 0 5]
[[4 9 1 3]
 [0 8 6 6]
 [0 1 7 9]]
```

```
20
54
[1.33333333 6.          4.66666667 6.  ]
[4.25 5.   4.25]
```

응용 넘파이 배열 그래프 그리기

다음은 서울시 각 구별 인구와 면적에 대한 정보를 넘파이 배열을 이용하여 시각화하는 예제이다. 먼저, matplotlib 그래프에서 한글을 표현하기 위하여 다음 3개의 문장을 추가하도록 하자. 이 명령문은 윈도우에 내장된 폰트를 matplotlib 그래프에서 사용하게 해준다.

```
from matplotlib import font_manager, rc
font_name = font_manager.FontProperties(fname="c:/Windows/Fonts/
malgun.ttf").get_name()
rc('font', family=font_name)
```

다음 프로그램은 인구 통계에 대한 막대 그래프를 생성한다. 그 다음, 인구 배열(np_population)를 면적 배열(np_area)로 나누어 각 지역별 인구 밀도를 계산하여 그래프를 그려보자.

프로그램 13.9 **인구 통계 그래프 그리기**

```
01  # 인구 통계 그래프 그리기
02  import numpy as np
03  import matplotlib.pyplot as plt
04  from matplotlib import font_manager, rc
```

```
05  font_name = font_manager.
FontProperties(fname="c:/Windows/Fonts/malgun.ttf").get_name()
06  rc('font', family=font_name)
07  gu = ['강남', '강동', '강서', '관악', '구로', '노원', '동작', '마포', '서초',
                    '성북', '송파', '양천', '영등포', '용산', '은평']
08  population = [550209, 440390, 598273, 517334, 439371, 537303,
 408912, 385925, 435107, 454744, 682741, 462285, 400986, 245185, 484546]
09  area = [39.5, 24.59, 41.44, 29.57, 20.12, 35.44, 16.35, 23.85,
            46.98, 24.57, 33.87, 17.41, 24.55, 21.87, 29.71]
10  np_gu = np.array(gu)
11  np_population = np.array(population)
12  np_area = np.array(area)
13  np_density = np_population / np_area
14  plt.bar(np_gu, np_population)
15  plt.ylabel("인구 (명)")
16  plt.show()
```

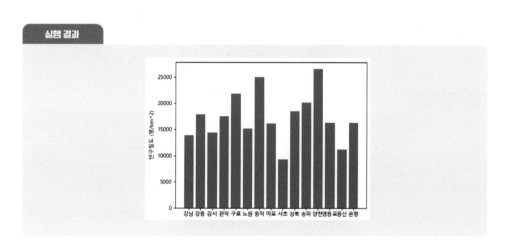

여러 함수 그래프 그리기

넘파이를 이용하여 동시에 여러 가지 함수 그래프를 출력해 보자. plot 함수의 인수로 x축과 y축에 해당하는 넘파이 배열을 연속적으로 나열하면 된다. 다음은 3개의 데이터 쌍을 전달하는 예이다.

```
plt.plot(x, y0, x, y1, x, y2)
```

이 방식으로 로그함수(log), 1차함수, 2차함수, 지수함수의 그래프를 그려보자. 로그는 넘파이의 log 함수를 사용하고, 2차함수는 제곱에 해당하는 연산자 '**' 를 사용한다.

$$y = \log(x)$$
$$y = x$$
$$y = x^2$$
$$y = 2^x$$

프로그램 13.10 로그함수, 1차함수, 2차함수, 지수함수 그리기

```python
01  # 로그함수, 1차함수, 2차함수, 지수함수 그리기
02  import numpy as np
03  import matplotlib.pyplot as plt
04  x = np.arange(1,10)
05  y0 = np.log(x)
06  y1 = x
07  y2 = x**2
08  y3 = 2**x
09  plt.plot(x, y0, x, y1, x, y2, x, y3)
10  plt.show()
```

실행 결과

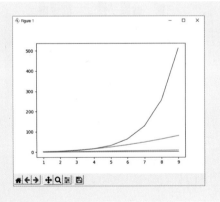

핵심 개념

matplotlib는 넘파이 배열과 함께 사용하여 배열에 저장된 값들의 분포와 통계 정보를 그래프로 보여주는 데 유용하다.

여러 개의 함수를 동시에 그래프에 표현하기 위하여 matplotlib의 plot 함수에서 각 그래프의 x축과 y축에 해당하는 변수를 연속적으로 나열한다.

13.3 | Pandas 🚀 고급주제

판다스(Pandas)는 빠르고, 융통성있고, 사용하기 쉬운, 데이터 분석과 조작을 지원하는 오픈 소스 파이썬 라이브러리이다. 판다스는 행렬에 데이터를 읽어와서 다양한 데이터 분석이 가능하도록 지원한다. 넘파이와 달리 판다스는 행과 열에 키워드 레이블을 부여 하여 보다 편리한 데이터 조작이 가능하다. 판다스에서는 데이터베이스의 테이블에 해당 하는 데이터 프레임(data frame)과 다양한 연산 함수를 제공한다.

pandas

판다스는 csv, xlsx, SQL 데이터베이스 등의 외부 파일 데이터를 읽어서 배열 또는 행 렬에 저장한다. 판다스는 데이터 프레임에서 행렬에 대한 필터링, 정렬을 포함하는 다양 한 연산 함수를 제공한다. 판다스에서 시리즈(series)는 같은 자료형의 데이터를 저장할 수 있는 1차원 배열이다.

데이터 프레임(data frame)은 같은 자료형의 데이터를 저장하는 2차원 배열로 행과 열 로 구성된다. 판다스 기능은 내부적으로 넘파이로 구현되어 있다. 데이터 프레임에서는 각 행과 열에 부여된 레이블을 통하여 행과 열의 데이터에 접근한다. 행에 부여된 레이블 을 인덱스(index)라고 하고 열에 붙여진 레이블을 컬럼(column)이라고 한다.

판다스 설치

다음과 같이 윈도우 명령 프롬프트 상에서 다음 명령을 입력하여 판다스를 설치한다.

```
C:\>pip install pandas
```

파이썬 프롬프트상에서 다음과 같이 입력하여 오류가 있는지 확인하는 것이 좋다.

```
>>> import pandas as pd
```

1차원 시리즈 생성하기

판다스로 만들어진 1차원 배열을 시리즈(series)라고 부르고, 다음과 같은 형식으로 시리즈를 생성한다. 다음 프로그램에서 리스트를 Series 함수에 전달하여 판다스 배열을 생성하고 출력하였다. 정수 인덱스가 자동으로 부여되어 있는 것을 알 수 있다.

```
city = pd.Series(item)
기능 : 리스트 item을 이용하여 1차원 판다스 배열인 시리즈(city)를 생성한다.
```

프로그램 13.12 1차원 판다스 시리즈 생성하기

```
01  # 1차원 시리즈 생성하기
02  import pandas as pd
03  item = ["Seoul", "Tokyo", "Paris", "New York"]
04  city = pd.Series(item)
05  print(city)
```
주어진 리스트 원소로 판다스 1차 배열 생성

실행 결과

```
0        Seoul
1        Tokyo
```

```
2        Paris
3        New York
dtype: object
```

2차원 데이터 프레임 생성하기

데이터 프레임은 행과 열이 있는 2차원 배열 테이블이다. 아래 코드에서 City와 Nation은 각 열의 이름을 의미하고, 이어서 나열된 항목들이 해당 열의 원소들이다.

각 행에 인덱스를 별도로 부여하지 않으면 정수 번호가 부여되어 출력된다.

```
city = pd.DataFrame(item)
기능 : 리스트 item을 이용하여 2차원 데이터프레임(city)을 생성한다.
```

다음과 같이 각 행에 인덱스(index)를 추가하여 데이터 프레임을 생성할 수 있다.

```
city2 = pd.DataFrame(item, index=['KR', 'JP', 'FR', 'US'])
```

실행 결과를 보면 기본 정수 인덱스 대신 지정한 키워드 인덱스가 부여된 것을 확인할 수 있다. 이러한 키워드 인덱스는 프로그램의 가독성과 편의성을 높이는 데 도움이 된다.

프로그램 13.13   2차원 데이터 프레임 생성하기

```
01   # 데이터 프레임 생성하기
02   import pandas as pd
03   item = {'City' : ['Seoul', 'Tokyo', 'Paris', 'New York'],
             'Nation' : ['Korea', 'Japan', 'France', 'USA']}
04   city = pd.DataFrame(item)        인덱스 미지정 데이터프레임
05   city2 = pd.DataFrame(item, index=['KR', 'JP', 'FR', 'US'])
06   print(city)                      인덱스 지정 데이터프레임
07   print(city2)
```

실행 결과

```
City   Nation
```

```
0      Seoul    Korea
1      Tokyo    Japan
2      Paris   France
3   New York     USA
        City   Nation
KR     Seoul    Korea
JP     Tokyo    Japan
FR     Paris   France
US  New York     USA
```

판다스를 이용하여 파일 읽기

판다스는 csv이나 xlsx 파일 형식의 데이터를 읽고 쓸 수 있도록 지원하고 있다. 먼저, cvs 파일을 읽기 위하여 인수에 파일명을 전달하여 read_csv 함수를 호출한다.

```
데이터프레임 = pd.read_csv(파일명)
기능 : 지정된 csv파일을 읽어서 데이터프레임을 생성한다.
```

파일을 읽으면 판다스 배열(pop)이 생성되며 다음과 같이 전체 데이터를 출력하거나 열을 지정하여 출력할 수 있다.

```
print(pop)
print(pop["gu"])
```

프로그램 13.14   판다스로 파일 읽기

```
01  # 판다스로 파일 읽기
02  import pandas as pd
03  pop = pd.read_csv("C:\Python39\population.csv")
04  print(pop)
05  print(pop["gu"])
06  print(pop["population"])
```

실행 결과

```
year    gu  population   area   density
```

```
0      2019      송파구      682741      34      20156
1      2019      강서구      598273      41      14438
2      2019      강남구      550209      40      13929
3      2019      노원구      537303      35      15162
......
24     2019       중구       136488      10      13704
0             송파구
1             강서구
2             강남구
3             노원구
......
24             중구
Name: gu, dtype: object
0       682741
1       598273
2       550209
3       537303
......
22      245185
```

예제 ⟩ 최대 값과 최소값 출력하기

다음 예제는 판다스 배열에서 지정된 특정 열("population")에서 최대값과 최소 값 원소를 찾아서 출력하는 내용이다. 다음과 같은 형식으로 max과 min 함수를 이용한다.

```
pop["population"].max()
pop["population"].min()
기능 : 데이터프레임(pop)의 "population" 열에서 최대/최소값을 출력한다.
```

프로그램 13.15 판다스 배열에서 최대값, 최소값 출력하기

```
01  # 판다스 배열에서 최대값, 최소값 출력하기
02  import pandas as pd
03  pop = pd.read_csv("C:\Python39\population.csv")
04  print("population max", pop["population"].max())   ◀── Population 열에서 최대값 출력
05  print("population min", pop["population"].min())
06  print("area max", pop["area"].max())
07  print("area min", pop["area"].min())   ◀── area 열에서 최소값 출력
08  print("density max", pop["density"].max())
```

```
09  print("density min", pop["density"].min())
```

```
population max 682741
population min 136488
area max 47
area min 10
density max 26559
density min 6769
```

통계 정보 보기

describe 함수는 특별한 설정없이 데이터 프레임의 기본 정보를 출력해주는 함수이다. 다음 프로그램을 실행하면, 각 열(column)별 데이터 엔트리의 수(count), 평균(mean), 표준편차(std), 구간별(min ~ max)의 통계 정보를 출력한다.

프로그램 13.16 판다스로 통계 정보 출력하기

```
01  # 판다스로 통계 정보 출력하기
02  import pandas as pd
03  pop = pd.read_csv("C:\Python39\population.csv")
04  print(pop.describe())
```

	year	population	area	density
count	25.0	25.000000	25.000000	25.000000
mean	2019.0	400439.320000	24.320000	17410.120000
std	0.0	127929.981814	9.321659	4811.151069
min	2019.0	136488.000000	10.000000	6769.000000
25%	2019.0	323171.000000	17.000000	14438.000000
50%	2019.0	402024.000000	24.000000	17496.000000
75%	2019.0	462285.000000	30.000000	20156.000000
max	2019.0	682741.000000	47.000000	26559.000000

엑셀 파일 사용하기

엑셀 파일을 판다스에서 처리하기 위해서 다음과 같이 필요한 모듈을 설치한다.

```
C:\>pip install xlwt
C:\>pip install openpyxl
```

엑셀 파일에 저장하기

설치를 완료한 후, 엑셀 파일에 데이터를 저장하는 예제를 살펴보도록 하자. 이 예제는 판다스 데이터 프레임(city)을 생성한 후 to_excel 함수를 사용하여 엑셀 파일에 저장하는 일을 수행한다. 엑셀 파일에서 어느 시트에 저장할지 sheet_name 옵션으로 지정이 가능하다.

데이터프레임.to_excel(파일명, sheet_name=시트명)
기능 : 데이터프레임을 지정된 엑셀 파일의 시트에 저장한다.

프로그램 13.17 엑셀 파일에 데이터 프레임 저장하기

```
01  # 엑셀 파일에 데이터 프레임 저장하기
02  import pandas as pd
03  import openpyxl
04  item = {'City' : ['Seoul', 'Tokyo', 'Paris', 'New York'],
            'Nation' : ['Korea', 'Japan', 'France', 'USA']}
```

```
05  city = pd.DataFrame(item, index=['KR', 'JP', 'FR', 'US'])
06  city.to_excel('city.xlsx', sheet_name='city')
```

지정된 시트(city)에 저장하기

생성된 엑셀 파일을 컴퓨터에서 열어서 아래와 같이 데이터 프레임이 지정된 시트('city')
에 잘 저장되었는지 확인하자. 이 기능을 이용하면 엑셀에 저장된 데이터를 판다스로 쉽
게 처리할 수 있다.

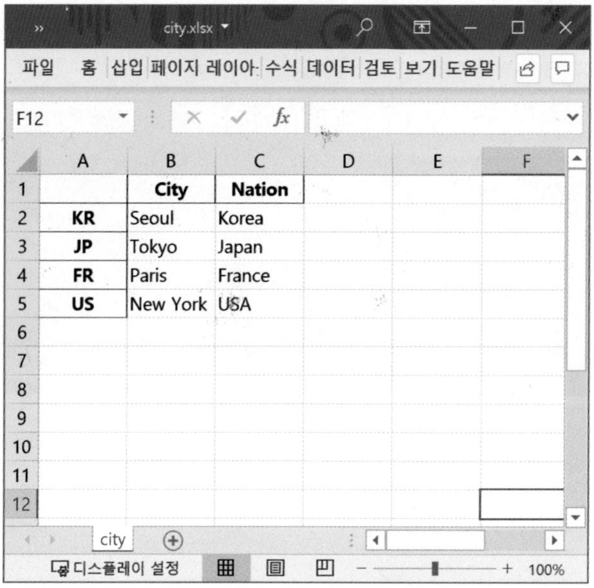

그림 13.6   저장된 엑셀 파일 내용

엑셀 파일 읽기

다음 프로그램은 엑셀 파일 중 특정 시트(city)를 지정하여 데이터를 읽는 문장이다. 지
정된 시트에서 읽은 데이터를 판다스 데이터 프레임(city)으로 생성한다. 물론, 이때 해
당 엑셀 파일은 현재 파이썬 소스 파일과 동일한 폴더에 존재해야 한다.

데이터프레임 = pd.read_excel(엑셀파일명, sheet_name = 시트명')
기능 : 엑셀 파일에서 해당 시트의 데이터를 읽어서 데이터프레임을 생성한다.

프로그램 실행 결과로 보면 기존 인덱스 외에 별도의 정수 인덱스가 추가되어 있다.

```
01   # 엑셀 파일 읽기
02   import pandas as pd
03   import openpyxl
04   city = pd.read_excel('city.xlsx', sheet_name = 'city')
05   print(city)
```

실행 결과

```
Unnamed: 0        City   Nation
0         KR      Seoul    Korea
1         JP      Tokyo    Japan
2         FR      Paris   France
3         US   New York     USA
```

핵심 개념

엑셀 파일을 읽거나 쓰기 위해서는 openpyxl 모듈을 설치하고 프로그램에 import 문으로 라이브러리를 미리 불러와야 한다.

특정 열 데이터 출력하기

데이터 프레임에서 원하는 일부 행 또는 열 데이터만을 출력할 수 있다. population.csv 파일에서 읽은 데이터로 데이터 프레임 pop을 생성한다. gu.head 함수는 데이터 프레임의 상위 5개의 행만 출력해주고, gu.shape은 해당 열의 총 행의 수(데이터의 수)를 알려준다. 2개 이상의 열의 데이터를 동시에 보고 싶은 경우 다음과 같이 지정한다.

```
gu.pop = pop[['gu', 'population']]
gu_pop.head(10) 함수는 상위 10개의 행의 데이터만을 출력한다.
```

프로그램 13.19   특정 열 데이터 출력하기

```
01   # 특정 열 데이터 출력하기
02   import pandas as pd
03   pop = pd.read_csv('C:\Python39\population.csv')
04   gu = pop['gu']
05   print(gu.head())
```

```
06  print(gu.shape)                    gu와 population 열의 데이터만 출력하기
07  gu_pop= pop[['gu', 'population']]
08  print(gu_pop.head(10))
```

실행 결과

```
0      송파구
1      강서구
2      강남구
3      노원구
4      관악구
Name: gu, dtype: object
(25,)
      gu    population
0   송파구      682741
1   강서구      598273
2   강남구      550209
……….
9   구로구      439371
```

다중 조건에 맞는 데이터 찾기

다음과 같이 1차 검색 조건(인구가 40만 이상)에 맞는 데이터를 얻어 온 다음, 다시 새로운 2차 검색 조건(면적이 30 이하)을 적용하여 다중 조건 검색을 할 수 있다. 위 예제를 다음과 같이 수정하여 실행해 보자.

```
pop_high = pop[pop['population'] > 400000]
pop_high = pop_high[pop_high['area'] < 30]
```

조건에 맞는 특정 열 출력하기

다음은 조건에 맞는 데이터에서 특정 열만을 탐색하는 방법이다. 예를 들어 인구가 50만 이상인 구의 데이터를 찾은 뒤 이 데이터의 특정 열('gu')만을 출력하려면 어떻게 해야할까? 다음 문장을 활용해 보자. 여기서, loc는 데이터 프레임에서 특정 열 또는 행을 분리하여 가져오는 명령어로 이러한 검색을 할 때 필요하다.

```
pop_gu = pop.loc[pop['population'] > 500000, 'gu']
```

　　조건에 맞는 열 데이터 출력하기

```
01  # 조건에 맞는 열 데이터 출력하기
02  import pandas as pd
03  pop = pd.read_csv('C:\Python39\population.csv')
04  pop_high = pop[pop['population'] > 500000]
05  print(pop_high)
06  pop_gu = pop.loc[pop['population'] > 500000, 'gu']
07  print(pop_gu)
```

인구 50만 이상 조건에 맞는 행의 gu 값 출력

실행 결과

```
    year  gu  population  area  density
0   2019  송파구      682741    34    20156
1   2019  강서구      598273    41    14438
2   2019  강남구      550209    40    13929
3   2019  노원구      537303    35    15162
4   2019  관악구      517334    30    17496
0       송파구
1       강서구
2       강남구
3       노원구
4       관악구
Name: gu, dtype: object
```

특정 열을 정렬하기

데이터 프레임에서 sort_value 함수를 이용하여 특정 열(by='population')을 기준으로 오름차순 또는 내림차순으로 정렬해 보자.

```
pop.sort_values(by="population")
```

기본 정렬 순서는 오름차순이며, 내림차순 정렬 시에는 ascending 옵션을 False로 지정한다.

출력 결과는 순서대로 인구 기준 오름차순 정렬, 인구 기준 내림차순 정렬 그리고 인구 밀도 기준 내림차순 정렬 결과이다.

프로그램 13.21   특정 열 정렬하기

```python
01  # 특정 열 정렬하기
02  import pandas as pd
03  pop = pd.read_csv('C:\Python39\population.csv')
04  result = pop.sort_values(by = "population")
05  print(result)
06  result = pop.sort_values(by = "population", ascending = False).head(10)
07  print(result)
08  result = pop.sort_values(by = "density", ascending = False).head()
09  print(result)
```

> population 기준 오름차순으로 출력 (line 04)
> 내림차순으로 상위 10개 출력 (line 06)
> density 기준 내림차순으로 출력 (line 08)

실행 결과

```
       year      gu   population   area    density
  24   2019      중구       136488     10      13704
  23   2019     종로구       161869     24       6769
  22   2019     용산구       245185     22      11213
  ......
   0   2019     송파구       682741     34      20156
       year      gu   population   area    density
   0   2019     송파구       682741     34      20156
   1   2019     강서구       598273     41      14438
   2   2019     강남구       550209     40      13929
  ........
   9   2019     구로구       439371     20      21837
       year      gu   population   area    density
   6   2019     양천구       462285     17      26559
  16   2019    동대문구       363023     14      25537
  .....
  12   2019     중랑구       402024     19      21736
```

데이터 프레임에 열과 행 추가

다음 예제는 데이터 프레임에 특정 열을 추가하고 값을 수정하는 기능을 포함하고 있다. '인구(만명)'이라는 열을 추가하였고, 기존 열('population')의 값을 1000으로 나눈 값으로 수정하였다. 출력 결과가 맞는지 확인해 보자.

프로그램 13.22 **데이터 프레임에 열과 행 추가하기**

```
01  # 열과 행을 추가하고 수정하기
02  import pandas as pd
03  pop = pd.read_csv('C:\Python39\population.csv')
04  pop['인구(만명)'] = pop['population']/10000
05  pop['population'] = pop['population']/1000
06  print(pop.head(10))
```

실행 결과

	year	gu	population	area	density	인구(만명)
0	2019	송파구	682.741	34	20156	68.2741
1	2019	강서구	598.273	41	14438	59.8273
2	2019	강남구	550.209	40	13929	55.0209
....						
8	2019	강동구	440.390	25	17909	44.0390
9	2019	구로구	439.371	20	21837	43.9371

데이터 프레임에 열과 행 삭제하기

특정 열이나 행을 삭제할 때는 drop 함수를 사용한다. 열을 삭제(axis=1)할 때는 삭제할 열의 이름을 지정하고, 행을 삭제(axis=0)할 때는 해당 행의 인덱스(index)를 지정한다. inplace=True는 데이터 프레임은 수정하지만 반환값은 없다는 의미이다.

프로그램 13.23 **열과 행 삭제하기**

```
01  # 열과 행을 삭제하기
02  import pandas as pd
03  Pop = pd.read_csv('C:\Python39\population.csv')
04  pop['인구(만명)'] = pop['population']/10000
05  pop['population'] = pop['population']/1000
```

```
06  print(pop.head(10))                               인구(만명) 열을 삭제
07  pop.drop(['인구(만명)'], axis=1, inplace=True)
08  print(pop.head(10))
09  pop.drop(index=3, axis=0, inplace=True)
10  print(pop.head(10))                               인덱스 3번 행을 삭제
```

```
   year   gu    population   area   density   인구(만명)
0  2019  송파구      682.741     34     20156   68.2741
1  2019  강서구      598.273     41     14438   59.8273
2  2019  강남구      550.209     40     13929   55.0209
3  2019  노원구      537.303     35     15162   53.7303
   year   gu   population   area   density
0  2019  송파구     682.741     34     20156
1  2019  강서구     598.273     41     14438
2  2019  강남구     550.209     40     13929
3  2019  노원구     537.303     35     15162
   year   gu   population   area   density
0  2019  송파구     682.741     34     20156
1  2019  강서구     598.273     41     14438
3  2019  노원구     537.303     35     15162
4  2019  관악구     517.334     30     17496
```

응용 서울시 인구 통계 정보 출력하기

주어진 데이터 프레임에서 특정 열에 대한 평균(mean)과 중간값(median)을 계산하는 예제이다. 기존 서울시 인구 데이터 프레임에 각 구의 위치 정보에 해당하는 열(location : 강북=0, 강남=1)을 추가해 보자. 그리고 다음과 같이 구의 위치를 구분하여 각 열의 데이터 평균을 계산해 보자.

```
pop.groupby('location').mean()
```

다음 문장은 지정된 열에서 출현하는 값의 빈도수를 세는 명령문이다.

```
print(pop['location'].value_counts())
```

서울시 인구 통계 정보 출력하기

```python
01  # 서울시 인구 통계 정보 출력하기
02  import pandas as pd
03  from matplotlib import font_manager, rc
04  font_name = \
05  font_manager.FontProperties(fname="c:/Windows/Fonts/malgun.ttf").
                                                        get_name()
06  rc('font', family=font_name)
07  pop = pd.read_csv('C:\Python39\population.csv')
08  print("mean")
09  print("population", pop['population'].mean())
10  print("area", pop['area'].mean())
11  print("density", pop['density'].mean())
12  print("median")
13  print("population", pop['population'].median())
14  print("area", pop['area'].median())
15  print("density", pop['density'].median())    ← 데이터 프레임에 location 열 데이터 추가
16  pop['location'] = [1, 1, 1, 0, 1, 0, 1, 0, 1, 1, 1, 1, 0, 1, 0,
                    0, 0, 0, 0, 0, 0, 0, 0, 0, 0]
17  print(pop)                                ← location 별로 각 열의 평균값 출력
18  print(pop.groupby('location').mean())     ← location 열의 1 또는 0의 개수 출력
19  print(pop['location'].value_counts())
20  pop.plot(kind = 'bar', x = 'gu', y = 'population', color = 'orange')
21  plt.show()
```

실행 결과

```
mean
population 400439.32
area 24.32
density 17410.12
median
population 402024.0
area 24.0
density 17496.0
    year      gu    population    area    density    location
0   2019    송파구     682741       34      20156         1
1   2019    강서구     598273       41      14438         1
2   2019    강남구     550209       40      13929         1
......
24  2019     중구     136488       10      13704         0
        year      population        area        density
```

```
location
0           2019.0  338358.333333  20.866667  16822.066667
1           2019.0  493560.800000  29.500000  18292.200000
0    15
1    10
Name: location, dtype: int64
```

실습 문제

01 다음과 같은 실행 결과가 출력되도록 numpy의 linspace 함수를 이용하여 프로그램을 작성하시오.

실행 결과

```
[  1.   20.8  40.6  60.4  80.2 100. ]
```

02 실행 결과와 같이 구구단 10단 ~ 19단을 출력하는 프로그램을 numpy의 arange 함수를 이용하여 작성하시오.

실행 결과

```
[10 20 30 40 50 60 70 80 90]
[11 22 33 44 55 66 77 88 99]
[ 12  24  36  48  60  72  84  96 108]
[ 13  26  39  52  65  78  91 104 117]
[ 14  28  42  56  70  84  98 112 126]
[ 15  30  45  60  75  90 105 120 135]
[ 16  32  48  64  80  96 112 128 144]
[ 17  34  51  68  85 102 119 136 153]
[ 18  36  54  72  90 108 126 144 162]
[ 19  38  57  76  95 114 133 152 171]
```

실습 문제

03 학생들의 과목별 성적을 처리하는 프로그램을 작성하시오. 다음과 같이 총 4명의 학생의 국어, 영어, 수학 과목별 점수로 numpy 배열을 생성한다. 각 과목별 평균과 학생별 평균, 각 과목별 최고 점수를 numpy 함수로 계산하여 출력한다. matplotlib 패키지를 이용하여 각 학생별 평균 성적을 막대 그래프로 출력한다.

실행 결과

```
[[ 90  70  85]
 [ 95  88  80]
 [ 65  75  85]
 [ 90  92 100]]
학생별 평균
[81.66666667 87.66666667 75.          94.          ]
과목별 평균
[85.   81.25 87.5 ]
각 과목별 최대 점수
[ 95  92 100]
```

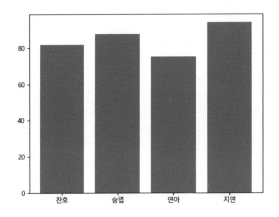

01 numpy와 matplotlib 패키지를 설치하고 주어진 리스트를 사용하여 넘파이 배열을 생성하여 점 그래프를 그려보시오. (점 그래프는 plot 함수에 'sm' 옵션을 추가 지정하여 그린다)

```
X = [10, 20, 30, 40, 50, 60, 70, 80, 90, 100]
Y = [0, 2, 1, 3, 2, 4, 7, 12, 15, 5]
plt.plot(X, Y, 'sm')
```

실행 결과

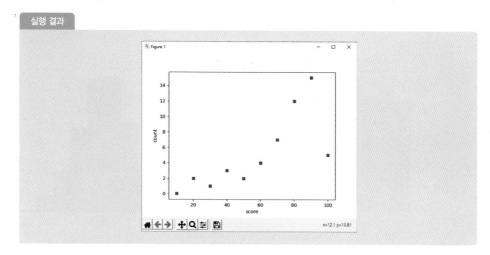

02 다음 넘파이 함수를 이용하여 실행 결과와 같이, 모든 원소가 0인 1차원, 2차원 제로 배열(np.zeros)과 3행 3열의 단위 행렬(np.eye)을 생성하시오.

```
np.zeros(원소 수)
np.zeros((행의 수, 열의 수))
np.eye(size)
```

실행 결과

```
[0. 0. 0. 0. 0. 0. 0. 0. 0.]
[[0. 0. 0. 0. 0.]
 [0. 0. 0. 0. 0.]
 [0. 0. 0. 0. 0.]
 [0. 0. 0. 0. 0.]
 [0. 0. 0. 0. 0.]]
[[1. 0. 0.]
 [0. 1. 0.]
 [0. 0. 1.]]
```

03 히스토그램은 데이터들의 구간별 발생 빈도를 그래프로 표현한 것을 말한다. 실행 결과와 같이 넘파이 배열을 생성한 후 hist 함수를 사용하여 히스토그램을 그리시오. 균일 분포(rand)와 정규 분포(randn) 난수 발생 함수를 각각 사용한 결과를 비교하시오.

```
plt.hist(data)
data = np.random.rand(1000)
data = np.random.randn(1000)
```

실행 결과

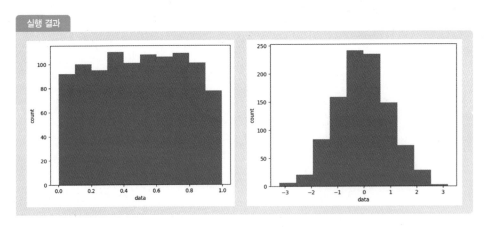

04 x축 0 ~ 4 PI 범위에서 실행 결과와 같이 sin과 cos 삼각함수의 그래프를 그리시오. x축 0~4 PI 범위를 np.linspace 함수를 이용하여 100개의 구간으로 분할한다.

```
np.linspace(0, 4*np.pi, 101)
y1 = np.sin(x)
y2 = np.cos(x)
```

실행 결과

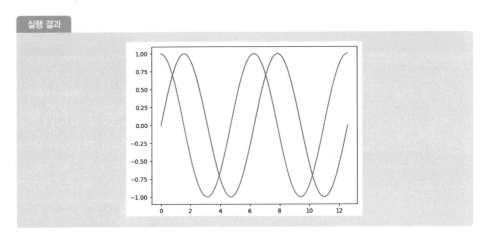

05 인터넷에서 원하는 공공 데이터셋 파일을 다운받아 판다스로 자료를 읽은 후 통계 정보와 그래프를 출력하는 프로그램을 작성하시오.

06 엑셀 파일을 지원하는 연락처 관리 프로그램을 판다스를 사용하여 작성하시오.

(1) 연락처 추가 (이름, 전화번호, 이메일)
(2) 연락처 수정/삭제
(3) 연락처 찾기
(4) 전체 연락처 출력
(5) 엑셀 파일 불러오기
(6) 엑셀 파일에 저장하기

07 판다스를 사용하여 자신의 수입과 지출을 관리 프로그램을 만들어보시오.

(1) 사용자로부터 수입/지출을 (날짜, 분류, 내역, 금액)으로 입력받아 판다스 데이터 프레임을 생성한다.
(2) 수입/지출 건에 대한 입력과 삭제, 수정 기능을 지원한다.
(3) 수입/지출에 대한 총 금액, 평균 금액, 건수 등 통계 정보를 출력한다.
(4) 일자별, 분류별 수입/지출 상황을 그래프로 출력한다.
(5) 엑셀 파일에 데이터 프레임을 저장하고 불러오기 기능을 구현한다.

찾아 보기